남계 조종국 ART ESSAY

남계 조종국
예술혼(魂) 50년!

– 지역문예 진흥에 묻다 –

오늘의 문학사

국립중앙도서관 출판예정도서목록(CIP)

(남계 조종국) 예술혼(魂) 50년! : 지역문예 진흥에 묻다 /
지은이: 조종국. — 대전 : 오늘의문학사, 2018
p. ; cm

표제관련정보: 남계 조종국 Art essay
ISBN 978-89-5669-932-5 03810 : ₩20000

한국 현대 수필[韓國現代隨筆]

814.7-KDC6
895.745-DDC23 CIP2018023791

나의 예술 혼(魂) 50년!
지역문예 진흥에 묻다

나는 본시 역사의 고장 백제고도 부여태생으로 70평생을 살아오면서 어쩌면 나의 인생 50년, 지난 세월을 고스란히 지역문화발전에 몸 바쳐 왔다 해도 과언이 아니다. 주마등처럼 스쳐가는 지난날들의 그 감회가 새로워서 뒤를 돌아보게 되는구나!

나는 다섯 살 때부터 할아버지 앞에 무릎 꿇고 앉아 천자문과 소학을 배우면서 붓글씨와의 인연이 시작된 것이다. 연필보다 붓을 잡는 것이 더 자연스럽고 지금 아이들이 교과서 보고 쓰기를 반복하듯, 성현들의 명문장과 대가들의 명필을 따라 써보는 것이 당연한 일상생활의 하나였다. 지금부터 지나간 50년 세월을 돌이켜 생각해 보면 문화예술분야 뿐만 아니라 지역사회 각 분야에서 그 많은 일들을 어떻게 추진하고 결실을 맺어 왔는지!

참으로 지금 그 일들을 다시 하라면 과연 해낼 수 있을까 하는 의문이 나지 않을 수 없다.

경우에 따라선 많은 박수와 격려를 받기도 했지만 더러는 나의 굳은 의지와 열정과는 정반대로 심지어 객담(客談)에 가까운 소리도 얼마나 많이 들어왔던가. 그런 가운데 열정으로 앞만 바라보고 추진했던 갖가지 활동들의 결과를 보면서 오늘에 이르러 많은 격려와 위로의 말들을 듣고 있으니 큰 보람과 기쁨으로 여길 수밖에 없지 않은가!

나는 60년대 전매청 산하 엽연초(葉煙草)생산조합에서 공직생활에 이어 70년대 서울 신문사 공채 3기 사회부기자로 활동하면서 박정희 유신정권에 항거(抗拒)하는 강한 논조(論調)의 언론활동을 펼쳐왔다. 그런 까닭에 1971년 12월, 국가비상사태선포(유신정권유지)때 〈사회불안 요인〉제공이라는 이유로 대규모언론인 구속사건〈폭력행위 등 처벌에 관한법률 위반〉에 연루되어 교도소에서 옥고를 치렀다. 그러던 중, 1972년 8월 15일 형 집행정지로 풀려나 그해 겨울 정든 고향 부여를 떠나 생활근거지를 대전으로 옮기게 되었다.

그때 대전시는 충청남도의 일반 시로 인구가 약 50만 정도이었다. 정든 고향 부여를 떠나 대전에 이주한 뒤 나는 앞으로 나의 삶과 진로에 대해 깊이 고민하지 않을 수 없었었다.

처음 서울 신문사 공채3기, 사회부기자로 입사해 가정 사정이 어려워 서울 근무를 고사하고 충남취재본부로 내려와 평소 지녀온 정론직필(正論直筆)을 좌우명으로 삼고 정의롭게 취재활동에 임했던 그 많은 기억들을 뒤로하고 평소에 당경(唐庚)이 쓴 고연명(古硯銘)을 읊어가며 문방사우(文房四友)와 가까이 해왔던 경험들을 되살려 붓글씨(書藝)에 집중, 정진해야 되겠다고 굳게 다짐을 했다. 그리고 그 해부터 소극적인 내면의 세계에서 자신을 적극적으로 표현하는 자세로 몸을 가다듬고 서예공부를 본격적으로 절차탁마(切磋琢磨)하기 시작했다.

젊은 나이로 패기가 넘쳤던 1972년, 나는 전서체(篆書體)로 유명했던 충남 홍성출신 학남(鶴南) 정환섭(鄭桓燮)선생에게 사사를 시작, 본격적으로 서예 인생에 접어들게 되었다. 나는 정치적인 견해, 사회적 의무감, 현재 처한 현실에 대한 나름의 저항을 붓글씨(書藝)를 통해 담아냈고, 이제 삶의 일부가 됐다. 그 후 해마다 충청남도 미술대전과 대한민국 국전 등 각종 공모전에 출품하여 입선과 특선, 최우수상을 수상하는 등 붓글씨(書藝)를 쓰는 사람으로서 많은 경륜을 쌓게 되었고 급기야 1984년 12월, 국립현대미술관으로부터 영예스러운 〈국전초대작가〉로 지정을 받았다.

그러던 중, 당시 충남예총이 목적사업으로 해마다 개최하는 충청남도미술대전이 운영과 집행과정에서 여러 가지 난맥상을 드러내 지역의 각 언론과 예술인들로부터 많은 지탄을 받아오고 있었다.

나는 그때 젊은 패기로 바르지 못하게 운영되는 충남예총의 미술대전업무집행에 대하여 앞장서 개선할 것을 강력히 요구하고 또 개진하는 열혈청년이 되었었다. 원칙과 정도를 좌우명으로 삼고 살아온 사람으로서 이처럼 미술대전운영이 불합리하게 처리되는데 대하여 참지 못하고 시정을 요구해 온 사례들로 인해서 당시 충남예총의 10개 회원단체 예술인들로부터 많은 시선이 집중되고 이로 인해 지역문화발전에 대한 의견들로 자주 소통을 하게 되었고 이럴 때마다 미술대전의 발전방향에 대한 의견을 강력히 제시 하는 등 적극적인 활동에 대한 많은 예술인들이 나의 행동에 깊은 관심을 갖게 되기 시작했다.

1986년도 2월, 충남 예총회장의 임기가 만료되어 새로 정기총회를 소집하고 회장을 선임하게 되었다. 당시 충남예총은 10개 회원단체로 회원들의 예총활동이 미온적인데다 문화 불모지라는 오명을 벗어나지 못하고 다른 지역에 비해 문화 환경이 열악한 지역이라는 혹평을 받아 왔었다.

예총의 정기총회가 다가오니 그 책임을 맡으려는 선배 예술인들은 모두 사양하고 나를 보고 〈젊은 패기를 지닌 사람이 예총을 맡아서 정상화 시켜라〉하고 강력하게 요구들을 했다. 사실 그때 나는 예술단체를 맡는다거나 예술행정에 대해서는 꿈에도 생각한 바가 없었다. 그러던 중 숙고(熟考) 끝에 예총 10개 회원단체 각 분야의 예술인들이 강력히 권유도 하고 또 나 자신 젊음을 이 고장의 문예 진흥과 예술발전에 힘을 쏟는 것도 큰 의미가 있는 것이 아니겠는가. 또 문화 불모지라 불려오고 있는 우리고장의 부끄러운 오명을 깨끗이 씻어내고 척박한 문화 환경을 비옥한 토양으로 바꿔 놓는 일도 보람 있겠구나 하고 굳게 마음을 다짐하였다.

그래서 나는 충남 예총회장 선거에 출사표를 던지고 선거에서 압도적으로 당선되었다. 그 때의 소박한 예총과의 인연이 22년 6개월이라는 오랜 기간 동안 내 모든 열정을 지역발전과 문예 진흥에 쏟아낼 줄이야 어디 짐작이나 했겠나.

당시 예총을 맡고 보니 참으로 인생의 여정은 아마도 운명적이 아닌가 생각된다. 충남 예총회장 3년, 대전시와 충청남도가 행정조직이 분리되어 이에 따른 예총조직의 합리적 운영을 위해 예총을 대전-충남예총으로 통합 운영하여 회장 3년, 대전 예총회장 13년 6개월과 중앙 예총부회장 16년, 감사 4년, 이사 2년, 실로 22년 6개월 동안이라는 오랜 세월을 명예직이면서 공휴일도 없이 예총업무에 정성을 다 쏟았다.

그리고 1989년 지방자치의 실현에 따라 지역문화발전과 지역고유의 특성 있는 문화예술 진흥을 목적으로 사재를 털어 사단법인 충청예술문화징흥회(현:한국예술문화진흥회)를 창립하여 문화체육관광부로부터 법인설립 허가를 받아 현재까지 이사장직을 맡아오면서 온 정열을 다 쏟아 오고 있으니 나의 인생 50년을 모두 지역문화예술발전에 헌신해 온 셈이다.

당시 충남예총을 맡아보니 참으로 암담하기 짝이 없었다. 대전시립연정국악원 옆 창고 같은 건물에 사무실을 두고 전화 한대와 책상 두개가 놓여있을 뿐, 직원은 하나도 없었다. 당시 나는 예총회장을 잘못 맡은 게 아닌가하고 잠시 동안 후회를 하기도 했다. 그러나 누군가는 이 일을 맡아서 해야 할 일들이다. 나는 나의 모든 열과 정성을 다 바쳐 충남 예총의 새로운 위상을 되찾는데 최선을 다하기로 굳게 마음먹었다.

먼저 급선무가 예총을 운영하기 위한 사무직원을 채용하고 운영경상비를 확보하는 일이 최급선무였다. 당시 충청남도로부터는 행사지원금으로 〈충청남도미술대전〉 외에 경상운영비 등 일체의 지원은 한 푼도 없었다. 그리고 행사비 지원마저 담당공무원 책임자에 따라 천차만별로 정해져 있어 그야말로 사무실 하나 운영, 유지하기조차 힘든 참으로 어려운 형편이었다. 이러한 어려운 실정에 나는 좌절하지 않고 관

런된 중앙 관계부처를 발이 닳도록 드나들면서 정부로부터 전국 127개 지방예총과 각 시·군문화원을 정부정액보조단체 지정을 이끌어내는 쾌거를 올렸다. 이에 따라 지방자치단체로부터 예총과 문화원에 상응하는 경상운영비 보조지원을 받도록 실현함으로써 다소 만족스럽지는 못하지만 전국 지방예총과 지방문화원의 운영에 숨통을 트이게 하고 지방문화의 균형발전에 큰 기틀을 만들어 냈다.

그 당시 지령인걸의 고장이라 일컬어 온 우리 충청도라 하지만 중앙부처에는 타 시도에 비해 고위공직에 있는 인사들이 극히 소수였었다. 거기에 인맥까지 부족한 서생(書生)인 나는 불철주야 이리 뛰고 저리 뛰었던 이면사를 늦게나마 이야기로 남기게 되고 재삼 비쳐지게 되니 큰 보람과 함께 남은 생도 지역문화발전과 문예진흥에 더욱 최선을 다해야 되겠다는 다짐과 함께 새로운 각오와 굳은 의지가 앞을 가린다.

회고해 보면 설상가상으로 당시 이 고장 예총의 위상은 말로 표현할 수 없었다. 예술인들 사이에도 예총이 무슨 일을 하는 곳인지! 무슨 일을 해왔는지 관심조차 없는 예술인들이 부지기수이었다. 이러한 문화 환경 속에 나는 중앙에 집중된 문화예술의 지방 확산과 균형발전을 위해 더욱 과감하게 예총활동을 펼쳐야 되겠다고 다짐하고 국내 정상의 예술단을 해마다 초청하여 봄가을로 공연하는 일을 적극 추진하였다. 흔히들 대전은 문화 불모지라는 자조적인 말들을 하루 속히 불식시키기 위해서라도 전국의 다른 광역시, 도 수준으로 시민들의 문화 향유 층을 높여야 한다는 사명감이 크게 작용하였기 때문이다. 예총회장 취임 첫해에 겁도 없이 부산시향을 초청하여 공연을 펼쳤는가 하면 다음해부터 연례행사로 계속 광주시향. 대구시향. 인천시향. 그리고 당시 전국적으로 각광을 받았던 유명한 국내정상의 무용예술단도 초청해 공연을 펼쳤다. 당시 충남과 대전예총의 여건으로 이들 국내정상의 예술단을 초청하여 공연을 펼쳤다는 것이 결코 그리 쉬운 일이 아니었다. 이들 국내정상 예술단 초청에 따른 여러 가지 행정적 절차는 물론, 초청경비 조달과 관람권 판매 등, 그 어느 것 하나 어렵지 않은 것이 없었다.

그러나 나는 이 모든 것을 동분서주하며 과감하게 해냈다. 그리고 시민들에게 예술향유의 기회를 넓혀주고 문화성층을 향상시켰다. 지금 같으면 과연 이런 일들을 해낼 수 있었을까! 의문이 가지 않을 수 없다.

또 우리 고장 예술인들에게 자존심과 자긍심을 갖게 하고 예술인들의 창작역량을 향상시키기 위해서는 무엇보다도 공연, 전시행사를 정기적으로 갖는 것이 중요하다는 것을 나는 경험과 각종 공연, 전시를 통하여 절실히 실감하고 있었다. 그 간의 충청남도 미술대전을 내실 있게 운영해 자리를 잡게 해온 것을 바탕으로 1987년〈충청남도 산업미술대전〉과 1989년〈백제사진대전〉, 1989년〈대전광역시서예대전〉, 1989년〈충청서예가전〉, 1987년〈전국연극제〉〈전국무용제〉, 1989년〈대전광역시산업미술대전〉 등 각종 공연과 전시회를 창설하여 정착시켜 놓은 다음 이 모든 공연전시행사들을 목적사업으로 자리 잡아 예총산하각 관련 회원단체에 이관시켜 오늘의 다양한 전시회로 발전시켜 가도록 하였고 1987년 제16회 충청남도미술대전에서는 제1회부터 16회까지 역대 충청남도 미술대전의 입상자 등을 총 정리하여 〈1987년 충청남도미술대전〉 도록을 발간해 향토미술 사료로 남긴 것은 지금 생각해도 큰 보람과 자부심이 아닐 수 없을 일이었다. 또한 우리고장 합창음악 발전을 위해 전국에서 처음으로 〈대통령상합창제〉를 창설하여 지금까지 개최토록 해온 일과 〈대전청소년 교향악단〉을 창단하여 10년간 단장으로 있으면서 봄가을 정기공연 등 연주활동을 지원해 대전음악의 저변확대와 위상을 제고시켜 왔고, 당시 참여했던 단원들이 연주활동을 통한 음악역량을 향상시키고 발전시킨 경륜으로 현재 한국 음악예술계에 중진으로 활약하는 모습을 보면 지금도 큰 보람으로 남고 있다.

당시 충남과 대전예총이 추진해야 할 산적한 예술 목적사업 중, 우선순위에 따라 추진한 발간물로 1986년 〈충남예술〉과 1987년 〈충남의 구비전승〉, 1989년 〈대전예술〉, 1990년〈충남의 풍속〉, 1991년 〈충남의 민요집〉, 2000년〈대전의 시 대전의 노래〉, 2001년〈충남문학사〉 등 책을 발간하여 우리고장 전통을 계승하는 주춧돌로 만들어 사료로 남겨온 것 또한 잊을 수 없는 문화 사업들이었다. 이 모든 것이 이렇게 제목만으로 기술해 정리하기에는 간단한 것 같지만 그 일들을 하나하나 추진하는 과정에는 말할 수 없는 사연들이 있었다는 것을 어떻게 이 지면에 통해 하나하나 다 표현할 수 있겠는가!

이 또한 언젠가는 기회가 되면 더 자세히 이면사를 남겨서 다음날 우리 예총과 지역 문화예술진흥을 위해 많은 관심을 쏟는 예술인과 문화 촉매자들에게 참고가 되도록 할 예정이다.

나는 예총회장과 한국예술문화진흥회 이사장의 책임을 맡자마자 위에 두서없이 기술한 대로 예술분야의 목적사업들을 시대적 배경과 절차후에 따라 하나하나 우선순위를 가려 선정된 사업들을 적극 추진, 시행하고 각종 종합예술 기관지의 발간을 추진하여 오늘에 이른 점이다. 당시 예총은 1960년대 창립된 이후 20년이나 흘렀지만 그 간의 예술활동이나 기록들은 거의 찾아볼 수 없었다. 당시에는 지역의 열악한 문화 환경에 따른 여건으로 예술인들의 생각이나 연구물을 발표할 지면과 공간이 없어 많은 애로가 있었다. 따라서 격월간, 계간 등 예술정보지의 발간은 절실히 필요했다. 그러나 잡지를 하나 창간하여 지속적으로 발간한다는 것이 어디 그렇게 쉬운 일이던가. 이 일을 위하여 넉넉하지 않은 집안 예총살림에서 도저히 추진할 수 없어 사재를 들여 예총활동에 투자를 하는 일마저도 한계를 느껴 마음이 늘 편치 않았던 게 사실이다. 처음에는 격월간으로 〈충남예술〉을 발행해 오다 예총이 충청남도와 대전시가 행정조직이 분리됨에 따라 예총이 대전 · 충남예총으로 조직이 재편되어 재정형편이 어려워 발간하지 못한 〈충남예술〉을 당시 지방자치의 실현으로 지역고유의 특성 있는 문화발전을 위한 목적으로 설립하고 내가 이사장으로 있는 (사)충청예술문화진흥회(현: 한국예술문화진흥회)에서 사재를 출연해 격월간 〈대전예술〉을 4년 8개월(제58집) 동안 발간해 왔다.

온갖 열정으로 발간해온 〈대전예술〉을 아무 조건 없이 출판물 발행 사업권을 흔쾌히 대전예총으로 이관시켜 줬으며 이 종합 예술지는 현재까지 대전 예총에서 발행토록 한 결과 역시 큰 명분과 보람으로 남아 가슴을 뿌듯하게 한다.

이제는 그 누가 예총의 책임을 맡아도 이 월간 종합예술지〈대전예술〉은 지속적으로 발간되어갈 것이며 폐간할 수 없는 종합예술지로 거듭 발전해 갈 것이다. 물론 행정개편에 따라 처음에는 〈충남예술〉로 발간을 해오다 이어진 〈대전예술〉의 면면을 살펴보면서 여기에 나의 땀과 눈물과 열정이 서려있어 그 감회가 깊지 않을 수 없다.

이렇게 오랜 기간 예총과 진흥회의 한 · 중 문화교류회 책임을 맡아온 지난 세월을 하나하나 더듬어 살펴보니 참으로 많은 예술행사를 추진하기도 하고 직접 관여하기도 했다. 전국 지방예총의 중앙부회장으로 지방예총의 권익보호를 위해 앞장서 1986년〈전국예총지회장회의〉를 창설하고 대전에서 127개 지방예총회장 전체회의를 주관, 문화예술의 지방 확산과 균형발전을 위한 세미나 등 개최하고 단합을 다짐해 온 일들이 단초가 되어 중앙 예총에서는 뒤늦게 같은 해 이를 〈전국예총대표자대회〉로 격상시켜 연례행사로 개최하고 한 해 동안 예술 활동에 현저하게 공적이 많은 회원들에게 예술인 대상과 예술신인상, 공로상. 감사패 등을 시상하고 예술인들의 자긍심을 높여오는 일들을 주도적으로 이끌어 왔으며 1987년〈문화의 달 예술인대회〉를 창설, 우리고장 예술인들의 자긍심과 권익을 높여오고 대한민국 국전 등 각종 예술행사에 심사위원, 추진위원, 운영위원, 기타 사회단체에 적극 참여하여 예총의 위상을 확보했던 일, 그리고 무엇보다 1988년 〈충청미술청년작가전〉. 1990년 충청서예가전(예술의 전당). 1995년 충남 개도 100주년 기념 충남서예가전. 1995년~2016년 한 · 중(대전 · 남경) 서화교류전. 2013년~2014년 한 · 중(대전 · 합비) 서화교류전. 2014년~2015년 한 · 중(대전 · 소주) 당대서화명가전. 2016년~2017년 한 · 중(대전 · 소주-성도) 당대서화명가전. 2017년~2018년 한 · 중(대전 · 우한) 서화교류전 등 나의 전공과 관련된 예술행사를 창설하고 주도해 온 일들은 큰 보람으로 남아 가슴 벅차게 하고 있다. 이처럼 분주한 예총활동과 한국예술문화진흥회 활동 속에서도 나의 붓글씨(書藝)에 쏟는 열정을 잠재우지 않고 개인전과 초대전, 그룹 전, 세계 아트전 등에 지속적으로 참여해 온 일, 또 1989년 한국수필 추천으로 문단에 등단, 수필집으로 1991년 〈별을 바라보는 마음으로〉. 1994년〈계룡로의 아침〉. 2017년 〈내 마음의 꽃신〉등 3권을 남긴 것도 큰 보람이라 여기고 있으며 이러한 연유로 2017년 국제펜클럽 한국본부 문화정책위원장의 큰 감투까지 쓰는 영광을 얻게 되었다.

이처럼 예총과 각 문화단체의 문화예술 활동이 활발해지면서 지역사회 각 분야에서 여러 가지 형태로 예총활동이 연계되어 광폭으로 참여하게 되었으며 그 일환으로 우리지역 공동체 활동을 적극 추진하고 이를 실현하기 위해 1991년 우리지역 연고의 프로야구 한화이글스 후원회를 창설, 2010년까지 20년 동안 후원회장 직을 맡아오면서 선수단을 격려하고 MVP시상과 주간, 월간 우수선수 시상 등, 후원활동을 적극 펼쳐 온 보람으로 충청지역 연고의 프로야구 발전은 물론 그 결과 1999년 한화 이글스가 전국을 제패하고 우승하는 영광도 맛보았으며 예술인으로 1989년 대전광역시 카누협회장, 1996년 대전광역시 야구협회장직까지 맡아 지역체육 발전에도 크게 기여해온 일 등, 나의 지역사회 활동무대는 점점 넓어지게 되었다.

특히 대전예총회장과 한국예술문화진흥회 이사장직에 있으면서 1994년 대전광역시와 중국 강소성 인민정부 남경시와의 자매결연을 체결할 당시 대전광역시 대표단의 일원으로 중국을 방문했다. 당시에는 국제간 문화교류의 트랜트가 중앙정부중심에서 지방정부로 옮겨가는 추세였다. 이러한 추세에 앞장서 나는 중국 남경시 정부 산하 남경서화 원 주도평(朱道平) 원장과 긴밀한 협상을 통해 대전 · 남경 양 도시 간 우호증진을 위한 문화교류행사로 한 · 중(대전 · 남경)서화교류전을 개최하기로 합의하고 이듬해인 1995년 11월 대전에서 한 · 중 문화교류회(현 · 한국예술문화진흥회)주최로 제1차 한 · 중(대전 · 남경)서화교류전을 시작으로 2018년까지 23년 동안 문화적, 정서적 많은 어려움이 있었음에도 한해도 쉬지 않고 성대하게 개최해 왔다.

대전 · 남경 자매도시 간의 문화교류행사인 이 한 · 중(대전 · 남경)서화교류전은 상호주의 원칙 아래 참여하는 서화예술인들이 해마다 양 도시를 상호방문, 해마다 성공적으로 개최해 왔다. 그리고 1988년에는 자매도시 남경시 인민정부에서 개최하는 민간예술절행사와 세계역사문화명성도시엑스포 등 국제적인 대규모 예술행사 개막식에 우리 대전의 전통예술단(대전광역시풍물단)이 공식초청을 받고 개막식과 폐막식 공연에 출연, 우리 고유의 전통예술로 대전의 명예와 이미지 그리고 우리문화의 우수성을 널리 선양해 온 일은 23여 년 동안 함께 참여했던 서화 예술인과 공연예술인들도 자부심과 함께 큰 보람으로 여기고 있다.

이처럼 중국 남경시와 오랜 기간 깊은 신뢰 속에 이어져온 서화교류전이 중국 각 지역으로 여론이 확산돼 강소성 인민정부 남경시는 물론, 안휘성 합비시, 호북성 우한시, 강소성 소주시, 사천성 성도시, 호북성 우한시 등 많은 지역의 문화예술인들이 우리 대전과 교류를 절대 희망하고 있는 현실이다.

그러나 근자에 이르러 우리의 현실과 여건은 그리 쉬운 일이 아니다. 중국과의 문화적, 정서적 많은 어려움이 뒤따르고 있는데다 아무리 깊은 신뢰를 바탕으로 우호관계를 유지해 간다 하더라도 순수 민간예술단체로는 재정적 뒷받침이 없이 정상교류를 추진하고 이를 시행해 나가기는 그리 녹록치 않은 실정이다. 따라서 향후 이러한 국제교류를 추진하는 예술단체의 각종 문화교류 사업은 정부와 관계당국에서 심도 있게 분석하고 검토하여 특별한 예산지원정책이 뒷받침 되어야 할 것이다.

우리 한국과 중국과의 우호관계의 중요성을 예로 하나 들어 본다. 지난 2016년 5월 초이다. 중국 강소성(江蘇省)인민정부 스타이펑 성장이 4박 5일간의 일정으로 한국을 방문했다. 당시 대대적인 언론보도에는 방한기간 중 이재용 삼성그룹 부회장, 정몽구 현대그룹 회장과 구본무, 최태원 회장 등 재벌 총수들을 면담하고 한국기업 주요공장들을 돌아볼 계획이라고 했다. 이 때문에 삼성과 현대, SK, LG 등 국내 4대 그룹 회장들은 한국을 찾는 스타이펑 성장을 영접하랴 연휴기간인데도 쉬지 못하고 그를 만나려 총 출동하는 현상이 빚어졌다. 그 주인공인 스타이펑 성장은 시진핑 중국 국가주석도, 리커창 국무원 총리도 아니다. 그동안 중국에서 국가주석이나 총리 같은 중앙정부 최고위급 인사가 한국을 찾을 때 재벌 총수들이 줄지어 만나기는 했지만 지방 성(省) 단위 수장까지 일일이 만난다는 것은 이번이 처음이다. 스타이펑 성장은 장쑤성의 1인자도 아니고, 당서기 다음인 2인자다. 중국 공산당 내 파워 엘리트그룹인 중앙위원도 아니다. 웬만한 국가의 정상도 보기 힘든 그룹총수들이 중국 지방정부의 2인자를 만나는 이유는 과연 무엇일까. 한마디로 장쑤성이 한국 경제발전에 전략적 가치를 지닌 지역이기 때문이다. 장쑤성은 면적이 중국 전체의 1% 남짓하지만 '경제 허브

도시'로 급부상하고 있다. GDP(국내총생산) 규모가 중국 31개 성, 시, 자치구에서 광동성에 이어 2위다. 대(對)한국과의 교역량도 2위다. 강소성에는 한국의 4대 그룹을 포함해 우리 기업 상당수가 생산 거점을 두고 있다. 양자강을 끼고 있어 물류유통이 편리하고 상하이가 인접해 배후시장도 크기 때문이다. 삼성전자는 쑤저우에 반도체 공장이 있고, 기아자동차와 하이닉스의 반도체 공장은 무석에서 가동 중이며 LG의 경우 난징에서 디스플레이, 화학 두 계열사가 생산 라인을 돌리고 있다. 이러한 지리적인 여건 속에 대전시는 1992년 한 · 중 국교정상화 이후 1994년 전국지방자치단체로는 제일 먼저 중국 강소성의 성도 남경시와 자매도시를 결연했다. 이에 발맞춰 (사)한국예술문화진흥회(한 · 중 문화교류회)는 남경시 인민정부의 남경서화원과 남경시문학예술계연합회, 두 예술단체와 문화교류로 한 · 중(대전 · 남경)서화교류전을 개최하고, 지난해까지 23년 동안 한해도 쉬지 않고 교류전을 성대하게 개최해왔다.

한 · 중 양국 간 우호증진을 위한 교류의 물꼬는 우선 경제교류에 앞서 동양예술장르 중 제일인 서화예술교류를 통한 문화교류를 계기로 많은 우리 기업들까지 중국에 진출케 하는 문화적, 정서적 디딤돌이 되었고, 현재에 와서는 한-중 FTA 타결 등 외교적으로 많은 현안들을 풀어가는 단초가 바로 문화예술에 있다는 것과 정치와 경제의 문제는 문화의 영역과 떨어져 있지 않다는 것을 확인해 주고 있다. 따라서 우리는 정치, 경제, 사회적인 모든 문제를 같은 시각만으로 접근하는 것은 올바른 해결방법이 될 수 없다는 것을 확인시켜 주고 있기 때문에 그런 의미에서 한 · 중(대전 · 남경) 뿐만 아니라 여타의 관련도시 간의 문화교류는 총체적인 정치, 경제, 사회적인 많은 문제들을 풀 수 있게 하는 근본적인 중요한 해법의 하나가 될 수 있는 것이다. 2016년은 대전 · 남경 자매도시결연 22주년을 맞는 해로 대전시의회와 남경 시 인민대

표자대회와는 의정교류 16주년을 맞는 해이기도 하다. 이러한 오랜 기간의 우호협력 속에 9월, 대전에서 제21차 한-중(대전 · 남경)서화교류전도 개최해 왔다.

중국의 경우 경제성장뿐만 아니라 정치사회적인 문화 환경이 한국과는 너무나 차이가 많은 현실로 예술인들은 국가와 기업메세나의 풍족한 지원으로 예술인육성은 물론 예술 활동과 각종 문화교류를 실시하고 있는데 반해 우리나라의 경우 민간예술단체가 국가와 자치단체의 예산지원으로 교류행사를 치르기는 정말 하늘의 별 따기다. 2015년의 경우다. 지역문화발전에 헌신 기여해 온 우리 대전미술인들의 뜨거운 열정이 모아져 해마다 대전시로부터 예산지원(약70%)을 받아 시행해 온 한 · 중(대전 · 남경)서화교류전의 지원예산이 전액 삭감되는 황당한 사건이 발생했는데도 한 · 중 우호관계의 중요성과 양국 간 오랜 기간 깊은 신뢰 속에 이어져 온 교류행사라 교류전예산이 한 푼 없는 상황에도 사비를 털어 중국 남경에 20명의 대표단과 90명 작가들이 교류전에 참여, 수준 높은 작품으로 경연을 펼치고 이를 통해 한국의 명예와 대전의 이미지를 크게 선양한바 있다. 그 다음해인 2016년 9월, 대전에서 개최하는 제21차 한 · 중(대전 · 남경)서화교류전은 예산지원이 확정되어 교류전을 성대하게 개최할 수 있었다. 중앙정부나 관련 지방자치단체도 기업총수들처럼 한 · 중 관계의 중요성을 재인식하고 강력한 교류확대 증진을 위해 특별한 행정력과 현실에 맞는 예산지원이 확대되어야 할 것이다.

많은 세월이 지난 일들이다. 1996년 문화예술계에서도 지방자치의 실현에 발맞춰 지방의회에 진출하여 지역문화발전과 문예 진흥에 일익을 담당해야 한다는 강력한 요구와 절대적인 권유로 1996년부터 제2~3대 대전광역시의회 의원선거에 출마, 당선되어 부의장과 의장을 맡아 봉사하는 기회도 있었다. 예술인으로 의정의 책임을 맡는다는 것은 내가 관여해온 예술계로서는 의미 있는 일이 아닐 수 없다. 동료 의원들은 물론 공직자들에게 예술에 대한 인식을 바꾸는데 좋은 기회였다고 생각된다. 나는 시민들의 문화성층 고양과 예술의 중요성을 강조하여 문화 예술단체 지원에 보다 적극적으로 지원할 것을 역설하고 실제 재임 기간 중, 예총과 문화원, 그리고 10개 예총 회원단체에 상응하는 예산의 지원을 할 수 있도록 의정 활동을 펼쳤으며 한밭문화제를 비롯해 각종 예술행사에 상향지원 되도록 노력하여 큰 성과를 얻었다. 특히 재임기간 중에 예산출연을 성사시켜 50억 원의 문예 진흥기금을 조성케 한 일은 예술인으로서 또 예총의 책임자로서 예술단체 활동에 가장 잊을 수 없는 보람으로 남게 되었다.

오늘에 이르러 나의 가슴에 더 큰 보람을 안겨주는 사건이 나의 가슴을 벅차게 한다. 지금 우리나라의 영화산업은 세계시장에서 경제적인 대호황을 이루고 크게 성장하고 있다. 나는 2006년 2월 19일 오후 3시, 대전의 젊은이들 거리인 은행동(으능정이)에서 혼자 당당하게 소리를 지르고 장엄하게 섰었다. 대전의 으능정이는 서울로 치면 광화문이나 명동과 같은 넓은 번화가이다. 당시 광화문에서도 스크린쿼터 축소 반대 1인 릴레이시위가 연일 벌어지고 있었다. 나는 그날 으능정이 거리에서 〈스크린 쿼터 문화주권 사수〉 내용을 담은 피켓을 높이 들었다. 미국이 한국의 영화시장을 독점하기 위한 술책을 강력히 반대하고 정부의 스크린쿼터 축소 논의를 지켜볼 수만 없어 피켓을 들고 거리로 나오게 된 것이다. 1인 시위를 벌인 나는 〈영화산업은 앞으로 우리 젊은이들이 주도적으로 이끌어가는 산업〉이라 강조하고 젊은이들이 많이 몰리는 으능정이 거리를 택해 1인 시위를 벌인 것이다. 당시 나는 〈미국은 막대한 자금력과 영화기술에다, 힘으로 우리의 영화시장을 독점하려한다〉고 큰 소리로 외치면서 〈정부가 FTA 협상과는 별개라는 빌미로 스크린쿼터 축소 방침을 세운 것은 미국의 힘에 굴복한 것〉이라고 항변했었다. 서울 광화문에서도 같은 날 배우 안성기를 시작으로 박중훈, 장동건, 최민식, 전도연, 김주역, 이준기 등이 스크린쿼터축소 반대 1인 릴레이시위에 참여했었다. 또 영화감독으로는 정윤철, 이준익, 송일권, 박찬욱 감독이 나섰으며 영화배우 방은진 씨도 14번째로 1인 시위를 벌였었다. 당시 나는 최고령의 나이로 이번 스크린쿼터와 관련한 1인 시위로 기록을 남긴 것이다. 당시 언론 보도에 절대 〈그렇지 않다. 나는 올해 대학에 입학했다〉며 큰 소리로 〈나이는 비록 60대이지만 마음은 20대〉라고 소리쳐 말했던 순간들이 새롭게 상기되고 있다. 서예가로 일가를 이룬 나는 지난해 2개의 대학에 동시에 합격을 하고 입학은 최종적으로 대전대 산업광고심리학과를 선택했다. 그 해 3월, 아들 벌되는 새내기들과 같이 입학식을 가졌다. 그리고 또 대전예총에서는 유성 로-얄 관광호텔에서 정기총회를 열고 10개 회원단체에서 참석한 53명의 대의원들이 〈스크린쿼터축소 결사반대(사수) 결의문〉을 만장일치로 채택하고 전국 각 시. 도 에서 앞장서 먼저 대전예술인들이 스크린쿼터 결사반대 사수에 동참했다. 이날 참석한 건축, 국악, 무용, 문인, 미술, 사진, 연극, 연예, 영화, 음악협회 등 10개 회원단체 대의원들은 한결같이 〈한국영화 죽이기를 즉각 중단하라〉고 외쳤고 〈한국영화와 문화주권을 지켜내기 위해 전면적이고 광범위한 투쟁을 벌여나갈 것〉을 선언했던 일들은 오늘의 한국영화 1천만 관중시대를 열어 가는데 그 단초가 되었다는 자부심으로 가슴을 벅차게 하는 순간이다.

지난 50여 년 동안 작품 활동과 문화(촉매)활동, 사회활동, 지역공동체 활동을 해오는 동안 나라와 지역을 빛낸 선인들의 민족정신과 자긍심을 기리는 기념비 제작에 특별한 열정을 쏟아 사육신 박팽년선생 유허비, 만해 한용운선생 시비, 단재 신채호선생 비, 수당 이규남선생 순절비, 정 훈 선생 시비, 한성기 선생 시비, 권선근선생 비, 이덕영 선생 시비, 박용래 선생 시비, 대전 국립현충원 추모비, '93대전엑스포의 역사적인 성공을 기리는 한빛탑 건립기, 인공위성 우리별1호 발사 기념비(대덕연구단지). 백제재현단지 사비궁내 현판 弘毅堂(홍의당) 등, 민족의 자긍심과 감동을 쏟아 담은 작품을 남겼으며 이러한 활동들로 1983년 충청남도 문화상, 1990년 서울신문사 향토문화대상본상, 2000년 자랑스러운 부여인상, 2006년 대전광역시문화상, 2008년 중국남경시 인민정부 문학예술계연합회(문련) 영예고문, 2013년 시사저널 올해의 신한국인 대상, 2014년 부여 100년을 빛낸 인물상, 2014년 중국남경시 인민정부 남경 시 대외문화교류사자 상, 2014년 중국강소성 인민정부 강소성을 빛낸 인물상 등 상훈에 흔적을 남기게 되는 영광도 얻게

되었다.

글을 쓰다 보니 자화자찬이 된 감이 없지 않아 다소 계면쩍은 생각이 들지만 내 인생 전부를 걸다시피한 예총과 (사)한국예술문화진흥회(한 · 중문화교류회)의 일들을 생각하니 글로 이렇게 쓰여졌음을 보는 이로 하여금 이해해 주기 바라는 마음 간절하다.

이런 일들을 추진하는데 어찌 이 부족한 나의 역량으로만 가능했겠는가? 참으로 많은 분들의 사랑과 도움이 없었다면 불가능한 일이었음을 잘 알기에 그 모든 분들에게 늦은 감이 있으나 이 지면으로나마 깊은 마음으로 감사를 드린다. 그리고 나의 50평생 예술혼(藝術魂)이 살아 녹아 있는 사랑하는 한국예총과 충남예총, 대전예총, (사)한국예술문화진흥회, 한 · 중문화교류회를 비롯한 이 고장 문화예술계의 영원한 발전을 충심으로 기원한다.

| 목차 |

| 목차 |

2부 ◆ 예총과 나의 인생

3부 ◆ 정치가 문화에 정을!

1부

예술의 영지(靈地)

남계화랑과 중도서예학원 설립

나는 1977년 3월부터 1980년 말까지 3년 동안은 대전 중구 대흥동 대전시청(현, 중구청)앞 골목에서 문화 공간 "남계화랑"을 개설하고 3년 동안 운영해오다 문을 닫고 1980년부터 1988년까지 대전 중구 은행동 충청은행본점(현, 하나은행) 옆 레오파드 건물 3층에 "중도서예학원"을 설립해 수강생들과 같이 서예공부에 몰두했다.

돌이켜보면 1971년 12월, 박정희정권은 임기 말, 장기집권을 획책하고 국가비상사태로 계엄령을 선포했다. 당시 나는 서울신문 사회부기자로 취재 활동에 여념이 없었다. 당시 박정희 정권은 유신정치를 획책하고 정치적으로 걸림돌이 되는 정치인과 언론인들을 숙청하기 시작했다. 당시 나는 계엄령선포에 따른 언론인 집단구속사건에 연루되어 옥고를 치루다 1972년 8월, 형 집행정지로 풀려나와 정든 고향인 부여를 떠나 대전으로 이주(移住)해 삶을 시작했다.

나는 평소 서예에 몰두해오면서 우리고장 대전이 다른 지역에 비해 문화 환경이 척박하고 문화 불모지라는 지역으로 불려온 오명을 씻어내는 일에 온 정열을 다 쏟아야겠다고 다짐했다. 당시 우리 대전에는

그럴사한 전시 공간 하나 갖추어진 곳이 없어 소규모 화랑이라도 개설해 시민들과 예술인들의 소통공간으로 활용해야겠다고 결심했다. 그래서 1977년, 3월, 대전시청(현, 중구청) 정문 앞 골목에 "남계화랑"을 개설했다. 그리고 개관기념으로 6대화가 소장 작품전과 한국화단의 원로인 일랑 이종상, 산동 오태학, 남천 송수남. 남계 이규선. 대산 김동수화백 등 초대전을 연중개최하고 목원대와 한남대 등, 지역미술대학 교수작품전, 재학생과 졸업생작품전 등, 개최해 오는 3년 동안 전시활동을 지원해오다 1980년 적자운영으로 문 닫고 말았다.

"남계화랑"을 폐업하고 빈손으로 중구 은행동 충청은행 본점(현, 하나은행) 옆에 레오파드 3층 건물에 "중도서예학원"을 개원했다. 중도서예학원을 열자마자 참으로 많은 수강생들이 몰려왔다. 학원이 시내 교

통의 중심지에 위치해서 그런지 꾸준히 많은 수강생이 몰려와 학원이 날로 번창했다.

나는 1984년 국립현대미술관 국전초대작가로 지정받고 1986년 2월, 충남예총회장에 피선됐다. 예총회장의 중책을 맡으면서 서실운영은 소홀해질 수밖에 없었다. 이로 인해 학원에 전념할 수 없어 제자를 양성하는 일이 어려웠다. 그 때 많은 수강생들이 지도를 받고자 했지만 예총업무에 전념하느라 그들과의 인연을 이어갈 수 없었다. 그래서 서실 수강생들의 지도는 서력이 오래된 제자들에게 맡겨졌고 그렇게 5~6년 동안 명맥을 유지해오다 중도서예학원은 문을 닫고 말았다.

그리고 다시 1989년 중구 오류동으로 자리를 옮겨 “조종국 서실”로 문을 열었으나 예총회장의 중책을 맡은 22년 6개월 동안 제자들을 지도하지 못하고 또 중구 오류동서실을 운영하는 기간에도 대전시의원에 당선돼 7년 동안 의정활동에 전념하느라 제자들을 길러내지 못한 아쉬움이 크게 남는다.

그리고 서예에 몰두하는 동안 나는 기본적으로 전서, 예서, 해서, 행서, 초서 등 오체를 모두 섭렵해 왔으나 주로 써온 글씨체는 전서(篆書)다. 전서는 쓰면 쓸수록 조형미를 느끼게 하는 서체라 이를 택해 주로 써왔으며 지금도 전서에 대한 매력은 아주 각별하다. 그래서 한글도 전서체를 응용해 주로 써왔으나 바로 내가 쓴 한글전서체를 특화시키지 못하고 저작권등록조차 못한 것이 지금도 크게 나의 마음을 아쉽게 한다.

◆◆◆

시민문화 공간 남계화랑의 수난

고향 부여에서 삶의 터전을 대전으로 옮긴 뒤 5년이 지난 1977년 10월, 나는 대전시청(현, 중구청)정문 앞에 시민들의 문화공간으로 "남계화랑"의 문을 열었다. 당시 대전은 문화 불모지라는 오명을 듣고 있던 도시였다. 도청소재지였지만 문화공간이라고는 행사위주로 사용되는

대전시민회관이 전부로 그 외에 제대로 갖추어진 전시장 하나 없던 도시였다.

그래서 생에 고마운 분 김정호(전, 서산경찰서장)씨를 만나게 했는지! 그 분의 음덕이 단초가 되어 지역문예 진흥을 위해 미력하나마 일익을 담당해야 되겠다는 굳은 신념으로 문화 공간 "남계화랑"을 열게 되었다. 대전에서 활동하는 미술인과 시민의 소통공간이자 전시공간으로 자리매김하였고, 이런 "남계화랑"의 출현은 지역 미술계에 적지 않은 새바람을 일으켰다.

당시 대전에는 목원대학 윤영자(조각)교수와 한남대학 이인영(양화)교수가 지역미술계와 대학에서 쌍벽을 이루고 있었다. 이 두 분과 더불어 지역의 미술인들에게 "남계화랑"이 미술창작 활동에 조금이나마 도움이 되는 전시공간으로 활용되기를 바라는 마음이었다. 기획전과 대학교수작품전, 학생졸업 작품전 등을 위해 전시공간을 무상으로 제공하고 화집제작도 지원해주곤 했었다. 이러한 기부활동을 통해 "남계화랑"이 지역의 미술 발전에 지대한 공헌을 했다고 지금도 감히 자신있게 말할 수 있다.

당시 나는 대전으로 삶의 터전을 이주한 지 불과 5년밖에 되지 않았었다. 대전과는 학연, 지연, 혈연, 인맥이 전혀 없이 "남계화랑"을 개설하였기에, 초기에 화랑을 찾는 고객들은 모두 초면으로 생소하였으나 친절하게 맞았다. 그런 가운데 미술애호가를 자처하며 화랑을 찾는 사람들 중에 사기꾼이 드나들며 계획적으로 작품을 거래했다. 이들은 처음에는 작품을 현금으로 구입해 VIP손님처럼 처세를 하다 시간이 지나면서 점차 억지스런 거래를 요구하다 심지어 은행어음을 발행하기 시작했다. 이들은 어음발행이 일정 규모를 넘어서자 고의로 부도를 내고 잠적해버렸다. 대전에 인연이 적은데다 실물경제에 민감하지 못했던 나는 결국 큰 손해를 보고 말았다. 당시 소중히 간직해 오던 한국 6대 화가의 소장 작품 등을 포함하여 그들로 인해 본 손해금액은 지금 시가로 억대가 넘을 것 같다. 그 당시 대전시 서구 내동 일대 땅 1평이 1만 원하던 시절이었다.

대전예술의 상징적인 문화 공간으로 자리 잡았던 "남계화랑"은 누적돼 온 운영적자와 사기꾼에게 입은 막대한 경제적 손실로 결국 3년 만에 문을 닫아야만 했다. 흔히들 그 돈 갖고 부동산에 투자했으면 큰 부자가 됐을 거라는 웃는 소리의 말도 듣고 있지만, 문화 공간 "남계화랑"이 지역미술발전에 크게 기여했다는 문화사적 의의는 돈으로 설명할 수 없는 가치라고 생각된다.

◆◆◆

내 인생과 예총

1972년 12월, 고향 부여에서 삶의 터전을 대전으로 이주해서 오늘까지 그 오랜 세월을 한마디로 요약해 표현할 수 있는 단어가 무엇일까. 예술, 예총, 문화, 봉사, 공동체 등 많은 단어가 떠오른다. 그 가운데 하나를 지목하라면 역시 '예총'이 될 것 같다. 그만큼 예총은 내 인생에서 가장 중요한 키워드다.

예총을 위해 내 인생의 전부를 바쳤다 해도 과언이 아닐 듯싶다. 충남예총회장과 대전 · 충남예총, 대전예총회장, 중앙 부회장, 중앙예총 감사, 중앙예총 이사에 이르기까지 22년 6개월 동안 예총과 함께 우리 고장의 문예 진흥과 예술인 권익향상을 위해 내 모든 시간과 열정을 바쳤다. 대전충남이 지령인걸(地靈人傑)의 고장으로서 수준 높은 예술적 자산과 훌륭한 예술인이 많음에도 불구하고, 그것을 가꾸고 일궈내지 못한 지역의 문화 환경을 개선해야 되겠다는 굳은 각오로 소임을 다했다.

평소 나는 대전충남 예총의 역사를 크게 3기로 구분해왔다. 제1기는 1960년대 예총이 결성된 이후 1985년까지, 제2기는 내가 예총회장으로 재임한 1986년부터 2007년까지, 그리고 2008년 이후부터 현재에 이르

기까지를 제3기의 예총 역사로 구분하였다.

1기의 예총은 문인인 고 이재복(보문고교장) 초대 예총회장을 비롯해서 고 권선근(충대교수), 안영진(언론인), 이완복, 이미라, 김철수 씨 등이 활동해 온 시기로, 유신과 군사정권이라는 시대적인 배경도 있었으나 예총활동 전반에 걸쳐 활력이 미흡했던 시기였다. 문인활동 이외의 예술활동은 충청남도미술대전 하나가 그 명맥을 유지할 뿐이었다.

2기에 접어들어 충남예총이 그 기반을 다지기 시작해서 대전의 직할시 승격과 함께 대전 · 충남예총으로, 그리고 충남예총과 대전예총으로 조직을 분리해 예총을 정착시켰다. 충남예총 회장직을 맡았던 나는 대전 · 충남 예총회장에 이어 대전 예총회장까지 수행한 유일한 사람으로 기록에 남았다. 나는 각종 공연예술과 대규모 전시활동을 비약적으로 발전시켜 중앙과 지역 간의 문화예술의 균형을 도모함으로써, 문화예술의 중흥기(中興期)를 이뤘다는 평가를 받았다.

그렇게 지역예술인들과 더불어 동고동락하며 지역문화예술의 비옥한 토양을 만드는데 힘들지만 최선을 다했고, 나의 가슴 언제나 뜨겁게 불탔다. 그런 노력이 보답을 받은 듯, 대전충남은 문화 불모지라 오명을 씻고 지방문화예술의 중핵도시로 발전하였고, 지역예술인이 신명

나게 예술 활동에 전념할 수 있는 환경을 마련하였다. 내가 쏟은 열정만큼 지역의 문화 환경이 날로 개선되는 즐거움을 만끽했다. 비록 가정을 비롯하여 나 개인의 사생활을 희생하고 잃은 것도 많았던 반면, 더 큰 뜻을 성취하고 얻었던 값진 세월이었다.

이러한 예총의 모습을 지켜보며 나는 더 한층 모든 열정을 다 바쳤다. 난관에 부딪쳐 앞이 캄캄하기만 했던 일들도 시간과 공을 들여 하나씩 해결했다. 당시 예총이 추진했던 일들은 믿기 어려울 만큼 많은 기록을 남겼다. 사무실 하나 제대로 갖춰지지 않고 중구 대흥동 시립연정국악원 옆 창고 같은 건물에 있던 사무실을 셋방살이 이사하듯 대전 시민회관으로 대전 시민회관에서 충무체육관으로 충무체육관에서 충남여성회관 2층으로 옮겨 사무실과 회장실, 회의실 등 인테리어와 회의용 탁자와 의자 등을 완전 구비해 놓고 예총회장 직에서 물러났다. 1986년 2월부터 2007년까지 이어져 오는 동안 윤필수 회장 3년, 정명희 회장 1년 6개월 재임기간을 제외한 22년 6개월 동안 10개 예총회원단체, 회원 여러분과 함께 땀 흘려 온 일들이 주마등처럼 스쳐간다.

◆ ◆ ◆

선거와 인생
충남예총회장 자리!

70평생 살면서 참으로 많은 선거를 치렀다. 무슨 팔자를 타고났는지 나처럼 많은 선거를 치른 사람도 흔치 않을 것이다. 첫 번째 선거는 1986년 충남예총회장 선거였다. 아무런 준비도 없었고 선거자체에 아무런 관심이 없었던 나에게 선거를 치러야하는 운명이 찾아왔다.

1986년 제13대 충남예총 김철수 회장의 임기가 만료돼 차기회장 선거가 치러졌다. 당시 충남건축가협회장을 맡고 있던 강용식 대전 산업대(현, 한밭대) 학장이 제14대 충남예총회장 선거에 출마하기로 했다. 강용식 학장은 예술계는 물론, 지역사회에서 덕망이 두터운 분으로 예술계 동료와 후배들이 별다른 거부감 없이 그를 따랐다. 나 역시 강용식 학장을 지지하고 선거운동을 도왔다.

그런데 선거를 일주일 앞두고 강용식 학장이 돌연 회장후보를 사퇴했다. 차기 충남예총회장을 맡는 것보다 대전 산업대 총장에 도전하는 것으로 입장을 바꾸게 된 것이다. 강력한 경쟁자의 불출마 선언으로 김철수 회장의 무혈입성이 가능한 상황이 되었다. 그런 와중에 강 학장은 나에게 김철수 전임회장의 대항마로 나서 줄 것을 권유하였다.

예상치 못한 권유에 적지 않게 당황했었고, 불혹의 나이에 예총회장선거에 나서기에는 너무 일러 정중히 고사하였다. 그러나 강용식 교수와 많은 예술인들의 적극적인 출마 권유에 결국 운명이라 여기고 받아들였다.

당시 나는 국전 초대작가 지정을 받고 지역미술계에서 열심히 활동하는 사람으로 예술인들 사이에서 입소문이 났으나, 달리 내세울 만한 직함은 없었다. 다만 열정과 진정성을 가지고 남은 1주일 동안 선거운동에 임했다. 그 결과, 연임을 노리던 김철수 회장을 큰 표 차로 누르고 압승을 거두었다. 50명의 대의원이 투표에 참여한 결과, 38표를 득표하고 제14대 충남예총회장에 당선돼 지역 예술계에 파란을 일으켰다. 나는 이를 소명(召命)으로 알고 지역문예 진흥을 위해 헌신할 것을 굳게 다짐했다. 이후 충남 예총회장, 대전·충남 예총회장, 대전 예총회장, 중앙 예총부회장 등 10여 차례 걸친 선거에서 당선되었다

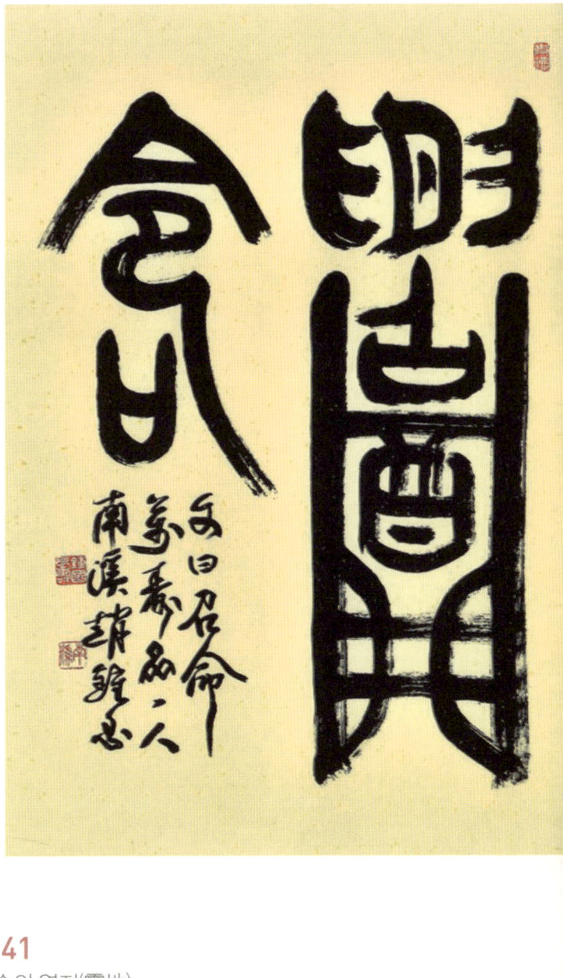

한편, 1996년 내 후임으로 사진작가협회 윤필수 예총

회장 3년, 1999년 정명희 예총회장 1년 6개월 기간인 4년 반 동안은 중앙예총 이사, 감사직을 맡아왔으며 대전예총회장 직을 떠나있었다. 그 후 지역 예술인들의 부름을 받고 2000년 대전 예총회장에 다시 당선돼 2007년까지 지난 18년 6개월 동안 회장을 역임했다. 예총회장 선거에서 한 번도 패한 적이 없이 18년 6개월 동안 지방예총 회장을 맡은 경우는 국내에서 내가 유일하다. 중앙예총에서도 선거를 통해 선출되는 부회장에 16년간 연속 당선되었다. 중앙 예총회장은 지방예술인이 맡기는 불가능한 선거제도였고 부회장도 4명 중 3명은 중앙예총회장이 지명하고 한 자리 지방을 담당하는 부회장만 직접 선거를 통해 선출했다.

예총과 나의 운명

1986년 충남예총회장 선거에 비록 갑작스럽게 준비했던 선거였지만 큰 표 차로 압도적인 승리를 했다. 그러나 나는 무거운 책임감에 어깨가 무거웠다. 당선과 함께 예총사무실에 들러 암담한 현실을 마주하였을 때 나는 실망조차 할 겨를이 없었다. 충남예총사무실은 연정국악원에서 창고처럼 쓰이고 있는 건물 내 한 칸이 전부였다. 달랑 책상 2개와 전화기 1대가 있을 뿐, 사무실은 직원이 한명도 없었던 것이 당시 충남예총의 실상이었다. 무엇부터 손을 대야할지 막막하기만 했다. 그러나 정신을 가다듬고 업무의 우선순위부터 정하기 시작했다.

우선은 사무를 전담할 직원채용이 급선무였기에, 서둘러 사무국장과 총무담당, 공연담당 등 3명과 사무보조 2명을 채용했다. 5명의 사무국 직원을 채용한 후 급한 대로 기본적인 집기와 사무용품들을 사비로 구입하여 사무실의 모양새를 갖춰 나갔다. 당시 충남예총은 빈털터리로 경상운영을 할 수 있는 예산이 전무해서, 집기와 비품은 둘째 치고 5명 직원에게 지급할 임금조차 확보되어 있지 않았다. 하늘이 노랗게 보일 정도로 암담한 상황이었다.

결국 예총회장인 내가 사비를 털어 집기와 비품을 구입해 사무공간을 꾸미고 사무국 직원들의 인건비를 포함한 모든 운영비를 부담했다. 달리 어떠한 방법도 없었다. 서실을 운영하며 그럭저럭 생계를 꾸려오던 내게는 집안 살림을 전혀 돌볼 수 없을 정도로 적지 않은 부담이 되었다. 그러나 예총의 정상적인 운영을 위해서는 사무실 기능을 최우선으로 정비해 업무를 집행해 나가는 것이 시급했기에 어쩔 수 없이 운명이라 받아들이게 되었다.

◆◆◆

충남예술 발간

내가 사는 충남의 예술을 논하자면 수식어처럼 따라다니는 단어가 있었다. 바로 문화 불모지였다. 이는 다른 지역에 비해 문화예술 환경이 허약하다는 명예롭지 못한 수식어였다. 내가 예술 활동을 하고 있는 이 고장이 문화예술의 불모지이고 예술인들의 무덤 같은 곳이란 사실을 인정하기 싫었다. 어떻게 해서든 이 고장을 문화예술이 살아 숨쉬는 고장으로 만들고 싶은 사명감을 지니게 되었다. 그냥 의욕만 있는 것이 아니라 할 수 있다는 자신감과 추진력으로 우리고장의 문화예술 발전을 위해서라면 무슨 일이라도 하겠다는 각오도 남달랐다. 특히 우리고장에서 이루어지는 예술 활동 전반에 걸친 기록들을 남기고 시민들과 내외부에 널리 홍보할 수 있는 종합예술정기간행물을 발간해야겠다는 생각을 했다. 그래서 발행하게 된 것이 바로 '충남예술'이다.

1986년 충남 예총회장 취임 이후 예술종합정기간행물 발간작업에 착수해 그해 가을 창간호가 나왔다. 50쪽 내외의 총 천연색으로 편집된 '충남예술'에는 10개 회원단체의 소식을 비롯해 당시 충남예총의 유일한 지부였던 천안지부 소식도 담아냈다. 편집에는 초대 시와 권두언을 비롯해서 문화시론과 논단, 이 달의 공연전시 안내가 실렸고 예술인들의 동정이 소개되었으며, 장르별 단체의 활동이 세세하게 채워졌

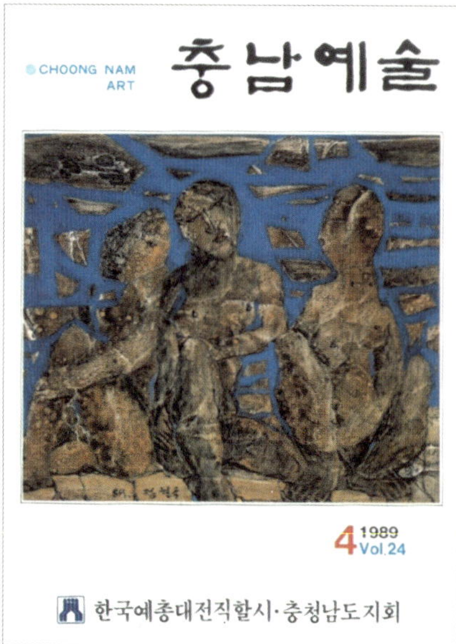

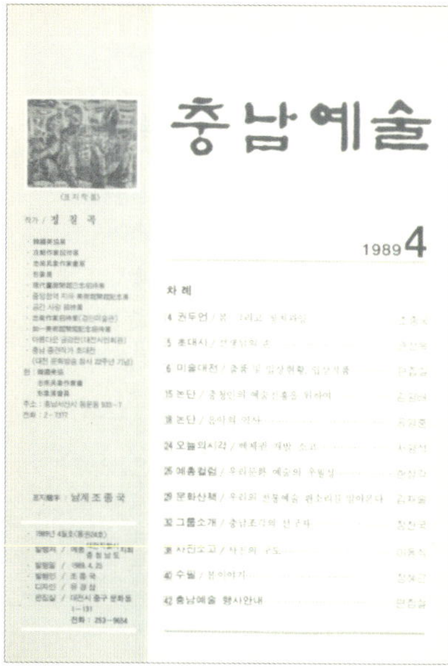

다. 예술종합정기간행물로서 손색이 없는 알찬 내용들이었다. '충남예술'의 발행을 위해 도서편집 전문출신인 유경삼씨를 편집전담요원으로 채용해 그가 발행에 전념토록 여건을 조성해 주었다.

당시 충남예총의 10개 회원단체 회원 수는 약 5,000명이었다. 이 모든 회원들에게 매달 발행되는 '충남예술'을 우편으로 발송했을 뿐만 아니라 전국 127개의 지역 예총에도 매달 전달하였다. '충남예총'을 받아본 전국의 예술인들은 놀라움을 감추지 못했다. 다른 곳도 아닌 제일 문화 환경이 열악한 충남예총이 전국에서 최초로 예술종합정기간행물을 발행한데다, 한국예총이 발행하는 잡지 "예총"과 비교해 전혀 손색없는 수준이었기 때문이다. 얼마 못가리라는 의구심에 지켜보는 이들도 있었겠지만 '충남예술'은 날이 갈수록 편집이 다양해지고 내용의 품격이 더해져 전문잡지로서의 역할을 충실히 해냈다. 이러한 '충남예총'

발행의 성공 사례에 힘입어 타 시 · 도 예총에서도 종합예술정기간행물을 만들기 시작했다. 물론 아직도 발행에 엄두를 내지 못하는 지역도 있다.

제작 원년인 1986년도에는 관련 예산을 미처 확보하지 못해 회장인 내가 사재를 털어 제작비와 우편료를 충당했다. 이듬해인 1987년부터 충남도 문예 진흥기금에서 발간비 지원을 받아 한층 수월하게 '충남예술'을 발행할 수 있었다. 거의 모든 필진이 원고료 없이 의욕적으로 원고를 제공해 주었기 때문에 적은 예산으로도 격조 높은 정기간행물을 발행할 수 있었다. 아울러 일부기업과 기관에서 '충남예술'에 광고를 제공해줘 간접적으로 발행비용을 충당할 수 있었다. 이렇듯 '충남예술'은 지역 기업인들의 많은 도움도 있어 그 분들에게 감사할 따름이다.

'충남예술'의 발행 성공은 내가 이듬해 한국예총 부회장에 당선되는데 큰 도움이 되었다. 나의 예술에 대한 열정과 업무 추진력을 입증해주는 작품이었기 때문이다. 전국 지방예총에 충남예총회장 '남계 조종국'의 존재를 알리는데 결정적 역할을 한 것이 바로 '충남예술'이었다. 이렇게 '충남예술'의 발행을 계기로 다양한 방면으로 예총활동의 폭을 넓힐 수 있었다. 한국예총 부회장으로서 중앙부처와 특히 내무부를 찾아다니며 지방예총과 지방문화원을 정부정액보조단체로 지정되도록 최선을 다했다. 이에 전국의 지방예총과 문화원으로부터 커다란 지지와 신뢰를 얻을 수 있었고 나아가 충남을 지방 예술인들의 거점도시로 만드는 일이 가능했다. 그리고 매년 대전에서 전국예총대표자대회를 개최해 대전이 문화 불모지가 아닌 예술 중심도시로 급성장할 수 있는 계기를 만들었다.

◆ ◆ ◆

충남예총의 시련

1986년 충남예총회장을 맡았으나 경상운영비도 한 푼 없고 직원 하나 없는 상황에서 예총회장의 직무를 수행하려니 눈앞이 캄캄했었다. 그러나 내가 짊어지고 가야할 운명이라고 생각하면서, 밤잠을 설치며 예총운영 전반에 걸친 기본계획을 수립하였다. 새로 채용한 5명의 직원들에게 지역 문화예술 진흥을 위한 비전을 제시하고 나를 믿고 봉사해 줄 것을 당부했다. 기존의 무력했던 예총 이미지에서 벗어나기 위해 적극적으로 참여할 것을 주문했다.

우선 예총활동의 기본계획을 수립하고, 목적사업으로 추진되는 충청남도미술대전 등 각종 공연, 전시행사를 개선하여 예술행사로서의 위상을 높임으로써, 예술인의 자긍

심 회복을 목표로 삼았다. 제일 먼저 당시 비합리적인 운영으로 지역사회에서 많은 비난을 면치 못했던 충청남도미술대전의 개선을 위해 동분서주하였다. 그 결과 충청남도미술대전을 성공적으로 치러낸 나는, 다음 단계로 국내정상의 부산시립교향악단 초청공연을 통해 지역 간 문화예술의 균형발전을 도모하였다. 그때까지 대전에서 국내정상의 교향악단을 초청해 공연을 가진 적이 한 번도 없었기 때문에, 이 초청공연은 대단히 파격적인 예술행사였다. 무리하게 추진하는 예술행사가 아닐까하는 주변의 우려도 있었으나, 1천석이 넘는 시민회관 대공연장의 입장권 판매가 매진되는 큰 성과를 이뤘다. 이는 우리 고장의 교향악 발전을 위한 저변확대는 물론이고 예총활동에 새로운 활력소를 불어넣었다.

예총회장에 취임하고 1년 가까이 각종 목적사업을 성공적으로 치러내면서 예총의 위상과 예술인의 자신감이 높아갈 무렵 믿기 어려운 사건이 발생했다. 당시 사무국장과 총무담당으로 채용한 직원들이 충청남도미술대전을 개최하며 출품자들로부터 받은 출품료와 관람권 판매 수익금, 부산시립교향악단초청공연 협연(協演)료, 입장권 판매 수익금 등, 공금을 가지고 잠적해버린 사건이 벌어졌다.

도무지 있을 수 없는 일이 현실로 벌어져 눈앞이 깜깜했다. 사태를 어디서부터 수습을 하고 해결해야 할지 판단이 서지 않았다. 며칠 동안 행방을 감춘 이들을 찾아 나섰지만 찾을 길이 없었다. 의욕적으로 일을 추진해 온 나에게 왜 이토록 가혹한 일들이 벌어졌는지 하늘을 원망하고 하소연했지만 소용없는 일이었다. 밤새도록 고심한 끝에 충남예총의 정상적인 운영을 위해 사법적 조치를 취하기보다는 조용히 사태를 수습하기로 결심했다. 급한 대로 사채(私債)를 차용해 공금을 모두 변제하고 예총업무를 정상적으로 추진하였다.

직원들로부터 배신을 당했다는 생각에 억장이 무너지고 예총 정상화에도 빨간불이 켜졌다는 생각에 침통했지만, 예총조직 전체가 흔들림 없이 정상적으로 운영될 수 있도록 마음을 단단히 가다듬어야 했다. 모든 책임을 내가 진다는 자세로 사태수습에 나선 결과, 불과 며칠 사이에 충남예총은 평온을 되찾을 수 있었다. 당시 사건을 법적조치 없이 자체 해결로 매듭진 것은 예총의 위상을 고려할 때 지혜로운 결단이었다. 다만 자취를 감춘 사무국장과 총무담당 등 직원들은 지금도 외지에서 소식조차 전해지지 않고 있어 마음이 무겁다.

이렇게 예총의 업무를 추진하는 과정에서 발생한 어려운 일들을 수습하며 이끌어온 예총과의 인연이 벌써 4반세기가 되었다. 지금도 그때 사건을 생각하면 아찔한 순간들이었으나 흥분을 가라앉히고 사건을 순리적으로 처리했던 일들은 참 잘했다는 생각이 든다. 당시 사건의 전모를 세상에 알리고 도의적인 책임을 지고 예총회장직에서 물러날 생각을 했던 것도 사실이다. 직원들이 가지고 달아난 출품료, 관람권 판매수익금 등 공금을 해결하는데 빌린 사채를 무려 10년에 걸쳐 상환해야 하는 힘겨운 과정이었다. 그러나 당시 법적으로 사건을 처리했더라면, 예총은 물론 예술인들의 권익 신장과 지역문예 진흥의 좋은 기회를 놓쳤을 것이며 나 또한 불명예를 안고 살았을 것이다. 또 예총과 더불어 22년 6개월이란 오랜 세월의 인연도 단절됐을 것이다.

한국예총과 인연
22년 6개월!

맹자 고자장(告子章)에는, 다음 글귀가 있다.

천장강대임어사인야(天將降大任於斯人也)
필선노기심지(必先勞其心志)
고기근골아기체부(苦其筋骨餓其體膚)
궁핍기신행불란기소위(窮乏其身行拂亂其所爲)
시고동심인성증익기소불능(是故動心忍性 增益其所不能)

이 말은 "하늘이 장차 그 사람에게 큰일을 맡기려고 하면 반드시 그 마음과 뜻을 괴롭게 하고 근육과 뼈를 깎는 고통을 주며 몸을 굶주리게 하고 그 생활을 빈곤에 빠트려 하는 일마다 어렵게 한다. 그 까닭은 마음을 흔들어 참을성을 길러 마침내 행하기 어려운 일들을 해낼 수 있게 함"이라고 풀이할 수 있겠다.

맹자의 이 구절은 사람이 자신이 처한 삶을 대하는 마음가짐과 자세를 말해주는 것 같아 늘 가슴에 새겨 왔다. 이제 나의 삶을 뒤돌아보니, 크게 내세울 만한 재주나 역량도 없는 사람이 어찌하다 여러 일들을 도맡게 되어 솔직히 힘들 때가 많았으나, 그 때마다 이 글귀를 되새기며

나 스스로를 채찍질하고 격려하면서 크고 작은 많은 일들을 이루어 왔다. 그로 인해 나의 가족 또한 힘겨운 삶을 함께 이겨내야만 했다.

내가 충남 예총회장으로 당선되던 1986년도에 나는 44살이었다. 당시 중앙 예총은 물론이고 지방예총도 대부분 조직구성원이 50대와 60대가 주류를 이루고, 40대 젊은 예술인들은 원로예술인에 가려져 늘 설 자리가 없었다. 젊은 나이에 감투를 쓴 나는 각종 기관단체장 모임에 참석하면 언제나 최연소였다. 어렵고 불편한 자리였지만 많은 원로와 선배들로부터 격려를 받았고, 어려운 일에 봉착할 때마다 그분들로부터 많은 도움을 받았다.

전국 최연소 나이의 예총회장으로서 젊은 패기와 자신감에 넘쳤던 나는 자연스럽게 한국예총으로 활동영역을 넓혔다. 비록 중앙예총도 40대는 드물었지만, 1987년 한국예총 정기총회 임원선거에서 부회장

에 당선되었다. 당시 한국예총 부회장은 3석으로, 2석의 자리는 한국예총회장이 지명하고 나머지 지방담당 부회장 1석은 전국 120개 지방예총회장(대의원)이 직접 선거로 선출하는 방식이었다.

한국예총 회장선거는 전체 대의원이 직접투표방식으로 진행되고 과반수 이상 득표자가 나올 때까지 투표로 회장을 선출한다. 당시 전국의 대의원은 320명으로 중앙 대의원 200명과 지방 대의원 120명으로 구성되었다. 이러한 예총조직의 구조 때문에 지방의 예총회장이 중앙예총 회장선거에 출마할 엄두조차 내지 못했다. 그래서 지방 예총회장이 단 한 번도 중앙예총 회장 자리를 맡아보지 못했다.

지방예총을 담당하는 부회장 선거에서 압도적인 지지로 당선된 나는 지방예총의 현안문제들 가운데 가장 어려움을 겪고 있는 재정적 문제를 해결하기 위해 적극 나섰다. 이를 위해서 정부와 지방자치단체로부터 정액보조를 지원받는 일이 급선무라, 정부 관계부처와 내무부를 수시로 찾아다녔다. 당시 내무부의 고위관료를 만나는 것 자체가 쉬운 일은 아니었으나 예총에 대한 젊은 열정과 패기로 적극 나섰다.

청년시절부터 정치활동과 직장생활로 남다르게 쌓아온 인맥과 행정력을 동원해, 지방예총의 정부정액보조단체 지정에 총력을 모았다. 당시 실무를 맡고 있던 내무부 지방재정국장 김주봉씨(전, 대전시장)와 지방재정과장 김진선씨(전, 강원지사)를 수시로 접견하고 지원의 필요성을 역설했다.

지성이면 감천이라 했다. 발이 닳도록 내무부를 드나들며, 중앙에 집중된 문화의 지방 확산을 통해 국가의 균형발전을 도모해야 한다고 설득한 결과, 드디어 전국지방예총과 지방문화원을 정부정액보조단체로 지정하는데 성공했다. 이렇게 1987년부터 전국의 지방예총에 연간 2,700만원의 경상운영비 보조금이 지급되는 쾌거를 올렸다. 이 금액은 사무실 운영비와 직원들의 인건비를 해결하는 예산으로, 예총의 목적사업을 통한 수익금 및 회장출연금과 더불어 지방예총의 자립을 도모하는 기반이 되었다.

지방 예총은 해마다 정기적으로 정액보조금을 지원받아 안정적으로 운영해나갈 수 있게 되자 크게 환호하였다. 예총 부회장의 역할을 톡톡히 해낸 이 업적이 단초가 되어 나는 무려 18년 동안 중앙예총 부회장으로 활동하게 되었다. 나는 1986년부터 2007년까지 22년 6개월 동안 내 인생에 가장 중요한 시기를 한국예총과 인연을 맺고 살았다. 중앙부회장 18년, 중앙예총 감사 2년, 중앙예총 이사 4년 간 활동하면서, 지방예총과 지방문화원의 정부보조단체 지정에 성공시킨 일은 내가 이룬 가장 큰 업적이라고 말할 수 있다.

◆◆◆

대전청소년교향악단 창단

충남 예총회장을 맡아 예총산하 10개 회원단체별로 예총활동의 기본계획을 수립하고 우선순위에 따라 선정된 목적사업추진에 정성을 다 쏟았다. 그 목적사업 가운데 우리고장 교향악발전을 위해 "대전청소교향악단"을 창설하기로 굳게 결심했다. 예총회장취임 원년인 1986년 3월, 충남대학교 김을곤(관현악)교수와 함께 지역 음악영재들로 구성된 청소년교향악단을 창설하기로 뜻을 같이 했다. 그리고 김을곤 교수가 단원들의 연주활동에 프로그램을 편성하고 직접 지휘를 맡아 지도하고 나에게는 단장을 맡아 정기공연 등 공연활동에 따른 경비를 지원해달라는 간곡한 요청도 뒤따랐다. 나는 예총을 맞고 있는 사람으로서 그의 간곡한 요청을 받아들이기로 결심하고 지역의 각 대학에서 교향악을 전공하는 학생들로 "대전청소년교향악단"을 창설하고 10년 동안 단장을 맡아 지원해 왔다.

대전 청소년교향악단은 해마다 봄 · 가을로 나누어 두 차례의 정기공연을 가졌다. 단장인 나는 여러 경로를 통해 공연비를 마련하는 등 정성것 그들의 뒷바라지를 했다. 직접 도움의 손길을 뻗치기도 했고 다수의 후원자들을 연결시켜 주기도 했다. 또 문예 진흥기금을 지원받을 수 있도록 해줬고 공연 홍보물에 광고후원 업체도 연결시켜 주었다.

당시 음악예술의 주역이 될 학생들을 후원해 교향악단이 운영될 수 있도록 한다는 것은 실로 의미 있는 일이라고 생각했다. 그래서 한 번도 물러서겠다는 뜻을 비쳐본 적 없이 꼬박 10년 동안 그들을 보살폈다. 당시 대전 청소년교향악단이 창설된 것은 전국에서 대전이 제일 먼저였다.

이들 대전 청소년교향악단 출신이 대전시립교향악단을 비롯해 전국의 교향악단의 일원으로 활동한 것은 불문가지이다. 당시 악단 총무를 맡았던 공연훈 씨(전, 구미예술회관장) 등, 단원들은 국내 음악예술계에 중진으로 활동하고 있으며 내부분 "대전청소년교향악단" 출신들이다. 당시 이들의 공연은 주로 대전 시민회관에서 이루어졌으며 1,000석이 넘는 공연장은 항상 자리를 꽉 메웠다. 내가 처음 약속한 대로 10년 동안 공연활동을 정성을 다해 지원하고 자연스럽게 단장 자리에서 물러났다. 이후 김을곤 교수가 직접 교향악단을 이끌어 갔다. 나는 이처럼 각 예술장르를 아무리 어려워도 마다하지 않고 모든 역할을 정성들여 게을리하지 않았다. 지금도 예술인들로부터 많은 덕담을 듣고 있다.

충청남도미술대전 16년의 역사 세상에 빛을 보다

1986년 충남 예총회장에 취임하여 모든 예총업무를 우선순위에 따라 집행해 온 일 가운데 가장 시급하게 서둘러 진행한 일중에 하나가 "충청남도미술대전"의 역사를 정리하는 일이었다.

실상 내가 예총을 맡아 다채로운 사업계획을 수립하기 이전의 목적사업으로는 매년 "충청남도미술대전"을 치르는 일이 전부였다. 그만큼 "충청남도미술대전"은 예총사업 중 가장 비중이 큰 사업이었다. 하지만 놀라운 것은 그토록 비중 있는 "충청남도미술대전"에 대한 기록이 전무하다는 점이다. 연도별 입상자료 등 기록들이 남아있지 않아 충남미술의 발전사를 조명할 수 없는 지경에 이르렀다.

곧바로 1972년 제1회 충청남도미술대전부터 예총회장 취임 원년인 1986년까지의 모든 자료를 연도별로 채집해 제1회~제16회 충청남도미술대전도록을 집대성 했다. 16년 동안 묻혀있던 미술대전에 참여한 입상자, 작품명을 하나하나 찾아내 미술장르별로 정리했다. 안타깝게도 연도별 입상작 등 사진자료는 대부분 보관돼 있지 않아 작품사진의 경우, 채집이 가능한 것들만 모아서 편집했다. 예총의 부족한 사무국 직원만으로, 지난 16년 동안 개최해 온 자료를 수집하고 정리하는 노력이 결실을 맺어 이듬해인 1987년에 충청남도미술대전 16년의 역사가 한 권의 책으로 정리됐다.

그 때 16년의 충남미술의 역사를 정리하지 못하고 도록발간 작업을 추진하지 않았다면 충청남도미술대전의 기록은 멸실됐을 수도 있었다는 상황을 생각하면 지금도 아찔하다. 물론 이후 1987년부터 충청남도미술대전의 도록은 착실하게 발행돼 지금까지 이어져오고 있다. 늦게나마 16년간의 미술역사를 정리해 도록으로 엮어내니 지역 미술인들도 아낌없는 격려와 박수를 보내주었다. 지금도 잊을 수 없는 보람된 일이다.

◆ ◆ ◆

충청남도산업미술대전 대전시산업디자인전 창설

예총은 순수예술을 지향하는 예술인들의 단체로 실용예술과는 일정한 거리를 두어 왔다. 그러나 경제 성장이 가속화되던 1980년대 후반 산업미술이 빠르게 성장하여 미술 분야의 한 축으로 정착하고 있었다. 비록 산업미술에 대한 사회전반의 인식은 매우 낮은 상태였으나, 당시 나는 예총회장으로서 산업미술이 향후 국가경제발전에 크게 기여하리라 예측하였다. 그래서 충청남도에서 산업미술 분야의 인재발굴과 육성이 시급하다고 판단하고 '충청남도산업미술대전' 창설 방안을 강구하였다.

당시에는 산업미술 자체가 신생단계여서 예총에도 전문성을 갖춘 인사가 없었다. 우선 공예를 전공한 한남대 최영근 교수의 자문을 받아 기본 방침을 정했다. 최교수를 중심으로 지역의 산업미술 전공자들과 지혜를 모아 1987년 제1회 '충청남도산업미술대전'을 창설하고 공모전을 개최하였다. 지방에서 산업미술 공모전 개최는 충남예총이 처음이었다.

대전직할시 승격 후, 나는 '충청남도산업미술대전'은 충남예총으로 이관시키고, '대전직할시산업디자인전'을 새롭게 창설하여 1991년 6월 22일부 6월 26일까지 대전시민회관 전관에서 제1회 '대전직할시산업디자인전'을 개최하였다. 이후 두 공모전은 대전예총과 충남예총이 주관하는 대규모 공모전으로 성장했다.

그러던 중 1995년 염홍철 대전시장이 '대전직할시산업디자인전' 주최를 대전의 각 대학 산업미술전공 교수단체로 이관시키는 결정을 내려버렸다. 안타깝게도 교수단체로 이관된 '대전직할시산업디자인전'은 공모전으로서 그 위상이 크게 떨어졌다. 출품작 수가 줄어든 데다 출품작의 수준도 하락하여 특정단체의 그룹전 수준으로 전락했다는 평가를 받게 되었다. 국가경제발전에서 산업디자인이 차지하는 비중을 고려할 때, 그 공모전을 발전시켜 나가지 못한 결과에 대해 '대전직할시산업디자인전'을 창설한 사람으로서 큰 아쉬움이 남는다.

◆ ◆ ◆

전국예총회장단회의와 예총대표자대회

한국예총 부회장을 역임하면서 잊을 수 없는 일 가운데 하나가 '전국예총대표자대회'를 결성한 일이다. 지방예총과 지방예술인의 권익을 위해 1986년 '전국예총회장회의'를 창설하고 대전에서 127개 지방예총 회장 전체회의를 주관하였다. 또 이 회의를 통해, 문화예술의 지방 확

산과 균형발전 및 예술인의 권익향상을 위한 세미나를 개최하고 지방예총의 활성화를 위해 단합을 도모하였다.

내가 '전국예총회장단회의'를 결성하고 지방예총 회장단을 규합해 나가자 당시 중앙예총에서는 격려를 하면서도 속으로는 상당히 견제하는 모습이 역력했다. 예총조직의 구조적인 한계로 인해 중앙 예총회장에 오르는 것 자체가 불가능한 일이었지만, 부회장직을 수행하면서 나는 회장 못지않은 지도력을 발휘하여 많은 예술인들로부터 주목을 받았기 때문이다. 결국 이 회의에 자극받아, 중앙예총이 뒤늦게 '전국예총회장회의'를 '전국예총대표자대회'로 격상시켜 대전에서 연례행사로 개최하게 되었다. 이를 통해 예술 활동에 공적이 많은 회원들에게 예술인대상과 예술신인상, 공로상, 감사패 등을 시상하고 예술인의 자긍심을 높이는 사업을 주도적으로 이끌어 왔다.

내가 지방예총 부회장을 맡는 동안 전봉초(작고), 조경희(작고), 신영균, 강선영(작고), 이성림 등이 회장직을 수행했다. 그들과 더불어 긴밀하게 예총활동을 수행하여 그 어떤 예술인에게도 인정받을 만큼 크게 기여했다고 자부한다. 내가 가까운 지인들을 만나면 우스개 소리로 '내 생애에 중앙예총회장과 국회의원만 못해보고 다 해봤다.'라고 농담처럼 말한 적도 있다. 실제로 공무원으로, 정당인으로, 언론인으로, 예술인으로, 사회단체장으로 여러 삶을 살아오면서 수 없이 많은 일을 맡았고 다채로운 경험들을 했다. 그러나 가장 애정을 쏟고 보람 있게 일한 곳은 역시 예총이다. 나만의 짝사랑인지 몰라도 예총에 대한 애정은 여전히 각별하다. 그래서 지금도 예총이란 이름은 나를 설레게 한다.

문화의 달 예술인대회

1986년 충남예총 회장에 취임하여 '문화의 달 예술인대회'라는 이름으로 지역에서 활동하는 예술인들을 한 자리에 모아 성대한 행사를 치렀다. 이전까지는 예총 10개 회원단체 예술인들이 함께 단일 행사를 치르는 일은 전혀 없었다. 처음으로 '문화의 달 예술인대회'라는 명칭으로 예총10개 회원단체 회원들이 한 자리에 모여 지역문화발전에 관한 진지한 토론과 함께 한 해 동안 공로가 많은 예술인들에게 시상을

하자 예술인들의 반응은 뜨거웠다. 행사장인 중앙관광호텔(중앙데파트) 대연회장에 자리가 모자라는 상태였다. 이렇게 "문화의 달 예술인대회" 창설로 침체됐던 지역 예술인들의 열기가 다시 뜨겁게 타올랐다. 미처 그런 자리를 마련하지 못한 것이 아쉬울 정도였다. 충남도가 행사의 모든 재원을 지원해줘 이렇게 "예술인대회" 창설이 성공적으로 이루어지게 됐다.

1986년 첫 대회를 시작으로 '문화의 달 예술인대회'는 중앙관광호텔과 유성관광호텔에서 지역 예술인들이 모두 모이는 자리에 지역의 정관계 유력 인사들도 대거 참석했다. 한국예총을 비롯해 전국 각 지방 예총회장들도 이 행사를 축하하기 위해 대전을 찾았다. 해를 거듭하며 학술행사와 예술행사, 친목행사가 더불어 진행되었다. 해마다 주제를 정해서 토론회를 벌이고 예술 공연을 펼치는 한편 예술계 유공자에 대한 표창도 수여하였다. 그 만큼 예술인대회는 성대하게 치러져 예술인들이 열정적으로 즐기며 어깨가 으쓱해지는 것을 보고 나 또한 한없는 즐거움을 느꼈다.

역사적 간행물을 남기다

예총에서 방대한 저서 '충남의 구비전승'을 발간한 이후, 우리고장에서 사료로 가치가 있는 자료를 모아 책으로 엮어 살려야한다는 방침을 세우고 서둘러 발간사업에 착수했다. 시기를 놓쳐 자료가 유실되거나 멸실되면 수백 년을 이어져온 우리고장의 전통이 단절될 수 있다는 생각이 마음이 급했다. 더욱이 '충남의 구비전승' 발간을 겪으면서 역사적으로 귀중한 자료를 모아 사료로 만들어 후손에게 물려줘야 한다는 필요성을 절감했기 때문이다.

그래서 발간된 중요한 사료집이 '충남의 민요'와 '충남의 풍속'이다. '충남의 민요'는 한상수 대전대교수가 '충남의 구비전승'을 채집하면서 못다 한 자료를 모아 발간했다. 그리고 향토사학자인 최문휘 선생이 일생 동안 우리고장의 풍속을 채집해 모아온 자료로 '충남의 풍속'을 출간했다. 이 모든 발간사업은 예총과 사단법인 충청예술문화진흥회(현, 한국예술문화진흥회)가 앞장서서 목적사업으로 기획하고 행정적인 절차를 밟아 만들어냈다. 지역 예술인들은 이러한 우리고장 고유의 전승문화를 사료로 남기는 문화사업 추진을 지켜보며 더욱 자긍심을 갖게 되었고, 역사적인 간행물 발간사업에 지원을 아끼지 않았다.

대전시가 직할시로 승격된 이후에도 충남예총과 충청문화예술진흥회가 주관한 발간사업은 지속되었다. 당시 한국문인협회 대전 지회장이던 고 박명용 대전대교수와 함께 '대전의 시 대전의 노래' 등을 출간하기도 했다. 이 모든 자료들은 후손들에게 물려줄 중요한 기록으로 가치를 인정받고 있다. 이렇게 활발한 사료의 정리와 발간 작업은 타 지역 예술인들로부터 부러움의 대상이 되었다. 지금도 온갖 정성을 대해 만들어 갓 출간된 두툼한 사료집을 받아봤을 때의 감동이 생생하다. 당시 발간 사업에 참여한 학계, 예술계, 공직자 등 모두에게 뜨거운 마음으로 감사드린다.

국내정상 예술단 초청공연

1986년 충남예총회장을 맡을 당시 나는 지역문화발전의 전제조건으로 예술인을 위한 다각적인 지원의 중요성만큼이나 일반시민들의 예술향유를 위한 기반마련이 필수적이라고 판단했다. 일반시민들이 다양한 예술을 직접 접하고 이해하고 즐길 수 있는 기회를 폭 넓게 제공하는 일은 결국 예술 발전의 든든한 받침돌이기 때문이다.

당시 지역에서 공연이나 전시를 할 수 있는 공간이라고는 대전시민회관이 고작이었다. 그나마도 일반시민들이 TV를 통해 접하는 대중가요 등 공연예술이 시민회관을 이용하는 것이 전부였다고 해도 과언이 아니었다. 그래서 일반시민들이 다양한 분야의 수준 높은 예술을 접할 기회가 흔치않았다.

그래서 기획한 것이 국내정상 교향악단과 무용단 정기초청공연이었다. 이전에는 대전에서 외부 교향악단이나 무용단을 초청해 공연을 가진 적은 거의 없었다. 나는 취임 첫해 과감하게 국내정상의 부산시립교향악단을 초청해 시민회관에서 공연을 갖는 파격적인 결단을 내렸다. 그런데 공연이 순조롭게 진행되던 중 공연담당 직원이 공연 협연료와 입장권 판매대금을 모두 가지고 잠적하는 사건이 발생했다. 이런 심각한 상황에도 불구하고 계획된 일정에 공연을 순조롭게 마무리했다. 그날 1,000석이 넘는 대전시민회관이 시민들과 교향악을 전공하는 학생들로 만석을 이루는 예상 외로 공연을 성공적으로 마쳤다. 이 초청공연에는 충남도의 문예 진흥기금 지원도 한몫을 하였다.

이렇게 취임 첫해 부산시립교향악단 초청공연을 성공적으로 마친 후, 이듬해 1987년 서영희 현대무용단과 수원시립교향악단 초청공연도 성공시켰다. 이러한 성공적인 대규모 공연을 통해 시민들의 문화예술에 대한 관심과 애정이 확산되는 것을 피부로 느꼈다. 특히 순수예술을 향유하려는 사회적 분위기가 자리잡아가는 것을 보고 보람을 느꼈다. 그래서 해마다 초청공연을 정기적으로 계속 진행했다. 1988년 광주시립교향악단, 정재만무용단, 1989년 대구시립교향악단, 1990년 인천시립교향악단, 1991년 서차영발레단 초청공연 등을 지속적으로 개최해 대 성황리에 열었다.

이와 같은 국내정상예술단의 정기 초청공연을 지속적으로 경험하면서 예총활동 영역이 넓혀지고 기타 공연, 전시활동도 빈번해지기 시작했다. 그 결과 우리 대전시립교향악단도 타 시 · 도에서 초청을 받아 공연을 펼칠 수 있는 단초가 마련된 것이다. 이처럼 국내정상예술단 초청공연을 통해 문화 불모지라 불려온 우리고장의 문화 환경은 비옥한 토양으로 바뀌어 가고 크게 성장을 이어갈 수 있었다.

◆ ◆ ◆

국문전서체의 개발

붓글씨를 쓰는 사람들은 한글 작품보다 한문 작품을 주로 전공하는 이들이 월등히 많은 편이다. 그러나 한글의 매력에 빠져서 노력하는 서예가들도 예상 외로 많다. 서울에서 활동한 평보 서희환 선생의 경우 국문전서체를 개척한 선두주자로 손꼽히는 분이다. 한문 전서에 가까운 국문전서체를 독자적으로 개발해 후학들에게 전수시킨 서희환 선생은 국전역사상 최초로 한글작품을 출품해 대통령상을 수상하신 분이다. 서예 분야에서 한글은 한문만큼 다채로운 문체연구가 이루어

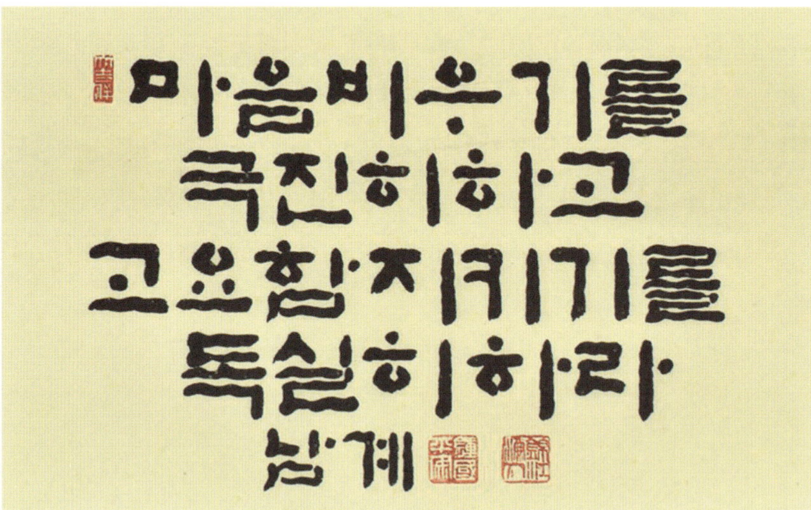

지지 않고 궁체 외에는 달리 이름이 붙여진 서체가 없었던 것도 사실이다.

한글 서예 작품은 대개 훈민정음과 용비어천가의 글씨체를 기본으로 한다. 훈민정음의 필체는 방필(方筆)로 모가 나있으며 용비어천가 서체는 원필(圓筆)로 둥근모양이 그 특징이다. 평소 한글서체에 관심이 많았던 나는 국전초대작가로 지정을 받을 무렵인 80년대 중반 용비어천가 한글서체를 기본으로 연구해 한글전서체(篆書體)를 개발해 전시를 통해 세상에 선을 보였다. 한글전자체(篆字體)라고도 하는 이 글자의 서체는 내가 많은 연구와 노력 끝에 창작한 독특한 글씨체이다. 그래서 서체저작권 등록은 하지 못했지만 굳이 아름을 붙이자면 남계 전서체 또는 조종국 서체라 불러도 무방할 것이다.

이 글씨체를 이용해 많은 작품을 만들었고, 지금도 이 글씨체로 된 내 작품이 많이 있다. 세필(細筆)일 때 글자 모양이 제대로 표현되지 않는다는 것이 단점이기는 하지만 많은 이들이 좋아하는 글씨체이고 내가 직접 개발한 서체라는 점에서 무한한 애착을 가지고 있다. 많은 서예가들이 이와 비슷한 글씨체로 작품 활동을 하고 있다. 이 국문전서체 한글을 저작권으로 등록 하지 못한 것이 아쉬움으로 남는다.

국전 초대작가 지정

나이 여섯 살 때부터 붓을 잡기 시작했다. 부여정동리 샘 고을에서 한학을 하시는 할아버지께 천자문을 배우고 붓 다루는 솜씨를 익혔다. 문중의 가까운 친인척들과 함께 붓글씨를 배웠는데 모두 다 탁월한 재주를 보였다. 이렇게 조상님으로부터 물려받은 재질 덕에, 나는 어려서부터 필재(筆才)를 타고났다는 칭찬을 받았다. 어린 나이에 이미 붓

을 잡는 것이 자연스럽게 습관이 되어 초등학교와 중학교에 다닐 때도 계속할 수 있었다. 고등학교 재학 중에는 학업이 끝나면 부여 문화원에서 정향 조병호(趙柄鎬) 선생으로부터 사사 받은 후부터 본격적으로 서예를 시작했다.

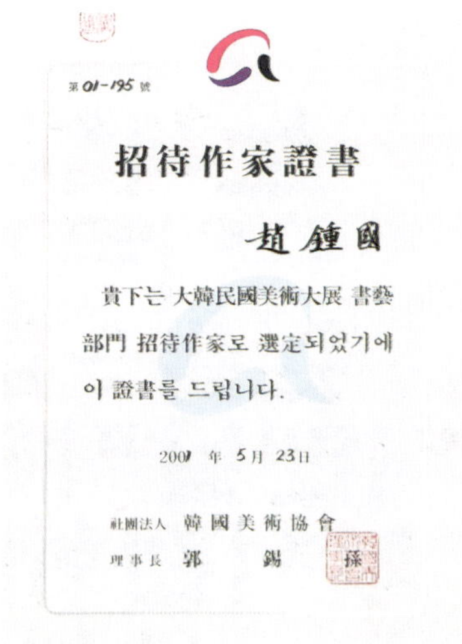
第 01-195 號

招待作家證書

趙鍾國

貴下는 大韓民國美術大展 書藝 部門 招待作家로 選定되었기에 이 證書를 드립니다.

2001 年 5月 23日

社團法人 韓國美術協會
理事長 郭 錫

타고난 필재에다 스스로 붓을 잡는 시간을 무척 즐거워했던 나는 서예가가 되고 싶다는 희망을 가져보기도 했다. 그래서 남달리 많은 시간과 열정을 들여 서예에 몰두해 오면서 당시 서예가의 등용문인 국전(國展)에 관심을 두게 되었다. 12회 국전부터 국전도록도 구입하고 전람회 장소도 가보았다. 고등학교 3학년 때 남들보다 빨리 부여농지개량조합 서기로 발령을 받아 직장에 근무하는 동안에도 휴식시간이 되면 늘 붓을 잡았다.

드디어 1961년 제20회 국전에 전서체 글씨로 출품하기 시작해서 해마다 작품을 출품했으나 국전의 벽은 실로 높아 매번 낙선을 면치 못했다. 그러나 이를 포기하지 않고 해마다 국전 전람회장을 찾아 작품들의 수준과 경향을 면밀히 살피고 입선과 특선, 수상작들의 실력을 내 눈으로 직접 확인했다. 심사숙고 끝에 나는 그 동안 사사해온 정향 선생의 전서체 글씨로는 국전의 어려운 관문을 통과할 수 없다고 판단하기에 이르렀다. 그래서 당시 전서체의 대가이셨던 충남홍성 출신 학남(鶴南) 정환섭(鄭桓燮)선생의 문하에 들어가 본격적으로 서예공부에 몰입하였다.

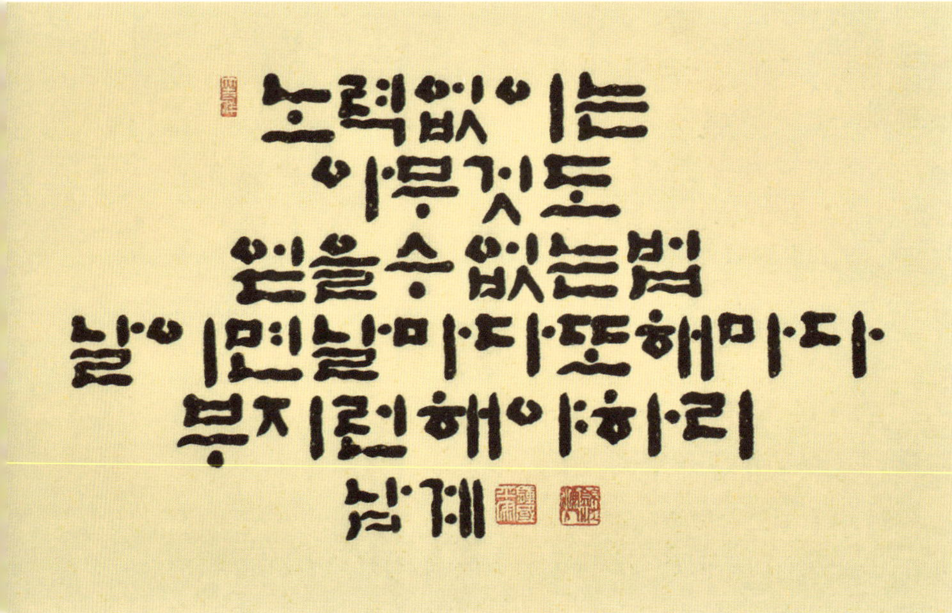

시골인 부여에 거주하면서 일주일에 한 번씩 서울에 올라가 학남(鶴南)선생으로부터 직접 지도를 받았다. 매일매일 헤아릴 수 없을 만큼 많은 화선지를 버려가며 피나는 노력을 했다. 그로부터 3년 간 절차탁마(切磋琢磨)를 거듭하여 1967년 제26회 국전에서 첫 번째 입선의 영광을 얻었다. 오랜 기간 국전을 준비하며 사용한 화선지는 아마 수를 헤아릴 수 없이 한 트럭은 족히 넘을 것이다. 이후 해를 거듭해가며 입선 5회, 특선 2회의 입상 경력으로 1984년 국립현대미술관으로부터 꿈에도 그리던 국전초대작가 지정을 받았다. 생애 가장 기뻤던 때가 바로 그때가 아니었나 싶다.

◆◆◆

백제 사진대전 창설

사단법인 충청문화예술진흥회(현, 한국예술문화진흥회)가 정부로부터 법인설립허가를 받고 추진한 많은 사업 가운데 빼놓을 수 없는 예술행사가 바로 "백제사진대전" 창설이다.

당시에는 대전에서 개최하는 전국단위의 공모전이 없었다. 문화가 살아 숨 쉬는 예술도시 대전으로 만들기 위해서는 대전에서 개최하는 전국단위의 각종 공모전이 있어야 한다고 생각했다. 그래서 생각해낸 것이 사진예술 공모전이었다. 지리적 행정적으로 국가중핵 도시이자 백제문화권의 중심인 대전에서 사진예술의 진흥을 위해서 전국을 대상으로 한 사진공모전을 개최하는 것이었다. 충청문화예술진흥회(현, 한국예술문화진흥회)는 지역의 사진예술인들과 머리를 맞대고 "백제사진대전"을 창설, 1989년 9월 2일 대전시민회관 전관에서 제1회

"백제사진대전"을 성공적으로 개최하였다.

"백제사진대전"이라는 이름으로 전국공모가 시작되자 전국의 많은 사진예술인들이 참여하고 회원들이 자진하여 개최요강과 홍보물을 배포하는 등 공모전의 성공적 개최를 기원하였다. 그 결과 충청문화예술진흥회(현, 한국예술문화진흥회)가 추진한 목적사업 중 가장 성공적인 예술행사로 평가받았다. 당시 전국의 예술인들이 보내준 격려와 지지가 이러한 전국규모의 공모전을 과감하게 치를 수 있던 원동력이 되었다.

공모전 첫해부터 전국 각지에서 많은 작품들이 접수되었고, 대전과 충청지역에서 예상 외로 많은 사진예술인이 참여하였다. 1989년 제1회 "백제사진대전" 시상금 등 전시경비를 법인 이사장인 내가 사재를 들여 성공적으로 치렀다. 제2회 때부터 문예진흥기금 지원금을 받게 되었고, 그럼에도 부족한 전시경비는 진흥회가 출간하는 월간예술잡지 "대전예술"의 광고스폰서와 나의 사재로 충당했다. 그렇게 지속적으로 발전시켜 사진공모전의 권위와 규모가 날로 발전해 오늘에 이르렀다. 앞으로도 전국에서 가장 권위 있는 사진공모전으로 자리 잡아 영원히 발전해 갈 것이다.

충청문화예술진흥회가 1989년 "백제사진대전" 창설 이래 1995년 제7회까지 개최하여 공모전을 안정적인 궤도에 올려놓은 이후, 제8회 "백제사진대전"부터는 한국사진작가협회 대전지회로 이관하여 개최하도록 하였다. 이처럼 7년씩이나 진행하고 발전시켰던 예술행사를 과감하게 관련 예술단체에 이관시킨 것은, 고유 예술장르의 발전과 지역적 특성을 감안한 나의 결단이었다. 그리고 또 다른 분야의 새로운 예술행사 창출을 위한 구상과 기획에 전력하고자 하였다.

◆◆◆

국전초대작가전

미술 분야에서 국전 또는 대한민국미술대전 초대작가가 된다는 것은 서예인으로로는 최고의 영광이다. 초대작가가 되기까지 얼마나 많은 인내와 고통의 시간이었는지 미술 분야에서 몸담고 있는 사람이라면 누구나 다 인정한다.

나 역시 국전에 참여해오면서 오랜세월 각고의 피나는 노력을 다해 보낸 시간들이다. 국전을 준비할 때가되면 몇 달 동안 같은 작품을 수 없이 절차탁마(切磋琢磨)하며 엄청난 인고의 시간을 보낸다. 국전 초기에는 여러 차례 낙선의 고배를 마셨고 도전하고 또 도전하기를 반복해 그 어려운 국전초대작가 반열에 올랐을 때의 기쁨은 말할 수가 없었다. 물론 중간에 여러 차례 포기를 생각한 적도 한두 번이 아니었으나 그 모든 역경을 이겨내고 어렵게 초대작가 지정을 받았다.

국전초대작가로 지정된 후 격년(隔年)제로 열리는 국립현대미술관 초대전에 참여하게 됐다. 전국 각 지역에서 국내 최고의 권위 있는 전시회라는 점을 의식해 초대작가들이 수준 높은 작품을 출품하고 경연을 펼친다.

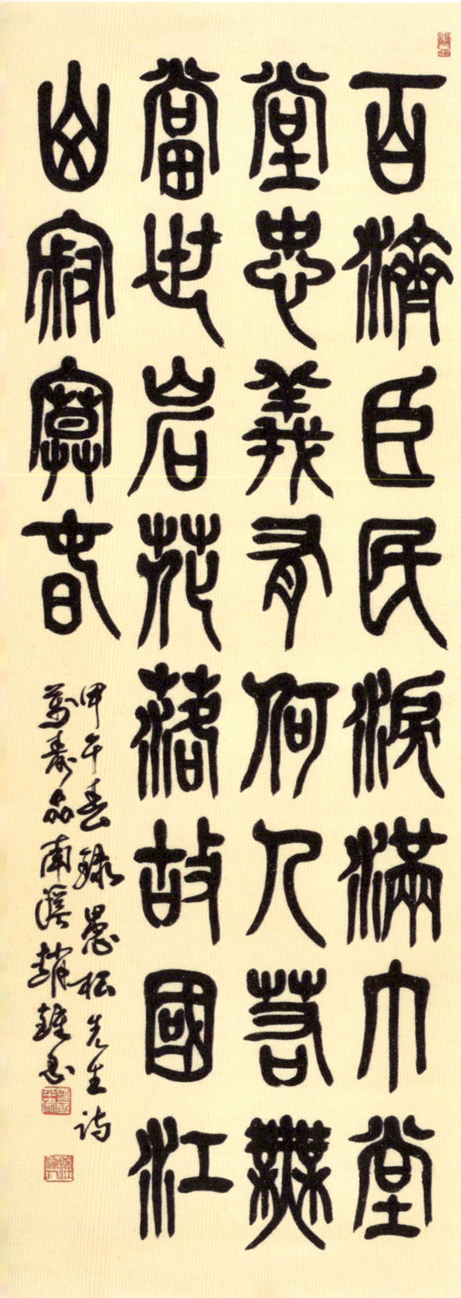

따라서 초대작가전이 열리는 해가되면 관련 초대작가들은 일반 공모전에 출품할 때만큼이나 심혈을 기울여 작품을 만들게 된다. 나는 이 초대전에 국전에서 전서체 작품으로 입 · 특선의 관문을 통과했기 때문에 항상 전서(篆書)작품을 출품했다. 전, 예, 해, 행, 초(篆 · 隸 · 楷 · 行 · 草) 등도 기본적으로 익혔지만 그래도 내 전공은 전서체였다.

몇 차례 작품전을 열 때도 오체를 고루 출품해왔지만 그룹전이나 기획전 등에도 주로 전서작품을 출품했다. 한글의 경우 다양한 서체들 속에서 역시 한글전서체로 남계 조종국 서체를 세상에 내놓았다.

문화예술진흥원에서 개최해 오던 국전은 한국미술협회로 이관되고 2014년부터 국립현대미술관 현대미술초대전과 대한민국미술대전으로 명칭을 바꾸어 개최하는 한국미술협회 주최 대한민국미술대전 초대작가전에 꼬박 작품을 출품해 오고 있다.

◆◆◆

공모전 관련 활동

국내 최고의 권위를 자랑하는 대한민국미술(서예부문)대전의 심사위원, 운영위원, 제도개선위원, 운영위원장의 경험을 가진 내가 각종 공모전에 직·간접적으로 관여한 것은 더 말할 나위가 없다.

예나 지금이나 지방에서 개최되는 공모전의 경우, 심사의 공정성을 확보하기 위해 타지방에서 심사위원을 위촉하는 경우가 많다. 그래서

강원도서예대전에 심사위원장을 맡았던 것을 비롯해 경상남도서예대전, 광주무등미술대전 등에서 심사를 맡았다. 심사를 하는 동안 현지에 2~3일씩 묵으며 그 지역 문화예술계 인사들과 폭 넓은 교류를 갖기도 했다.

대전에서 매년 개최되는 대전시미술대전과 충청남도미술대전은 예총회장이 당연직으로 전람회장을 맡는다. 예총회장으로 재임한 18년 6개월 동안 대전시미술대전과 충청남도미술대전의 전람회장을 맡아 공모전을 이끌었다. 내가 창설한 같은 시기의 충청남도산업미술대전과 대전산업미술디자인전 역시 전람회장을 당연직으로 맡았다. 여러 관련 운영위원들과 심사위원들의 공정하고 헌신적인 도움으로 매 공모전 때마다 아무런 잡음이 없이 무사히 마칠 수 있었음이 지금도 감사할 따름이다.

특히 국립현대미술관에서 열린 현대미술초대전과 예술의 전당에서 열린 지방서예가전, 한글서예큰 잔치, 대한민국미술대전 초대작가전과 우리지역 논산출신으로 서울에서 활동 중인 해관(海觀) 손경식(孫敬植) 선생이 해마다 서울에서 전국의 원로서예가를 초빙해 "대한민국 원로서예가전" 등에 몇 차례 초대되어 작품을 출품하고 경향각지의 작가들과 교류하는 기회를 가졌다.

한국미술협회에서 주관하는 "대한민국 원로서예가전"에도 역시 몇 차례 참여하며 전국의 서예인들과 교류하는 시간을 가졌다.

◆◆◆

1989년~1992년 충청미술 청년작가전

1989년 나는 사단법인 충청문화예술진흥회(현, 한국예술문화진흥회)를 설립하고 먼저 지역미술 발전을 위한 장기적인 비전을 세웠다. 우선 미래 지역문화예술의 주역으로 왕성하게 활동할 수 있는 30대~40대 작가들을 발굴하고 지원하는 방안을 마련하고자, 대전, 충남, 충북지역에서 활동하는 작가를 대상으로 "충청미술청년작가전"을 개최하기로 했다. 1989년 양화, 동양화, 서예, 문인화 등 각 장르에서 골고루 참여한 "충청미술청년작가전"은 사재를 털어 기획하고 화집(도록)발간과 모든 전시경비를 지원했다. 당시 지역별로 고립되어 있던 예술 환경에 비

추어 볼 때, 대전 · 충남 · 충북의 작가들이 합동으로 전시회를 갖는 것은 파격적인 시도였다.

제1회 "충청미술청년작가전"은 1989년 10월 16일부터 10월 20일까지 대전시민회관 전관에서 개최되었다. 이후 1991년까지 매년 "충청미술청년작가전"에는 200명에 가까운 작가들이 열정적으로 참여해 대성황을 이루었다. 이 전시회를 계기로 충청지역에 기반을 둔 청년작가들이 상호교류를 통해 창작역량을 높이고 지역민들에게는 문화예술에 대한 관심과 애정을 넓혀가는 기회를 마련하였다. 그때 참여했던 작가들이 훗날 각 대학의 교수 또는 한국화단의 중진으로 맹활약을 하고 있다.

당시 대전은 흔히들 이구동성(異口同聲)으로 문화 불모의 도시라 했다. 대전 뿐 만아니라 천안, 청주도 역시 마찬가지로, 공모전 등 다양한 전시 기회는 둘째 치고 전문적인 전시를 위한 공간조차 턱없이 부족했다. 나는 평소 이러한 문화 환경 속에서 제대로 전시 한번을 못하고 있는 우리 충청지역 청년작가들에게 제대로 된 작품전의 기회를 마련해 줘야 되겠다고 생각했었다. 그래서 내가 직접 기획하고 신동국 화가가 실무를 맡아 지원한 "충청미술청년작가전"의 대성황은 내 생애 가장 의미 있고 보람 있는 예술행사로 기억에 남는다.

– 1989년 충청미술 청년작가전 출품자(185명)

강덕기 강미덕 강미숙 강선정 강정헌 고창환 공동식 구건석 권경태 권영수 김경일 김관진 김광호 김기권 김기반 기가택 김동욱 김두한 김영광 김명순 김미라 심석우 김석진 김선화 김숙자 김승호 김연덕 김용길 김영목 김영숙 김주태 김정명 김정목 김종우 김지삼 김지연 김지태 김진수 김철겸 김철규 김철규 김춘섭 김현자 김훈곤 남영자 남윤희 남홍태 노선자 노현숙 류영석

류현미 문병옥 문용균 문인숙 문정규 민동기 민영희 박관우 박선옥 박세관 박용춘 박영관 박일규 박종화 박천록 박현숙 박홍준 박홍순 배길주 배수열 백승업 백인현 백혜옥 백현준 서명이 서병호 서성관 서재홍 서진석사 공경현 서채원 석 현 손경숙 손석만 손일성 송영호 송영희 송승헌 송인헌 송재만 송치동 신동국 신영일 신인호 신진호 신현구 여영선 염윤선 안의종 염호택 예병욱 양인규 오금숙 오수석 오보환 오세출 원해진 유순식 유필상 윤병건 윤석숙 윤장열 이관기 이귀복 이경우 이경호 이근희 이돈희 이민구 이병환 이상희 이성구 이수철 이순구 이순임 이순희 이영우 이윤주 이재원 이재준 이재자 이재호 이재황 이장원 이정순 이정훈 이종록 이진성 이창수 이혜숙 이혜영 임선빈 임숙자 임용운 임지숙 장시웅 전미정 전용덕 전일국 정권호 정남희 정석영 정영진 정영희 정재성 정장직 정찬국 정태궁 정황래 조민정 조수행 조숙연 조정신 조정용 조정화 주정태 주진향 지석철 진정식 차상권 최성창 채경숙 채홍만 천애영 최경숙 최미숙 최 용 최윤정 최장환 최한규 한종익 한인수 허진권 현광덕 현남주

– 1991년 충청미술 청년작가전 출품 작가 164명

* 공 예 : 강란성 강봉승 고창환 김선화 김순영 김영숙 김원석 노한래 박동교 박순희 박연재 손금순 송미영 신호남 오영주 유경자 유은옥 이명주 이상돈 이수철 이윤주 이재횡 이정순 임미연 정현경 채혜정
* 디자인 : 고상용 류차연 사회민 이웅직 최윤형 하태문
* 서 예 : 강홍식 김재숙 도선정 박인숙 이재옥 이지애 정다원 정미숙 정현주 홍민숙 황연성
* 조 소 : 김연덕 김영석 김지삼 김태형 백승업 유선리 조현영 최소동 최윤숙
* 회 화 : 강경자 강경화 강규성 강미숙 강송옥 강은구 강정헌 공광식 권경태 권미혜 권숙정 권오석 김경숙 김관진 김기권 김기반 김기택 김남중 김미라 김미령 김병춘 김상태 김석수 김선경

김수자 김숙자 김영복 김은영 김종기 김지정 김진희 김현자
김현주 김훈곤 남윤희 문천희 민동기 민향란 박관우 박미라
박세관 박종석 백선명 백인현 백혜옥 변혜경 복경운 서병호
서재홍 서진석 선환두 손석만 손일성 송영호 신은숙 신진호
안재란 안진숙 양종순 엄현숙 염문선 염윤선 오세출 오수홍
유명환 유순식 유영미 유은경 윤길호 윤황식 이기호 임미경
이병환 이봉현 이연주 이영우 이영한 이장원 이재준 이재호
이종명 이종목 이진성 이진희 이학천 이혜숙 임연창 임은영
전난기 전만희 전미선 전현경 정 원 정미경 정장직 정진욱
정태궁 정황래 조수행 조신자 지성옥 채경숙 최무용 최미숙
최윤정 최윤희 최자연 함명수 현남주 현영숙 홍순이

* 판 화 : 장시웅

◆◆◆

대한민국미술대전 심사위원, 운영위원, 운영위원장

국내에서 가장 권위 있는 미술공모전인 국전은 1981년까지 한국문화예술진흥원에서 주관하고 1982년부터 한국미술협회로 이관되면서 공모전의 명칭도 대한민국미술대전으로 변경됐다.

나는 1984년 국립현대미술관으로부터 서예부문 국전초대작가 지정을 받았다. 초대작가로 지정받는 과정도 피나는 노력이 필요했다. 하물며 대한민국미술대전에서 서예부문 심사위원과 운영위원, 제도개선위원, 운영위원장으로 선임되는 것은 더할 나위 없이 어려운 관문으로 이에 선임될 때마다 서예가인 나에게는 더 없는 영광이었다.

그러나 1994년 심사위원을 역임하면서 작품을 심사하는 과정은 너무나 실망이 컸다. 당시 한국서단은 계파들이 형성돼 고질적으로 폐단을 안고 있었다. 일중 김충현(金忠顯), 여초 김응현(金膺顯) 두 형제분의 문하생들이 거대 계파를 형성하고, 40년 넘게 우리나라 서예계를 쥐락펴락해왔던 것이다. 나를 제외한 나머지 심사위원들은 모두 일중과 여초문중의 문하생들이었다. 그러니 그 틈바구니에서 나 혼자 소신껏 심사를 한다는 것은 매우 지난(至難)한 일이었다. 이들은 나의 주장과 의견을 제대로 반영해 주지 않았다. 나는 당시 과감하게 심사를 접고 미술대전의 개혁을 외치며 파란을 일으켜야 하나를 진지하게 고민했을 정도이다. 결국 지방 예술인의 한계를 뼈저리게 실감하고 예술계의 명예를 위해 내가 한발 물러서 뜻을 접었으나 지금 생각해 보면 그때의 판단이 잘한 것 같지만은 않다. 그 이후 나는 강성 이미지로 한 번도 심사의 기회가 주어지지 않았다.

한편 1990년대 대한민국미술대전 서예부문 운영위원으로 참여할 기회가 있었다. 운영위원은 심사위원 추천과 공모전의 모든 운영지침을 결정하는 막중한 자리였다. 나는 당시 대전에서 활동하는 송암 정대희 서예가를 심사위원으로 추천하여 그에게 심사의 기회를 주었다. 안타깝게도 그는 나의 기대에 어긋나는 심사를 해 대전과 충청권에서 출품한 많은 작가들이 낙선의 고배를 마시는 결과를 초래하였다. 이 일로 인해 나는 오랜 기간 송암과 불편한 관계를 유지하였다.

이후 2011년 한국미술협회(이사장 : 차대영)주최, 제30회 대한민국미술대전에서 서예부문 운영위원장이라는 중책을 맡았다. 미술대전 전체 운영을 책임지는 막중한 자리였다. 당시 지방서예가가 미술대전 운영위원장을 맡은 적은 없었던 것으로 알고 있다. 그해 나는 대전에서 활약하는 서예가 장산 김두한(金斗漢)을 심사위원으로 추천, 심사의 기회를 주었다. 장산은 대전과 충남지역의 출품작이 공정한 심사를 받을 수 있도록 주도하여 충청지역에 많은 작가들이 대거 입선 이상의 성적을 거두는 쾌거를 올렸다. 당시 출품했던 대전, 충남지역 서예인들은 내가 운영위원장을 맡고 장산 김두한(金斗漢) 서예가가 심사를 했던 2011년 대한민국미술대전을 역대 최고의 미술대전으로 지금도 기억하고 있다.

◆◆◆

글씨 한 폭

이럭저럭 50년 가깝게 서예에 몰두해오다 보니 이름에 서예가(書藝家)라는 호칭도 붙게 됐고, 꽤 많은 글씨를 써 냈다. 어디에 갔다가 우연히 내 졸작(拙作)이 걸려 있는 것을 볼 때마다 솔직히 부끄럽고 동시에 고맙기도 하다. 그때 좀 더 혼신(渾身)의 노력을 기울여서 더 잘 써 볼 것을 하는 자성(自省)과 부끄러운 마음 한편, 그 졸작을 귀하게 여기며 봐주신 분의 성의에 감사하는 마음도 가득하다.

그런데 서예를 하는 사람으로서 큰 고충이 하나 있다면, 툭하면 누구나 '글씨 한 폭 주지' 하는 말이다. 심지어 처음 수인사만 나눈 사이라도 대뜸 '글씨 쓰는 분이구먼, 그럼 글씨 한 폭 주시죠' 하고 말하는 분도 있다. 모르긴 해도 회화나 조각 등 다른 분야의 예술인에게는 인사만 나눈 사이에 당장 작품 하나 주시죠. 라고 말하지는 않을 듯하다. 그런데 유독 붓글씨를 쓴다면 '글씨 한 폭 주시오' 소리가 거침없이 나오니 참 난감한 노릇이다. 아마 글씨란 그저 붓을 들고 일필휘지(一筆揮之)만 하면 쉽게 잘 써지는 것으로 생각하니까 그런 부탁이 가능한지도 모르겠다. 그러나 아무리 천하의 대가라 할지라도 글씨 한 폭 남기기 위해 무엇을 어떻게 쓸 것인가를 긴 시간 연구하고 또 혼신의 힘을 불어넣어 생명을 토해내듯 글씨를 완성하는데, 하물며 웬만한 서예인의 입장에서 글씨 한 폭을 뚝딱 써서 남을 주기가 수월하지는 않을 것이다.

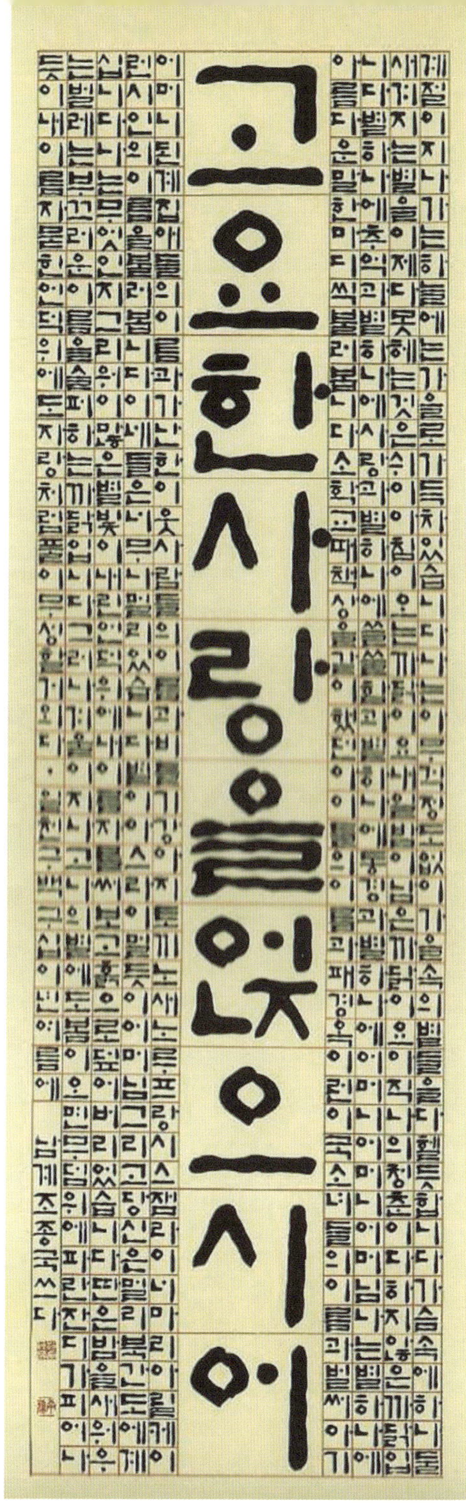

우선 글씨를 받는 분의 인격과 연륜, 취향을 깊이 이해하고 이에 맞는 제재(題材)를 정하는 것이 첫 번째 어려움이다. 고전의 구절을 찾아보며 오랜 구상 끝에 어렵게 제재(題材)를 결정한 다음에는, 글씨의 크기와 배치, 먹의 농담, 낙관의 서체와 위치 등의 조형 원리를 고심하는 것이 두 번째 넘어야할 큰 산이다. 하루에도 수십 장의 파지(破紙)를 내며 쓰고 또 쓴 다음에야 비로소 마음에 드는 작품이 하나 둘, 나올까 말까 한 형편이기 때문이다. 결국 서예가의 몸과 마음이 혼연일체가 되었을 때 드디어 서예가의 손끝에서 한 획 한 획의 굵기, 길이, 무게,

속도 등이 완벽하게 조화로운 글씨가 탄생한다. 심지어 서예가의 건강 상태, 날씨, 종이와 먹의 질, 붓의 상태, 쓰는 장소 등등에 이르기까지 모든 환경이 제대로 갖춰져야만 예술적 가치를 지닌 작품이 만들어진다. 그러니 글씨 한 폭을 청하는 누군가에게 적당히 휘갈겨 써준다는 것은 글씨 자체에 대한 모독이 아닐 수 없다.

다른 한편으로, 현대사회에서 창조적 활동을 통해 만들어진 예술적 결과물이 경제적 재화라는 점을 강조하고 싶다. 당연히 우리는 정찰제인 백화점에서든 흥정이 허용되는 재래시장에서든 어떤 물건을 원할 때 그에 상응하는 값을 지불하고 상품을 소유한다. 예술가의 창작 물 역시 이런 경제 활동의 한 대상이다. 글씨 한 폭에 쏟아 부은 서예가의 시간, 열정, 노력, 그리고 성취한 예술적 경지를 생각하면, 농담일지언정 '글씨 한 폭 주시죠' 라고 가볍게 한마디 던질 수는 없을 것이다.

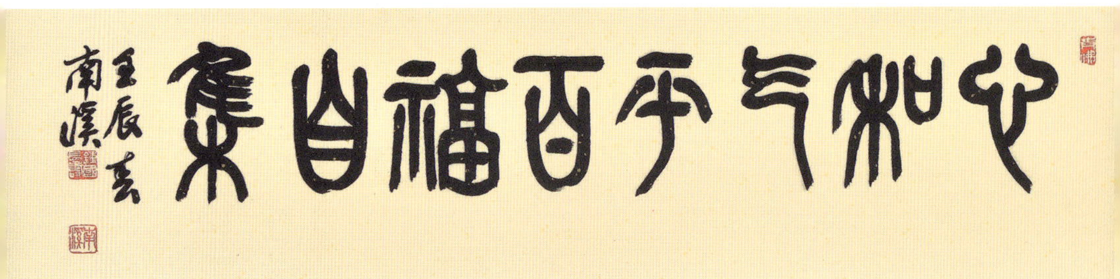

◆ ◆ ◆

글씨와 인품

「신언서판(身言書判)」이라는 말이 있다. 그 사람의 사람됨을 평가할 때 곧잘 인용하는 말인데, 다소 고전적인 느낌이 있지만 생각하기에 따라서는 현대감각을 아주 벗어난 기준은 아니라고 본다.

다시 말하면 그 사람의 풍채, 말, 글씨, 그리고 판단력이 어떠한가에 따라서 그 사람의 인격이나 자질을 평가할 수 있다는 뜻인데, 아마 이

기 증 서

- 소장번호 : 673
- 분 야 : 서예
- 작 가 명 : 남계 조종국 南溪 趙鍾國
- 작 품 명 : 정곡선생시 鄭谷先生詩

귀하께서 기증하신 위 작품을
한국서예박물관에서 영구 소장함을 확인합니다.

2008년 11월 일

수 원 시 장

중에서 현대감각으로 보아 가장 문제가 된다면 글씨가 아닌가 한다. 글씨 가지고 어찌 그 사람의 인간성이나 품위를 판별할 수 있느냐. 그건 옛날 선비들이 붓 가지고 생활하다 보니 공연히 만든 기준이거나 망상이다. 더구나 요즘은 붓글씨를 쓰는 사람은 제한이 돼있고 주로 볼펜 글씨나 쓰고 인터넷으로 주로 하는데, 그걸로 어찌 사람을 점친다는 말인가 하고 항변할 사람도 있을 법하다.

그러나 나는 반드시 그렇게 생각하고 싶지 않다. 그것은 필자가 서예가라고 해서 그런 게 아니다. 나의 견해로는 그것이 붓글씨이든, 볼펜글씨이든 인터넷 글씨는 그 사람의 인격과 자질을 크게 대변한다고 믿고 있다. 흔히 우리 글씨만 봐도 그것이 남자글씨인지 여자글씨인지 알 수도 있고, 덕 있는 사람인지 재주 있는 사람인지도 판별이 가능하다. 더구나 붓글씨의 경우엔 그 쓴 사람의 심성과 의지가 대뜸 표출되는 예(例)가 얼마든지 있다고 하겠다.

글씨는 단순(單純)히 문자의 미적재현(美的再現)에 그치지 않고 작가 나름의 개성(個性)과 철학(哲學)을 드러내는 작업이고 또 명현(名賢)과 선인(先人)들의 법첩(法帖)을 스승삼아 그를 바탕으로 작가만의

독창적(獨創的)인 서기(書氣)의 조화(調和)를 모색(摸索)하는 예술이다. 따라서 후덕한 글씨, 간교한 글씨, 유창한 글씨, 중후한 글씨, 탈속한 글씨, 천박한 글씨, 그밖에도 신필(神筆), 선필(仙筆), 달필(達筆), 졸필(拙筆), 악필(惡筆), 난필(亂筆) 등등 그 글씨의 됨됨이에 따라 얼마든지 그 명판을 달리할 수 있으니 볼수록 신비한 것이 글씨의 세계다.

같은 서가의 글씨라도 그가 전성기에 쓴 글씨와 쇠퇴기에 쓴 글씨가 다르고 그의 직업, 학력, 연령, 건강, 경륜 등에 따라 자획이 달라지는 것을 보면 글씨란 인간의 '심'과 '기'에 크게 좌우되는 예술이다. 흔히 심정필정(心靜筆正)하는 말도 마음이 바르고 겸허해야 좋은 글씨가 나온다는 뜻이니, 인간평가의 기준으로 글씨를 넣은 것은 선인들의 뛰어난 예지가 아닌가 싶다.

기업과 예술이 윈~윈 하는 길

예술인 3명 중 2명은 월 100만원도 못 번다고 한다. 문화체육관광부와 한국문화관광연구원이 우리나라 문화예술인의 활동여건과 실태를 집계한 '2012 문화예술인 실태조사' 결과를 발표했다. 1988년부터 3년 주기로 실시해 온 이번 실태조사는 문학, 미술, 건축, 사진, 음악, 국악, 무용, 연극, 영화, 대중예술 등 10개 분야 200명씩 총 2,000명을 대상으로 실시했다.

개인 창작활동과 관련해 월평균 수입액 조사에서는 "없다"고 답한 예술가가 무려 26.2%나 된다고 한다. 51만~100만원(15.1%), 21만~50만원(12.9%), 20만 원이하(12.3%)까지 포함하면 월평균 수입이 100만 원 이하인 비율은 66.5%에 달했다. 101만~200만원은 17.0%, 201만 원 이상은 16.7%였다. 부가활동까지 포함한 월평균 수입액을 보면 100만 원 이하인 사람이 "없다"(7.4%)를 포함해 29.5%인 것으로 조사됐다하니 예술인의 한사람으로 마음이 무겁다.

다만 2011년에 입법을 추진했던 '메세나 활동 지원에 관한 법률'(이하 메세나 법)이나 '예술인 복지 법'과 동 시행령이 공론화되면서 문화

예술에 대한 기업의 관심과 사회적 분위기가 증대되고 떠밀려서가 아닌 기업의 자발적인 지원이 점차 증가하면서 성과를 거두고 있다고 하니 다소 위안이 된다.

한편 기업 메세나 법 입법은 기업의 예술기부금 및 문화예술관련 지원에 대한 세액공제를 통해 기업의 보다 적극적인 참여를 장려하는 계기가 될 것으로 평가된다. 뿐만 아니라 기존의 단선적인 후원이나 협찬 등의 방식을 넘어, 기업은 예술을 지원하고 예술은 기업 발전에 기여하는 윈윈 전략의 가능성을 확대할 수 있을 것이다. 특히 필자가 지난 사설에서도 언급한 바와 같이, '협동조합기본법' 시행과 더불어 문화예술인의 활발한 조합 활동이 예상되는 현 시점에서, 기업과 경제적 주체로서의 예술인조합 및 단체가 상호 교류협력을 바탕으로 상생하는 전략적 파트너 십의 구축도 진일보하리라 여겨진다.

따라서 정부는 메세 나 법을 기업을 대상으로 한 조세 제도적 측면에서만 바라볼 것이 아니라, 다각적인 쌍방향 관계를 기반으로 한 경제활동이라는 전망에 입각해 구체적인 입법에 임해야 할 것이다.

올해 정부는 문화체육관광 부문에 총 정부예산의 1% 정도인 3조 6,000억 원 규모를 책정하였다. 특히 일자리창출 사업과 밀접하고 영화 · 뮤지컬 · 만화 등 청년층의 관심이 높은 3D, 스마트콘텐츠 등의 첨단문화산업 그리고 관광산업과 연계된 전통문화관련 사업을 확대하고 집중적으로 지원하고 있다.

그밖에도 고령화 사회를 대비한 지방문화원 어르신문화프로그램, 취약계층 청소년의 문화향유 확대를 위한 청소년 문화 바우처 및 청소년 토요문화학교 실시 등에 소규모나마 지원규모를 확대하였다. 이와 같이 정부의 문화예술 정책은 국가의 경제발전과 기본적인 사회보장의 원칙이 우선 강조된다. 특히 요즘과 같은 경제위기 속에서 관련 산업과의 연관성은 정책결정의 중요한 요인으로 작용한다.

따라서 산업 연관성이 적고 대중성이 미약한 장르나 분야의 독립예술가 및 순수예술가에 대한 정책적 지원은 장기적인 국가발전 차원에서 이뤄져야 함에서 불구하고 현실적으로는 대단히 부진한 상황이다. 필자는 기업 메세나가 이윤창출이나 광고 차원을 뛰어넘어 정부의 손길이 닿지 않는 이런 부분에 대한 지원활동을 확대해주기를 희망해본다. 예전 사설에서 가난한 집 맏아들 ― 99%는 왜 가난한가? 라는 책을 소개하며, 국가적인 특혜와 서민의 희생을 기반으로 성장한 대기업의 역할을 촉구한 바 있듯이, 기업의 막중한 사회적 책임을 강조하고 싶다.

현재 국내에는 독창적인 실험정신으로 새 길을 도전하는 청 · 장년 예술가들이 많다. 최소한의 생계조차도 유지하기 어려운 열악한 환경에서도 가난한 예술가의 길을 포기하지 않는 이들이 많이 있다.

필자는 기업메세나가 이런 예술가들에게 안정적인 작업공간과 작업수단 그리고 실력을 겨루고 다양한 경험을 쌓을 수 있는 국제 활동기회 등 예술가 개인의 자비로는 해결하기 어려운 부분에 대한 지원에 적극 나서줄 것을 요청한다.

예술가들은 기업의 전시효과를 노린 일회성 이벤트를 바라지 않는다. 왜냐하면 자신의 예술적 활약과 성과로 지원한 기업의 장기적인 발전에 몇 배로 보답할 것이기 때문이다. 이것이 기업가와 예술가가 윈~윈 하는 길이기 때문이다.

(2013. 2. 24 / 중도일보)

한 · 중(대전 · 남경)서화교류전

1992년 대한민국과 중국이 냉전시대 종식을 선언하고 국교를 체결했다. 한 · 중 국교정상화 이후 1994년 대전시는 중국 남경(南京)시와 자매결연을 체결하고 본격적으로 교류를 시작했다. 전국지자체 가운데 중국과 교류를 시작한 것은 대전시가 제일 먼저다. 대전은 남경시가 중국에서 손꼽히는 역사문화의 명성도시라는 점 때문에 자매도시 파트너로 선택했다. 남경시도 대전시가 한국에서 가장 역동적인 도시

로 문화예술과 과학기술의 핵심도시라는 점에서 교류를 원했다. 대전과 남경시가 자매결연(姉妹結緣)을 맺자 한국과 중국의 각 도시 간 자매결연 체결이 봇물을 이뤄졌다. 그런 교류관계가 지금껏 지속되는 경우도 있지만 수년 만에 끊긴 사례도 적지 않은 것으로 알고 있다.

자매결연 때 대전에서 대규모의 방문단이 남경시를 방문했다. 그때 나는 문화예술계를 대표해 방문단에 합류했다. 이념의 장막으로 가로막혀 왕래하지 못했던 중국에 발을 디뎌보니 모든 것이 신기했다. 공산주의 나라에는 억압과 강제가 있을 뿐 자유와 개성이 없을 것이라는 편견을 갖고 있었지만, 막상 현지에서 바라본 중국은 자유분방하고 엄청난 저력을 지닌 기회의 땅으로 무궁한 잠재력이 있는 강국으로 보였다. 특히 문화예술의 경우 내가 예상했던 것보다 상상 외로 발전되고 예술인들의 창작활동도 왕성했다.

남경에 도착해 나는 시 인민정부 산하 남경서화원(書畵院)을 혼자 방문했다. 서화원은 말 그대로 동양예술장르 중 꽃인 서화예술분야의 진흥과 육성을 담당하는 시 정부기관이었다. 남경서화원장인 주도평(朱道平)주석을 처음 만난 자리에서 나는 대전과 남경 양 도시 간 우의를 위해 문화교류를 제안했다. 양 도시 간 우호증진을 위해서는 문화교류가 선행되어야 한다는데 의견을 같이하고, 내가 이사장으로 있는 사단법인 충청예술문화진흥회(현, 한국예술문화진흥회)와의 교류를 제안했다. 주도평(朱道平)주석은 나의 제안을 흔쾌히 받아들였다. 이것이 23년을 이어온 한 · 중 양국 간 특히 대전 · 남경 양 도시 간 문화교류의 시작이었다. 나의 제안에 따라 이듬해인 1995년 11월, 대전 MBC 전시실에서 남경 시 서화예술인 대표단 10명이 참석한 가운데 제1차 한 · 중(대전 · 남경)서화교류전을 성대하게 열었다.

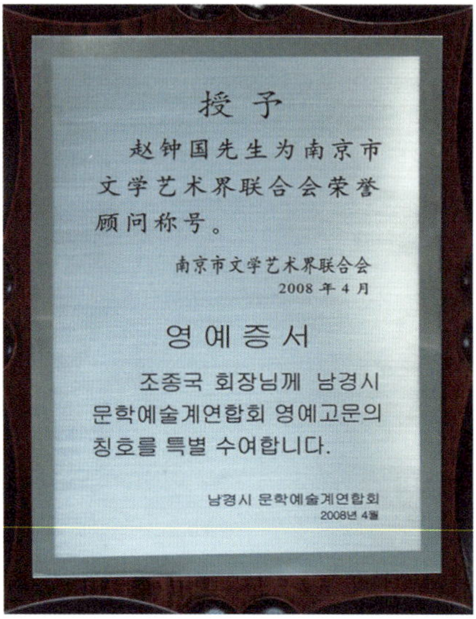

이렇게 시작된 서화교류전은 해를 거듭하면서 양 도시의 참여 작가들이 200여 명 이상 증가하는 등 지속적으로 발전했다. 국내 각 지방자치단체들이 중국의 많은 도시들과 교류활동을 전개하고 있지만 몇 년을 이어가지 못하고 단절된 경우가 대부분이다. 하지만 대전과 남경은 문화적으로 숱한 난관에 부딪히고 특히 경제적으로 많은 어려움에 직면하면서도 열정적으로 참여해 준 지역작가들과 함께 지속적으로 교류를 이어왔다. 예를 들어, 서화교류 제20주년을 맞는 2015년의 경우 남경에서 개최하는 제20차 한 · 중(대전 · 남경)서화교류전에 대한 대전시의 지원예산이 전액 삭감되는 황당한 사태가 발생했다. 그러한 상황에도 나는 한 · 중 우호관계의 중요성을 깊이 인식하고 68명의 참여 작가들과 함께 사비를 들여 대표단 20명을 이끌고 남경을 방문해 교류전을 성공적으로 개최하여 대전의 명예와 이미지를 굳건히 지켰다. 이런 수많은 우여곡절을 극복해 낸 결과 한 · 중(대전 · 남경)서화교류전은 전국에서 제일 오랜 기간 개최해 온 모범적인 국제교류전으로 손꼽히고 있어 큰 보람으로 남는다.

대전 · 남경 양 도시 간 오랜 교류를 지켜보던 대전시의 우호도시인 선양(瀋陽), 청도(靑島), 합비(合肥), 진안(濟南) 등 여러 도시가 나에게 교류를 제안해 오고 있다. 그러나 정부나 지방자치단체의 행정지원 없이 민간예술단체를 이끌고 있는 나로서는 홀로 다양한 교류를 확대해 나간다는 것은 거의 불가능한 일이다. 그나마 최근 2년 동안 안휘성 합비(合肥), 4년 동안 강소성 소주(蘇州), 사천성 성도(成都) 등과도 한·중 당대서화명가전으로 교류를 이어가고 있는 중이다. 비록 어려운 환경이지만 여건이 허락하는 한, 중국 각 도시와의 문화교류는 계속 추진해 갈 것이다.

◆ ◆ ◆

남계 조종국 서예 2012년전

2012년 4월 20일부터 28일까지 대전시민회관 대전시실에서 15년 만에 작품전을 마련하였다.

나는 50여 년 간 서예에 취익정진(取溺精進)하면서도 늘 서예에 대한 두려움과 그 생명력을 잊어본 적이 없다.

지난 22년 6개월 동안 충남예총과 대전 · 충남예총, 대전예총, 한국예총 활동에다 대전시 카누협회장, 대전광역시 야구협회장, 7년 동안 대전시의회 의정활동으로 경황(景況)이 없던 일상 속에서 시간과 공간을 쪼개 만들어 온 작품들을 한데 모아 〈남계 조종국 서예 2012년전〉을 마련했다.

세월이 여시(如矢)라 했다!

2012년은 인생 칠십 고래희(人生

七十古來稀)라!

내 나이 70을 맞는 해이기도 했다.

서예는 단순히 문자의 미적 재현에 그치지 않고 나 자신의 개성과 철학을 드러내는 작업으로 또 명현과 선인들의 법첩을 스승삼아 그를 바탕으로 나 자신만의 독창적인 서기의 조화를 모색하는 예술이다.

서예인으로서 나 자신의 삶을 겸허(謙虛)이 돌아보면서 과연 내 작품이 전통과 창의를 함께 갖추고 제대로 운필이 되었는지 오늘도 생각해보면 조심스런 마음만 가득한 작품전이 아니었나 싶다.

15년 만에 마련한 작품글자 하나하나에 스며든 나 자신의 삶과 예술세계 뿐만 아니라 지역문화발전에 앞장서 헌신노력(獻身努力)해 온 열정의 표현으로 의미를 부여하고자 마음먹었던 점들 널리 혜량(惠諒)하여 주기를 바라는 전시가 아니었나 싶다.

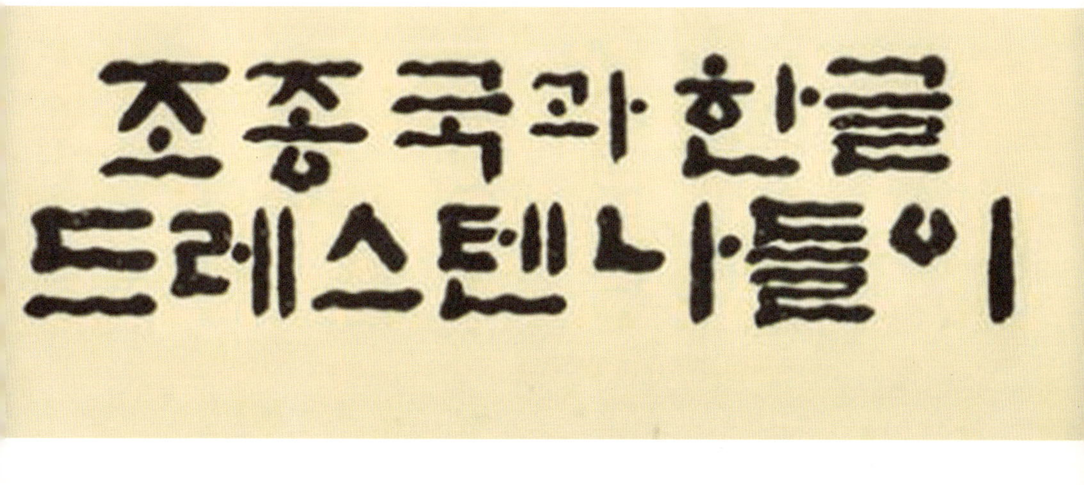

특별히 나의 작품전을 축하해 주기 위해 이웃나라 중국 남경과 소주에서 대전을 방문해주시고 축하작품까지 증정해 준 중국 서화예술계의 원로, 대가인 주도평(朱道平), 장위(張偉), 허회화(許懷華), 서홍쇠(徐洪釗), 서명(徐明), 호금산(胡金山), 진국량(秦國良), 전방화(錢邦華), 기소호(紀小湖), 장견(張堅), 시방학(施邦鶴), 방징청(方澄淸), 이강(李强) 선생께 이 지면을 통해 깊은 감사를 드린다.

오랜 기간 지역문화 발전을 위해 헌신해 오면서 15년 만에 마련한 이 작품전이 문화예술을 사랑하는 모든 분들께 뜻있는 작품전으로 오래오래 기억에 남기를 바라는 마음 간절하다.

◆ ◆ ◆

대전예술 발행
충청문화예술의 선봉에 서다

1989년 대전이 직할시로 승격되면서 충남도와 대전의 행정조직이 분리된 후, 기존의 충남예총조직은 대전 · 충남예총으로 통합 운영하게 되었다. 나는 대전예총의 분리 출범을 준비하며 문화예술 종합정보지 월간 '충남예술'과 같은 문화예술 종합정보지 '대전예술' 창간을 기획하고 사업을 서둘렀다. 그러나 '충남예술'과 '대전예술'을 동시 발행해 재정적인 운영 장벽에 봉착하였다. 결국 나는 내가 이사장으로 있는 사단법인 충청문화예술진흥회(현, 한국예술문화진흥회)에서 문예진흥 지원금과 광고비, 사재를 들여 '대전예술'을 발행하기로 하고 '충남예술'은 충남예총으로 이관시켰다.

'대전예술'은 국가 중핵도시

로 발전해가는 대전시의 문화예술진흥을 위해 기여한다는 목표를 세웠다. 참신한 신인들의 발굴과 육성은 물론이고 원로예술인의 활동 등 폭넓은 문화예술의 발굴과 보급을 과제로 삼았다. 따라서 '대전예술'은 어느 특정분야에 국한하지 않고 문화예술 제반 장르의 다양한 목소리를 대변하고자 하였다.

'대전예술'은 1989년 3월 창간호부터 격월간으로 발행하였고, 2000년 통권 57호를 끝으로 58호부터 대전예총에 이관, 발행토록 하여 현재까지 면면히 이어져 오고 있다. 10년을 공들여온 모든 발간 사업권을 흔쾌히 대전예총에 이관하는 특단의 조치는 큰 자부심과 보람으로 남는다. 더불어 '대전예술'이 대전의 문화예술 환경 구축에 크게 기여하는 점 또한 가슴을 벅찬 일이다.

대통령상 전국합창제 창설

1994년 이래 해마다 대전에서 개최하는 전국합창경연대회가 있으니 그것이 바로 '대통령상 전국합창제'이다. 당시 염홍철 대전시장의 특별한 관심과 지역음악발전을 위한 강력한 시행의지에 부응하여 대전예총이 '대통령상 전국합창제'를 창설하였다.

'대통령상 전국합창제'는 각 시 · 도에서 경연을 벌여 선발된 16개 시 · 도 대표가 대전에서 다시 경연을 펼쳐 대통령상을 시상하는 행사로, 첫해부터 지금까지 국내정상급의 합창단이 총출연해 경합하는 대규모 음악축제이다. 대전의 대표적 음악행사로 자리 잡아, 현재는 '대전국제합창페스티벌'이란 이름의 국제대회로 거듭나 더욱 발전하고 있다.

◆ ◆ ◆

세상에서 가장 아름다운 말 메세나로 한밭문화제 개최

1990년 29회 시민의 날 기념행사와 '제8회 한밭문화제'가 개최되어 대전 시민들은 축제분위기로 들떴다. 88서울올림픽 개최 2주년을 기념하고 1989년 직할시 승격을 축하하며 시민의 날 행사에 대한 기대가 부풀어 있었다. 대전예총은 기념행사와 '한밭문화제' 개최를 맡았는데,

이에 책정된 예산은 약 1억 원이 좀 넘는 규모였다. 이 적은 예산으로 예총은 각종 공연과 전시예술행사 등을 주관해야만 했다. 나는 도저히 이 예산으로 기념행사와 '한밭문화제'를 치러낼 수 없어 행정당국과 협의하여 직할시 승격의 의의와 이를 자축하는 지역사회의 분위기에 걸맞게 '한밭문화제' 예산을 증액시켜 줄 것을 강력히 요청하였다. 그러나 대전시는 이를 소모성 행사로 판단하고 요청을 반영시키지 않았다.

나는 충남예총회장이던 1986년 천안시에서 개최한 제27회 '전국민속예술경연대회'에서 예산이 한 푼도 없는 각종 홍보물을 출향기업인 등 재경 인사들로부터 협찬 받아 제작했던 경험이 떠올렸다. 이 기업 메세나 아이디어를 충남도당국에 건의해 양해를 받아 즉시 서울로 올라가 각종 채널을 동원하여 우리고장 출향기업인 한화그룹과 동아그룹, 삼부토건, 충남향우회 등을 방문, 대전시 문화발전과 시민화합을 위해 협찬해 줄 것을 간곡히 요청하였다.

지성이면 감천이라 예상 외로 출향인사들의 반응은 호의적이었고 협찬약속을 흔쾌히 승낙해주었다. 당시 저명한 출향인사들을 사적으로 접견하기는 그리 쉬운 일이 아니었다. 다행히 1960년대 공화당 부여지구당에서 당무를 통해 형성한 네트워크를 통한 각계각층의 인맥을 최대한 활용하여 간접적인 지원사격을 받았다. 그렇게 출향인사 한분 한분을 접견하고 간곡히 요청해 당시 약1억 5천 여 만원이란 거금을 협찬 받았다.

그렇게 해 예총은 충무체육관에서 1만 5천여 시민들이 참석한 가운데 제29회 '시민의 날' 기념식과 제8회 '한밭문화제' 개막식을 성대하게 올렸다. 또한 예총 10개 회원단체와 중구문화원이 정성들여 준비한 각종 공연전시와 민속놀이 등 전통문화 행사를 절찬리에 성공시킬 수 있었다. 당시 대전MBC에 개막식과 축하대잔치 공연의 방송제작을 의뢰하고, 충무체육관 행사장에 참석한 시민들에게 기념타올 등 선물까지 증정했다.

이렇게 기업 메세나를 활용하여 대전 · 충남 예총회장과 대전예총회장 임기가 만료되는 1995년까지 꾸준히 '한밭문화제'를 성대하게 개최하였다. 내가 잠시 대전예총 회장에서 물러난 시기에는 기업과의 소통 부족으로 지속하지 못해, 결국 대전시가 '한밭문화제' 예산을 증액시켜 지원하기 시작했다. 이후 내가 대전예총회장직에서 완전히 물러난 다음 해인 2008년 '한밭문화제'는 폐지되었다. 시민들에게 생활의 활력소를 불어넣던 대전의 서민축제 '한밭문화제'가 다시 복원되기를 간절히 기원하며, 이 지면을 통해 다시 한 번 예총회장 재임기간 중 많은 지원을 해주신 우리고장 출향기업인과 충청향우회 인사들에게 감사의 글을 남겨드린다.

지역문예 진흥기금 조성

나는 1995년과 1998년의 제2대, 제3대 대전시의회 의원선거에서 대전 중구 제2선거구에 출마해 당선되었다. 그리고 제2대 시의회 부의장과 제3대 시의회 의장으로 중책을 맡아 의정활동을 펼쳐왔다.

예술계 인사로 시의원에 당선된 나는 재임기간 동안 지역문예 진흥에 특별한 애정과 관심을 갖고 의정활동을 펼쳐 대전시의 문화정책 및 예산지원을 전폭적으로 개선하고 실행하는데 많은 노력을 쏟았다. 나의 예총활동과 의정활동을 지켜봤던 예술계와 지역 공직사회에서 입을 모아 그때가 대전예술의 전성기였다고들 말한다.

1989년 충남과 대전의 행정조직이 분리될 당시, 적립되어 있던 충남도 문예 진흥기금 100억 원을 각각 50억 원씩 분할하도록 조치했다. 당시 대전시는 더 이상의 추가 진흥기금을 적립하지 않았기에 기존의 50억 원에 대한 이자수익만으로는 문화예술 지원 사업을 실행하기에는 제약이 너무 많았다. 나는 안정적인 문예활동 지원을 위해서는 더 많은 기금을 적립해야 한다고 판단하고 기금 조성에 발 벗고 나섰다.

1995년 2대 시의회에 등원하자마자 문예 진흥기금 조성의 당위성을

강력하게 주장하고, 해마다 5억 원씩의 예산을 책정하여 기금에 적립하도록 조치했다. 그렇게 내가 시의원으로 재임한 7년 동안 40여억 원의 기금이 적립되었다. 또한 행정 분리를 근거로 중앙정부에 기금 지원을 요청하여 13억 원을 더 확보하였다. 내가 시의원 임기를 마칠 무렵, 기금은 98억 원에 이르렀다. 이후 문예 진흥기금은 대전시문화재단으로 이관되었고, 지역의 문화예술발전을 위한 각종 예술행사에 긴요하게 쓰이고 있다.

문화예술계
문화공동체 의식 필요해!

〈대전지역 문화계가 공동체 의식을 가지고 문화예술 진흥이라는 대의명분을 우선하는 창작활동을 해주었으면 좋겠습니다. 저 같은 사람은 뒤에서 격려하고 후원을 해주는 역할만 하면 됩니다.〉 1986년대부터 2007년까지 빨간 꽃신을 신고 대전, 충남지역 문화예술계를 이끌어왔던 남계 조종국 선생(69)은 〈문화 예술계의 생태 환경이 과거 중앙 집중방식에서 탈피하면서 대전지역도 다양한 장르가 들어오고 균형발전이 되고 있다.〉며 지역문화예술계에 〈공동체 의식〉과 〈대의명분〉을 요구했다. 27일 대전시 중구 오류동 센트리아 오피스텔에서 만난 조 선생은 〈대전시민들의 문화 성층도 역시 다양해져 중요한 공연이 이곳에서 많이 이뤄지고 있다.〉는 말에 이어 〈문화예술인들 모두가 한마음이 되어 대전시 문화발전과 시민의식 향상에 적극적으로 나서줄 것〉을 강조했다. 그가 말하는 〈명분〉은 바로 〈대전지역 문화발전〉이다. 1986년 예총 회장으로 활동할 당시와는 내용에서 서로 다른 가치관이다. 그 때 〈문화 불모지〉라는 걸 불식시키는 데 올인했다면 이제는 그 단계는 벗어났다는 것이다. 말하자면 선배들이 닦아놓은 기틀 위에서 후배들이 재도약을 위한 문화 에너지를 축적하는데 최선을 다해야 한다는 게 조 선생의 말이었다. 명분을 찾는 건 바로 〈나〉를 지워

나가면서 〈대화〉로 화합을 이루는 일이다. 그는 대전, 충남 1세대 이후 80년대 중반부터 시작된 문화계 활동이 90년대 초반까지 이어지면서 〈대화〉를 통해 상대방을 설득하고 조화를 이끌었다는 사실을 강조했다. 대전, 충남 문화예술은 그를 빼놓고 얘기할 수 없다. 그만큼 열정을 쏟아 많은 공헌을 했다. 문화예술단체를 이끌었고 체육계, 그리고 의정활동을 거치면서 지역 문화의 균형발전과 활성화에 크게 기여했다. 특히 1999년부터 3년간 문예 진흥기금 48억 원을 예산에 반영시킨 일과 아산, 공주, 서산, 부여, 조치원, 보령, 논산 등지에 예총을 설립한 건 잊을 수 없는 일이다. 빨간 꽃신을 신고 〈전국예총을 정부 보조단체로 만든 일이 가장 기억에 남습니다. 전 대전시장이었던 김주봉 씨가 내무부 지방재정국장으로 있을 당시 일입니다. 열악한 환경 속에서 활동을 하는 전국 지역문화예술인들에게 큰 힘이 되었지요. 이와 함께 1999년에 문예 진흥기금 48억 원을 대전시 예산으로 집행하게 결정한 것도 보람이었고 기억에 남는 활동이었습니다.〉

조회장의 이력은 다양하고 화려하다. 예술계 활동은 말할 것도 없고 대전시 야구협회장, 91년 한화이글스 후원회를 창설하여 21년 동안 회장에다 대전시의회 의장 등, 정치, 사회, 체육계를 두루 거쳤다. 그가 자랑하는 일은 역시 문화예술인으로서 활동 경력이었다. 〈시의회 의장도 지냈고 체육 쪽에도 많은 일을 했습니다. 1995년 중국 남경과 대전시 간에 자매결연 이후 18년 동안 〈한 · 중(대전-남경) 서화교류전의 성공적인 개최는 예술인으로서 긍지와 보람을 갖게 하는 사업이었습니다. 게다가 제3대 대전시의장을 맡으면서 중국 강소성 인민정부 남경시와 일본 오오다시 간에 의정협정을 체결하고 공동번영을 위한 경제, 과학. 체육, 문화 교류 등 외교적인 친선 도모와 우호증진을 한 것도 기억에 남습니다.〉 내년이면 조 선생은 고희(古稀)를 맞는다. 그에

게 나이 70은 남들과 마찬가지로 의미가 새롭다. 그래서 준비하는 게 있다. 바로 〈남계 조종국 서예 2012년전〉이다. 내 마음의 꽃신을 신고 일단 내년 전시회를 위해 시간을 쏟을 예정입니다. 고희에다 한번 쯤 정리를 해야 할 필요도 있고 해서요. 정치는 더 이상 안할 겁니다. 작품 활동에 전념하면서 지역문화발전을 위해 열정을 다해 정진할 것입니다. 문화 환경과 공간 조성을 통해 지역 문화를 발전시키는데 온 힘을 다해 기여하고 싶습니다.

(2010. 01. 19 / 디트 뉴스)

우리고장 문화유산 발굴과 보존

지금까지 많은 사람들에게 대전은 문화의 뿌리가 깊지 않은 도시로 인식되어 왔다. 그와 같은 이유는 이 고장에는 오래전부터 도시가 형성되지 못했고 근대화 이후 경부선 철도가 부설되면서부터 급속히 성장한 도시로 널리 알려졌기 때문이다.

우리는 이 같은 세인들의 지적을 결코 부인하지 않는다. 그것은 우리나라의 많은 대도시, 이를테면 부산, 대구, 광주, 울산 등은 말할 것도 없고 진주, 전주, 그리고 이웃 청주처럼 과거 지방행정의 중심지로서의 역할을 하지 않는 한낱 시골에 지나지 않았으므로 우리 대전에는 빛바랜 관아나 유서 깊은 행정유물이 하나도 없기 때문이다. 더구나 대전은 경부선이 부설되면서 그에 따라 일본인들이 대거 이곳에 몰려와 살면서 비로소 근대적 도시로 면모를 갖추게 되었고 1930년대에 도청이 공주로부터 이전되어 오면서 급속히 성장한 신흥 도시이기 때문에 도심의 곳곳에는 아직도 일제 식민지 치하의 유물이 많이 발견될지언정 우리가 자랑할 만한 번듯한 전통문화 유산은 쉽사리 보이지 않고 있는 실정이다.

이 같은 사실로 말미암아 지금 많은 사람들은 우리고장 대전을 일컬어 뿌리가 없는 고장이요, 일제가 건설한 왜색(倭色)이 짙은 도시이고 생산적 기반이 약한 소비도시라고 하였던 것이다.

얼핏 생각하면 이러한 지적들은 우리 고장의 특징을 극명하게 드러내주는 것처럼 보이지만 그러나 우리가 시야를 좀 더 확대하여 이 고장을 면밀히 살펴보면 그것은 편협한 관점에서 출발한 것임을 이내 알 수 있다.

즉 이 같은 언급은 행정도시차원에서 바라본 지적일 뿐 문화적 차원에서 볼 때는 결코 이에 해당되지 않기 때문이다. 물론 앞서 언급한 바처럼 대전은 일찍부터 지방행정의 중심도시로 형성되지 않은 한적한 시골에 지나지 않았다. 오히려 삼국시대에는 이곳이 백제와 신라의 국경지대로서 그때의 격전지이었음을 말해주는 빛바래고 허물어진 성곽들이 주변에 30여 개나 산재해 있다. 이처럼 우리고장에 산성이 많다는 사실은 예부터 결코 소외된 지역이거나 버림받은 지역이 아닌 군사요충지로서 중요한 위치에 있었다는 사실을 알 수 있다.

따라서 현존하는 성곽들은 그대로 방치될 것이 아니라 개축 보수가 됨으로써 유서 깊은 문화유산의 역사적 교육현장으로 보존되어야 마땅하다. 이러한 역사적 현장이기 때문에 우리고장에 산재한 각 마을마다에는 그 옛날부터 전해 내려오는 전설과 민속놀이 등은 타 지역에서 유래를 찾아볼 수 없을 만큼 다양하고 그 수 또한 많이 남아 있다. 현재도 명절 때마다 행하여지는 거리제, 장승제, 우물제 등을 포함한 민속놀이는 무려 80여종에 이르고 있으며 거기에 사용되는 민속도구도 다양한 것이다. 이처럼 곳곳마다 장승을 세우고 우물제를 지내고 마을마다 많은 구전(口傳)들이 전해져 오는 이 고장을 결코 뿌리 없는 고장이라고 말할 수는 없는 것이다. 더구나 조선왕조에 이르러서는 이 고장의 토착 사람에 의해서 형성된 기호사림학파(畿湖士林學派)의 맥, 한국 근세사의 주체로서 그 자리를 굳건히 하였고 그들이 남긴 문화유산 또한 실로 방대하다. 그럼에도 아직까지 우리 대전지역에서는 이러한 문화유산을 발굴하고 보전하고 보존하려는 뚜렷한 의지가 나타나지 않고 있다.

더욱이 많은 역대 행정책임자들마저도 우리 고장을 행정상의 신흥도시라는 인식차원을 크게 벗어나지 못하고 있어 그 대책이 아쉬운 실정인 것이다.

'93 대전엑스포와 2002월드컵의 국제행사를 성공적으로 치러낸 우리 고장 대전은 이제 세계 속의 대전이라는 명예와 이미지가 크게 부각되어 있다. 외형상으로는 이처럼 국제도시의 면모를 갖춘 대전은 비록 타지방의 도시처럼 전통도시로서의 행정적 유물은 없지만 민간 문화유산을 타 지역 어느 도시보다도 많음을 자랑할 수 있으니 비록 때늦은 감은 있으나 그 흩어져 있는 문화유산을 시급히 발굴하고 또 그것을 보존할 공간의 마련에 다 같이 힘써야 할 것이다.

가장 지방적인 것이 가장 세계적인 것이라는 소박한 진리를 우리는 다시 한 번 음미해 보아야 할 것이다.

◆◆◆

백제 사비궁(四沘宮) 홍의당(弘毅堂) 현판과 지석(誌石)글씨들!

삼국통일을 이룩한 신라의 역사는 찬연히 빛나고 가장 먼저 패망한 백제의 역사는 보잘 것 없다는 사관(史觀)이 지배적이던 시절이 있었다. 이런 사관(史觀)의 영향인지 모르나 경주를 중심으로 한 신라문화에 대한 연구와 발굴, 보존 등은 활발하게 진행됐지만 백제역사에 대한 조명은 미흡했던 것이 사실이다. 경주 보문관광단지를 비롯해 신라문화권의 개발은 이미 오래 전에 완성되고 백제문화권에 대한 개발은 전혀 추진되지 않았었다. 그래서 공주와 부여는 백제 500년 역사의 도읍이었음에도 불구하고 아무런 관광자원의 개발이 이루어지지 않았다.

뒤늦게 백제문화지구(개발당시 백제역사재현단지)개발이 시작되고, 2010년 이를 자축하기 위한 '대백제전'이 열리면서 본격적으로 백제시대 역사의 부활을 알렸다. 잠자고 있던 백제문화권개발 사업은 김대중 대통령과 김종필 총리가 집권하던 시절에야 비로소 시작되었다. 부여 규암면 일대에 백제왕궁(泗沘宮)을 복원하고 공주 곰나루터 일대에 한옥마을을 조성했다. 당시 이완구 충남도지사가 롯데그룹과 협약을 체결하고 백제역사재현단지 일대에 콘도, 골프장, 아웃렛매장, 테마 공원

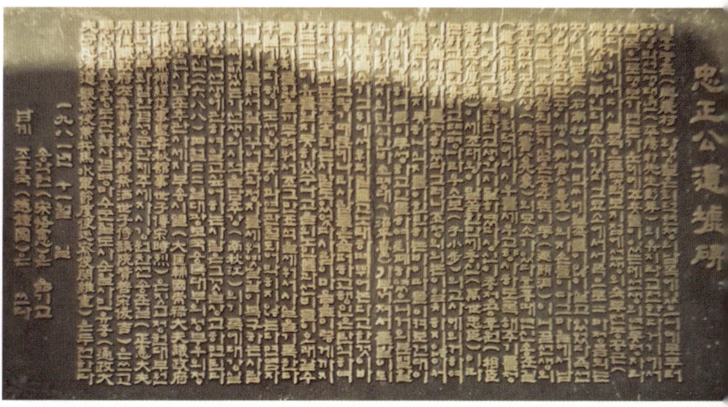

등을 조성하면서 백제문화단지가 그 틀을 갖췄다.

백제문화단지는 백제왕궁인 사비성(泗沘城)이 복원되면서 본격화돼 이를 기념하여 2010년 '대백제전'이 열렸다. 이때 문화재청은 역사단지 내에 준공되는 각 건물에 게시해야 할 현판을 준비하고 있었다. 나는 이인화(李仁和) 충남도지사 권한대행을 찾아가, 문화재청이 백제역사재현단지 내 준공되는 건물에 게시할 현판글씨를 발주할 계획을 전달하고, 이 지역 서예가들의 작품이 많이 선정되도록 협력을 당부하면서 그 뜻을 문화재청에 전달해 줄 것을 요청했다.

나는 지역의 서예가 송암 정태희, 장암 이곤순, 석헌 임재우, 취묵헌 인영선, 송산 박승배 등 국전 초대작가와 부여 출신의 석운 최훈기 서예가를 추천했다. 특히 나와 석운 최훈기 서예가는 백제 사비왕궁이 재현되는 부여 출신이라는 점에서 반드시 선정돼야 한다고 강력히 주장하였다. 결국 우리지역에서 나를 포함해 송암, 장암, 석헌, 석운 등 서예가 5명이 최종 선정돼 작품을 제출하게 되었다.

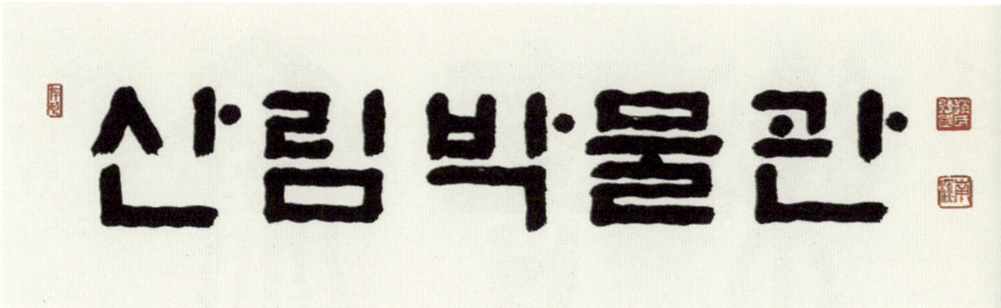

당시 문화재청에서 어떤 기준으로 작가를 선정했는지는 잘 모르겠으나, 임의로 각 현판의 글씨제작을 지정했다. 전체 30~40점의 작품이 발주된 가운데 서울에서 활동하는 서예가들 중심으로 1인당 2점까지 작품이 허락되었지만, 우리지역 서예가들은 단 5명이 각 1점씩만 배정되었다. 어쩌면 내가 서둘러 건의를 해서 그나마 몇 점의 작품이라도 배정받지 않았나 싶다.

나는 문화재청의 요청에 따라 사비궁(泗沘宮) 바로 옆에 조성된 백제생활재현단지 내 서당인 홍의당(弘毅堂) 현판 글씨를 가로 150㎝, 세로 50㎝ 크기로 휘호했다. 현재 백제문화단지 사비궁에 가면 내 글씨로 제작한 홍의당(弘毅堂) 현판이 걸려있다. 내가 태어난 고향 부여백제문화단지 사비궁(泗沘宮)에 내 작품이 걸려있다는 자부심이 큰 보람으로 남는다.

그밖에 국립부여박물관의 사비정(泗沘亭) 현판, 백두대간의 계룡정맥(鷄龍精脈)을 타고 우뚝 솟은 부여 태조산(太朝山)금관루(錦觀樓) 현판. 청양의 청룡정(靑龍亭) 현판, 금산의 숭의정(崇義亭) 현판, 대전 월평동 월평루(月平樓) 현판, 공주 산림박물관 현판, 부여 정동리 한양조씨 낙희재(樂喜齋) 현판 등 글씨가 있다.

국보 제7호 봉선홍경사갈명(奉先弘慶寺碣銘) 글씨 남기다

천안시 성환읍 대홍리에 국보 제7호 봉선홍경사(奉先弘慶寺)가 있다. 이 절은 고려 현종(顯宗) 12년(1021년)에 창건된 사찰로 홍경사(弘慶寺)이던 이름에 훗날 봉선(奉先)이 추가돼 봉선홍경사가 되었다. 사찰의 이름 앞의 봉선(奉先)이라 붙인 것은 현종이 부왕(父王) 안종(安宗)의 뜻을 받들어 사찰을 세운 의미로 붙여진 이름이다.

이곳은 호남과 한양을 잇는 교통의 요지였으나 갈대가 무성한 못이 있어 강도가 자주 출몰해 사람들의 왕래가 어려웠던 곳이다. 이에 현종이 불법(佛法)을 펴고 길가는 사람들을 보호하기 위해 봉선홍경사라는 사찰과 광연통화원(廣緣通化院)이라는 숙소를 세우도록 한 것이다.

현재 절터에는 절의 창건에 관한 기록을 담은 갈비(碣碑)만이 남아 있다. 비석의 끝이 네모지지 않고 둥근 것을 갈(喝), 네모난 것을 비(碑)라고 한다. 그런데 봉선홍경사의 비는 둥글지도 않은데 '갈'이라고 하니 독특하기만 하다. 비문은 고려시대 최고의 유학자로 해동공자로 불리던 최충(崔沖)이 짓고 백현례(白玄禮)가 글씨를 썼다.

충청남도가 문화재복원사업의 일환으로 나에게 사찰의 역사와 유래를 국한문 혼용 글씨로 제작을 의뢰해와 동판지석에 정성들여 글씨를 남기는 영광을 지니게 됐다. 현재 봉선홍경사갈명(奉先弘慶寺碣銘)의 동판지석은 묘갈(墓碣) 앞에 설치돼 있다.

◆◆◆

사글셋방에 살면서
29평 주공아파트 한 채 값을!

1983년도 중도서예학원을 경영할 때 일이다. 지역 봉사단체인 BBS(Be Brothers & Sisters) 충청남도 지부로부터 간곡한 지원요청을 받았다. 당시 대전 고속터미널 인근에 BBS 충남지부에서 운영하는 구두닦이 야간학교가 있었다. 이 야간학교는 울타리만 조성되고 건물 지붕이 없는 상태로 학생들이 수업을 받고 있어 이를 시공할 수 있는 공사비를 지원해달라는 요청이었다. 나는 이 딱한 사정을 전해 듣고 안타까워 거절할 수가 없어서 도와줄 방법을 강구하였다. 당시 BBS 충남지부는 중도일보 창업주인 이웅렬(李雄烈) 회장이 이끌고 충남도청 공무원인 박상도씨가 사무국장을 맡고 있었다. 박상도씨는 훗날 대전시 고위공무원을 거쳐 대학에서 사회복지학과 교수로 재직한데 이어 대전시 사회복지협의회장을 역임하기도 했다.

그래서 나는 대전 중구 대흥동 소재 신신화랑에서 "불우이웃돕기 남계 조종국 서예전"을 열게 되었다. 10년 만의 작품전이라 그런지 전시 작품이 모두 판매되는 성황을 이루었다. 나는 화집(도록) 제작과 표구비용 등 상당금액의 전시경비가 소요되었지만 주저하지 않고 판매수익금 가운데 500만원을 BBS에 쾌척하였다. 1983년 당시 대전의 29평

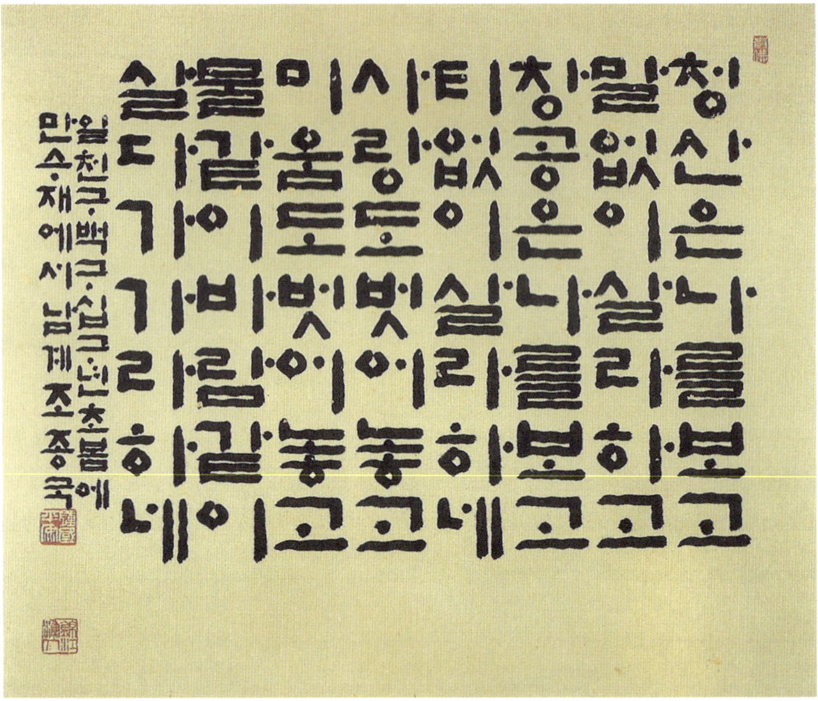

형 주공아파트가 500만원에 거래되는 시기였는데, 나는 사글셋방에 살고 있었다. 셋방살이를 하면서 아파트 한 채 값이나 되는 돈을 흔쾌히 기탁할 수 있었던 배짱은 어디서 나왔는지 지금도 스스로 이해가 안 될 때가 있다.

또 그해 나는 충청남도문화상(예술부문)을 수상하고 시상금 300만원을 받았다. 현재는 공직선거법에 따라 지방자치단체장의 이름으로 어떤 시상금도 줄 수 없도록 바뀌었지만 당시에는 시상금 제도가 있었다. 충청남도문화상 수상금 300만원 역시 상당한 금액이었으나 나는 수상금 전액을 불우이웃돕기에 써달라고 빈민구호사업 기구인 충청남도 상조은행에 기부했다.

이 고장에서 태어나 서예가로 검소하게 살아오면서 언제나 나보다 어려운 처지에 있는 사람들에게 나름 작지만 도움을 주고자 하였다. 지금도 기회가 되면 불우이웃돕기에 동참하고 있다. 특히 나 자신 소년가장으로서 고등학교 3학년 때 졸업을 뒤로 미루고 부여농지개량조합 임시서기로 취업해 가족을 돌보았던 경험이 있었기에, 가정이 어려운 환경에서 공부하는 학생과 청소년들에게 특별한 관심을 갖고 돕고자 하였다. 내 고향 부여 16개 읍면에서도 1989년부터 1991년까지 해마다 각 1명씩, 16명을 선발해 3년 동안 장학금을 지급한 일도 있었다.

그러던 중, 6년 전 고등학교 퀴즈왕을 선발하는 KBS "도전골든벨"이라는 프로그램을 시청하다 동대전고등학교 K모 학생이 49번까지 정답을 맞히고 한 문제를 남겨 놓고 있었는데, 사회자는 그 학생이 가정형편이 어려운 가운데 열심히 공부하고 있다는 멘트를 했다. 나는 즉시 방송국에 전화를 걸어 고등학교를 졸업할 때까지 그 학생을 후원하겠다는 뜻을 비쳤다. 그리고 6개월간 매달 50만원씩을 후원했다. 그 학생은 후일 서울대학에 진학해 감사의 서신을 보내오기도 했다. 훌륭한 사회의 동량으로 성장했을 것이라 생각된다.

◆◆◆

서예인과 자기실현

서예를 공부하고 가르치다보면 많은 사람들이 왜 붓글씨를 쓰게 되었는지 그리고 앞으로 왜 계속 써야만 하는지 많은 회의와 갈등을 느끼고 있는 경우를 보게 된다. 대체로 초심자의 경우는 자신의 시간을 선용하며 심신을 단련하고 정신적인 수양에도 도움이 될 것으로 믿기 때문에 시작했다고 하지만 앞으로 얼마나 쓸지는 잘 모르겠다고 한다. 한편 글씨가 웬만한 경지에 이르거나 연륜이 쌓인 사람들은 자신의 예술적 재질을 최대한 발휘하고 기왕이면 서예가로서의 명예를 얻기 위해서 쓰고 있다고는 하나 각종 공모전이나 국전에 몇 차례 실패하고 나면 회의와 갈등을 일으키며 괴로워하는 것은 초심자와 큰 차이가 없다. 반면 국전에 몇 번 입선하거나 특선까지 거쳐 초대작가 혹은 완전

히 서예가로서 틀이 잡힌 이들은 보다 나은 명작 혹은 대작을 창작하여 굴지의 대가로 인정을 받음은 물론, 이러한 자기실현을 통하여 후세에 남을 만한 서가(書家)가 되는 것을 이상으로 알고 있다.

마침 이렇게 서예가에게도 자기실현의 이상을 추구함이 당연하다고 말하고 보니 에이브람 마즈로우의 인간욕구 5단계설이 생각난다. 그는 사람은 제일 먼저 의식주 문제를 해결하기 위한 생리적 욕구가 가장 근본적인 것이고 젊어서는 이 욕구 달성을 위해 시간과 정력을 할애함이 당연하다고 본다. 그러나 그 단계가 지나면 안전이나 안정의 욕구가 생긴다. 이는 자신의 재산이나 과업을 앞으로도 계속 안정성 있게 유지해 나가려는 욕구이자 안전한 삶에 대한 본능에 가까운 욕구이다.

다음은 친화의 욕구로서 인간이 웬만큼 생활에 자신이 있으면 사회적 동물로서 여러 집단에 가입, 혹은 소속되어 다른 사람들과 뜻있는 관계를 유지하려는 욕구가 바로 이것이다. 서예학원 회원들의 동호회라든가 그밖에 모교동창회에서 옛 친구들과 교유하는 경우도 다 여기에 속한다. 그 다음으로 오는 것이 승인과 존경의 욕구다. 이는 많은 사람에게 존경과 인정을 받고 싶고 자신의 자존과 권위를 은근히 내세우며 자기 자신은 유능한 인물로서 주위에 많은 영향력을 끼친다고 스스로 평가하는 단계이다. 서예가로서 초대작가의 관문을 통과하고 몇 번의 개인전을 거쳐 글씨 꽤나 쓴다는 명성이 날 때가 아마 이쯤의 단계가 아닐까 한다.

마지막으로, 〈인간은 전력적인 자기가 아니면 안 된다〉라고 전제하며 자기실현의 욕구를 강조하고 있다. 이는 곧 자신의 잠재력이나 예술적 창조력을 극대화하는 것으로 가령 문인의 불후의 명작을 창작했거나, 장군이 적과의 대첩을 대승으로 이끌었거나, 스님이 성불의 경지로 열반했거나, 서예가가 후세에 남을 만한 명품을 창작하여 자신의 꿈과 이상을 달성한 경지 등을 말한다.

따라서 처음 먹을 갈고 붓을 든 초심자가 마지막 자기실현의 경지까지 정진한다는 것은 정말 장구한 시간을 거쳐 피나는 노력과 백절불굴의 의지가 아니고서는 거의 불가능한 일이 아니겠는가. 참으로 길고 지난(至難)한 경지가 아닐 수 없다. 서예뿐 아니라 모든 예술에 있어 자기실현의 이상이 얼마나 큰 고행인가를 새삼 느끼게 된다.

◆ ◆ ◆

서예인의 자질

날이 갈수록 서예인구가 늘어난다고 한다. 서울이나 지방 할 것 없이 서예학원도 많이 생겨나고 그러다 보니 국전(미술대전)은 말할 나위도 없고 각 시 · 도 미전이나 기타 공모전에도 입상의 경력을 위해 출품하는 서예인의 숫자가 증가일로에 있는 것은 서예인구의 저변 확대를 위

해서도 반가운 일이 아닐 수 없다.

아무튼 글씨를 쓴다는 것은 자신의 심신을 단련하며 정신수양에도 더없이 좋은 예술활동인 바에야 어찌 서예인구가 많아지는 것을 염려할 수 있겠는가.

게다가 글씨를 부지런히 쓰다 보면 글씨 자체에서 얻는 수확 말고도 또 하나의 부차적 큰 수확이 있다. 그것은 한글도 좋을 글귀를 많이 쓰지만 한문의 경우 대체로 중국이나 한국의 뛰어난 고전이나 명시, 명구, 경구 등 대체로 우리 삶에 큰 교훈이 되거나 감동을 줄 수 있는 문학작품을 붓으로 쓰게 되는데, 글씨를 쓰면서 이런 고전이나 명시를 감상한다는 것은 실로 일석이조의 기쁨이 아닐 수 없기 때문이다.

그러나 문제는 그 많은 서예인 가운데는 실로 가소로운 사람들이 있어 뜻있는 사람들의 지탄을 받고 있다는 점이다. 그것은 다름이 아니라 글의 내용은 전혀 모르고 글씨만 써대는 서예인이 많다는 사실이다.

다시 말하면 자기가 쓰고 있는 한문글씨가 도무지 무슨 소린지 알지도 못하면서 그냥 선생이 체본(體本)을 써주니까 그걸 그대로 그리기만 하고 있는 서예인이 흔하다는 얘기다. 이런 서예인을 양산한다면 이는 서예인 전체의 자질이나 교양에 적신호가 아닐 수 없다.

그리고 그것보다도 더 한심한 일은 자신의 정신수양을 위해 글씨를 쓴다는 서예인들이 비록 그 일부이기는 하지만 그 언어나 행동에 있어 시정잡배만도 못한 욕을 함부로 한다든가 술을 마시고 못된 행패를 부린다든가 하는 사례도 우리는 종종 들어 알고 있다. 말하자면 서예는 고사하고 인간적, 도덕적 기본 수양도 제대로 갖추지 못한 불량배가 붓을 들고 앉아 뭘 끄적이고 있는 꼴이다.

심정필정(心正(靜)筆正) 마음이 올바라야 글씨가 바르다. 혹은 마음을 비워야 글씨가 바르다는 말이나 서자심화(書自心畵) 글씨는 곧 자신의 마음을 그린 것이다, 하는 표현이 다 서예인의 기본 수양과 자질을 강조한 내용이라고 본다.

어쩌다 자기 동료는 입상이 되고 자신은 낙방이 됐거나 그만 못하게 되면 공연히 동료를 비방하거나 심지어 자신의 은사에게까지도 등을 돌리는 사례가 허다한 서예계의 난맥상이다.

〈글씨를 쓰기 전에 사람이 돼라.〉
〈글씨를 쓰기 전에 공부나 해라.〉

너나 할 것 없이 우리 서예인 모두에게 경종을 울리는 경구가 아닐 수 없다.

원로 · 중진 · 중견작가 한 · 중(대전 · 소주)당대서화명가전

중국 내에서도 볼거리가 많은 청정지역으로 소문난 소주(蘇州)는 남경(南京)과 같이 강소성 관할의 도시다. 소주의 가리달서화원(柯利達書畫院)은 대전시가 남경과 오랜 기간 깊은 신뢰 속에 교류하는 것을 몹시 부러워했다. 가리달서화원 서홍쇠(徐洪釗)원장은 늘 나에게 양

도시의 원로, 중진, 중견작가들과 서화교류를 이어가고 싶다고 말했다. 그러면서 여러 경로를 통해 대전과 소주의 문화교류가 성사될 수 있도록 힘을 쏟았다. 이러한 노력 끝에 사단법인 한국문화예술진흥회의 한 · 중문화교류회와 가리달서화원과의 교류전이 성사됐다. 그래서 2014년 대전에서 제1차 '한 · 중(대전 · 소주)당대서화명가전'이 열렸다.

한편 소주에는 중국의 상장기업인 '가리달그룹'이 있다. 가리달 그룹의 고익명(顧益明) 사장은 약관 40대로 문화예술에 대한 관심과 애정이 특별한 분으로 자신이 경영하는 회사에 가리달서화원을 개설하고 20명의 작가(국가1급서화가)를 서화원에 임용하고 이들에게 일정급여를 지급하며 안정된 문화공간에서 창작활동에 전념할 수 있도록 지원하고 있다. 기업이 예술인들을 적극 지원하는 시스템은 참으로 부러운 일이 아닐 수 없었다.

제1차 '한 · 중(대전 · 소주)당대서화명가전'에 출품한 가리달서화원(柯利達書畫院) 소속 20명의 작가들이 직접 대전을 방문했다. 대전시청 2층 전시실에서 교류전을 열고 이들을 극진하게 영접했다. 관공서의 전시공간에서 전시를 한다는 점에 중국 서화화가들은 몹시 감탄했다. 대전을 방문한 일행들은 환영식을 마친 후 대전과 제주도 등 한국의 주요관광지를 둘러봤다. 중국에서 미인이 많기로 소문난 호반(湖畔)의 도시 소주와의 교류는 이렇게 시작되었다.

2015년 소주에서 열린 제2차 '한 · 중(대전 · 소주)당대서화명가전' 역시 출품작가 전원이 참석하여 성공적으로 개최했다. 2016년 대전에서의 제3차 전시회는 중국 사천성(四川省) 성도(成都)시 주업예술원

(住業藝術院) 작가들까지 포함하는 대규모 전시로 준비를 했다. 그러나 대전문화재단의 국제문화교류 지원 사업에서 지원이 중단되는 황당한 상황에 놓이고 말았다. 결국 한 · 중 우호관계의 중요성과 오랜 기간의 신뢰를 깊이 고려하여 지역에서 참여하는 26명의 원로, 중진, 중견 출품작가가 고심 끝에 사비를 들여 중국대표단 22명의 체재경비와 전시경비를 모두 충당키로 하고 어려움 속에 가까스로 전시를 치러냈다.

그런 연유로 2017년 성도에서 개최하는 제4차 '한 · 중(대전 · 성도 · 소주)당대서화명가전'은 더더욱 뜻 깊은 교류전이 되었다. 다행히 대전문화재단의 지원심사에서도 확정이 되어 전시작품을 발송하고 항공권 예약과 비자발급 등 행사비를 절약하기 위해 사비로 완료한 상태였다. 그런 경황 속에 뜻밖에 중국과 사드문제로 교류전이 느닷없이 취소되

고 말았다 취소 공문을 접하고 나는 앞이 캄캄했다. 행사 취소에 따른 이 교류전을 어떻게 수습하고 이를 계속 추진해야 되는 것인지 심사숙고해야 했다. 몇 날을 고민 끝에 한·중 양국 간 문화교류의 중요성을 깊이 인식하고 교류를 계속해야 한다는 결론을 내렸다.

성도에서 개최를 취소한 제4차 전시회를 연말에 다시 대전에서 계속 이어가기로 결정했다. 하늘이 도왔는지 연말인데도 순조롭게 전시관도 준비되어 제4차 교류전을 성황리에 개최하였다. 또한 남경의 원로작가 8명이 추가로 참여하여 의미를 더한 전시가 되었다. 그러나 대전문화재단의 지원금으로는 떡없이 부족한 전시경비를 출품 작가들의 부담 없이 사비로 대표단의 체재경비 등을 마련해야하는 어려움을 겪었다. 이 과정에서 치른 심적 고통과 시간은 둘째 치고 복잡한 행정적 절차와 준비는 얼마나 어려움을 겪었는지 말로 다 표현할 수가 없다.

2018년 이 당대서화명가전은 하반기 9~10월에 성도 또는 소주에서 개최하기로 하고 현재 준비 중에 있다.

◆ ◆ ◆

대전직할시 미술대전 역대 수상작품전

대전시와 충청남도는 1989년에 행정조직이 분리됨에 따라 충남예총은 시 · 도 행정조직 분리 이후 3년간 대전 · 충남예총으로 조직을 통합해 활동을 해오다가 1993년에 비로소 대전예총과 충남예총으로 조직을 분리했다. 1993년은 대전에서 세계엑스포가 열리는 해다. 대전엑스포 개최를 자축하기 위해 대전시는 많은 예술행사를 기획하고 개최했다. 그 중 하나가 내가 기획한 "대전직할시미술대전 역대수상작품전"이다. 대전시가 분리된 이후인 1989년부터 1993년까지 5년 동안 대전시미술대전에서 입상한 작품들을 한데 모아 전시를 한 기획전이

었다.

분실됐거나 훼손되고 판매된 작품을 제외한 각 분야별 입상작들을 한 곳에 모아 대전 시민회관에서 전시를 개최하니 지역예술계 뿐만 아니라 전국에서 대전엑스포를 찾은 많은 미술애호가의 관심도 뜨거웠다. 그동안의 대전미술 발자취를 더듬어 볼 수 있는 더 없이 좋은 기회였다. 일일이 수상작품을 파악하고 작품을 수집하는 일이 여간 어렵지 않았다. 하지만 참으로 의미 있는 기획전으로 그 만큼 보람도 컸다. 미술인들도 대전에서 열리는 '93대전엑스포에 이러한 대규모 미술행사로 일조할 수 있다는 사실에 참으로 큰 보람과 긍지를 느꼈다.

◆◆◆

가톨릭미술가회 창립

1993년 4월 21일, 대전 중구 대사동 성당에서 조성옥(趙成玉) 신부님으로부터 영세를 받고 천주교 신앙생활을 하게 됐다. 당시 남·북적십자회담 대표이자 이후 나의 대부님이 되어주셨던 고 박선규 박사님의 권유로 대사동 성당에서 '루까' 세례명을 받았다. 당시 성당에 다니면서 천주교신자들 중에는 미술가들이 많다는 사실을 알게 되어 그분

들과 함께 창작활동의 그룹으로 '대전가톨릭미술가회'를 창립하였다. 1995년 12월 21일, 유성 홍인갤러리에서 창립기념식을 겸한 첫 번째 작품전이 열면서 천주교신자들의 그룹미술인단체 설립을 자축하였다.

창립하면서 내가 초대회장을 맡아 2003년까지 10년 동안 매년 작품전을 열어 많은 천주교신자들의 마음을 두드리는 작품들을 소개하였다. '대전가톨릭미술가회'는 당시 이범배(李範培) 주임신부님의 적극적인 지원으로 활동의 폭을 넓혀갔고, 이에 힘입어 '전국가톨릭미술가회'를 결성하는 결정적인 계기를 마련하였다. 충청 출신 조각가 서울대 최종태 교수를 주축으로 '전국가톨릭미술가회'를 설립하고 최 교수가 초대회장, 내가 부회장을 맡아 이끌었다. 이와 때를 같이하여 문인 신자들이 '대전가톨릭 문우회'도 발족하여 회원들의 문학활동이 본격적으로 이루어졌다.

영원한 스승 학남(鶴南) 정환섭(鄭桓燮) 선생님

1972년 고향 부여를 떠나 대전에 터를 잡았다. 이때부터 굳은 집념으로 붓글씨에 매달렸다. 부여에 비해 대전은 교통 여건이 너무 좋았다. 기차나 버스를 이용하면 당일로 서울을 다녀오는데 크게 어렵지 않았다. 부여와 비교하면 혁명적인 일상생활의 변화였다. 그래서 1973년부터 제대로 글씨를 배우겠다는 일념에 정기적으로 서울을 다녔다.

내가 사사한 분은 충남 홍성 출신으로 서울대학교 미술학과를 졸업하신 학남(鶴南) 정환섭(鄭桓燮) 선생이셨다. 학남 선생은 소전(素田) 손재형(孫在馨) 선생의 수제자로 일중(一中) 김충현(金忠顯)과 더불어 대한민국 서단의 쌍벽을 이룬 분이셨다. 장군 같은 외모에 성격도 걸걸하여 모시기에 아주 편한 분이셨다. 문자의 조형적 감각이 탁월한 선생님의 글씨는 전서를 배우고자 하는 나의 욕구를 충족시켜 주었다.

학남 선생을 스승으로 모시고 본격적으로 서예를 배우기 시작한 이후, 열심히 쓴 작품을 들고 매주 서울로 찾아뵈며 교정과 지도를 받았다. 이렇게 사사한 지 4년만인 1977년 제26회 국전에서 처음 입선을 하였다. 이후 1984년까지 9년에 걸쳐 연속으로 입선과 특선에 선정되며 영예의 초대작가 반열에 오르게 되었다. 내 생에 가장 감격스러운 순간이었을 것이다.

한편, 학남 선생은 일중 선생과 더불어 쌍벽을 이루는 소전 선생의 제자였지만 소전 선생이 작고한 이후에 일중 선생에게 서단의 주도권을 내주고 말았다. 일중 선생의 서예를 전업으로 하는 제자들은 한국 서단의 주요 보직을 차지하며 주도권을 발휘하였다. 반면 학남 선생 문하의 제자들은 대부분이 다른 직업을 가진 직장인들이었기에, 한국미술협회 서예협회 등의 업무를 함께하기 어려웠고 결국 서서히 중심축에서 밀려나기 시작했다. 결국 한국 서단은 일중 김충현 선생과 그의 동생인 여초(如初) 김응현(金應顯) 선생의 제자들이 수십 년째 장악하고 있다.

1986년 예총회장이 되면서 이전처럼 서예에 정진하지 못했으나, 서예는 내 직업이었고 내 인생이었기에 꾸준히 노력하며 서예인으로 살았다. 만약 내가 일중이나 여초 선생의 문하에 들어가 서예를 배웠다면 예총회장을 비롯해 기타 활동을 하는 것이 쉽지 않았을 것이다. 오로지 서예에 몰입하고 서예를 전문으로 활동하는 제자만이 그 문하에서 생존할 수 있는 구조였기 때문이다. 실제로 내가 일중이나 여초 문하에서 서예를 배웠다면 나의 운명은 전혀 다른 방향으로 흘러갔을 수도 있다고 생각한다.

학남 선생은 대한민국 서단의 큰 별이셨고 나의 스승이셨다. 학남 선생을 통해 나의 서체가 완성되었고 서예가로서의 길이 열렸다. 나의 재주를 객관적으로 자평하건대, 서예를 전문적으로 하는 사람으로서 기본적 자질은 누구에게도 뒤지지 않는다. 다만 서예 이외에도 너무도 많은 일에 참여했기 때문에 그만큼 열심히 하지 못한 면이 있다. 학남 선생은 여전히 내 마음 속의 스승이시다.

예술 향수 층의 개발

10월은 문화의 달이다. 인간을 인간답게 살게 하기 위해서는 모든 인간에게 예술을 향유할 수 있는 능력을 길러주는 것이 국민교육의 의무이기도 하다. 외형상으로 오늘을 살아가는 우리들은 지극히 풍요롭고 편리한 삶을 누리고 있는 것이 사실이다. 이와 같은 풍요로움과 편리함을 긍정적으로만 평가할 수 없는 요소들도 많이 있다. 사실 우리들의 가정과 사회에서 인정이 고갈되고 사랑마저 기능화됐다면 이는 인류가 심각한 정신적 위기에 봉착했음을 말해주는 것이다. 이 원인이 기능과 지식중심의 교육, 과학편향의 발달에 있음을 상기하면 문제는 더욱 심각하다.

지식과 과학중심의 획일화된 사회는 자본주의 사회제도와 결부되어 모든 인간관계를 경쟁 속에 몰아넣었다. 개인의 욕망 추구가 자본주의적 이윤의 추구라는 말로 미화되어 수단과 방법을 가리지 않고 자본의 축적에 이성과 도덕을 상실해 버린다. 이런 자본주의의 거대한 수레바퀴 속에서 도시의 소시민조차도 인간 소외의 상징이라 할 수 있는 화폐의 노예가 돼 인간 본래의 삶을 잃은 채 기계의 부품처럼 살아간다. 조금 극단적인 논리이긴 하나 이런 경쟁의 결과는 필연적으로 불신과 증오를 낳기 마련이다. 이 위기를 슬기롭고 신속하게 극복하는 길의 하나는 예술의 향유다. 예술의 법칙은 경쟁으로 허영심과 증오심을 유발시킨 인간의 정신을 화해시킨다. 그리고는 더 나아가서 인간의 창의력을 혁신시키고 기계관계를 인간구조로, 도덕적이고 정서적인 차원으로 순화시킨다.

모든 것을 획일화하고 소유화하려는 현대사회에서 인간성을 회복하고 사랑을 꽃 피우는 길은 문화예술의 향수를 통해서다.

특히 대전 시민들의 경우는 각 지역에서 모여든 사람들로 구성돼 있어 이 고장에서 사는 긍지를 지니지 못하는 경우가 있었던 것이 사실이다. 많은 시민들이 돈만 벌면 이 고장을 떠나고 있으며, 고위 공직자마저도 일단 관직을 떠나면 거의 이곳을 떠나는 경우가 허다했기 때문에 소비성 도시, 거쳐 가는 도시가 돼 버린 감이 있다. 이런 점에서 이 지역의 전통적 기반에 바탕을 둔 고유한 민속놀이 등을 주축으로 하는 문화행사를 주최하고 향유함으로써 이 지역민들이 동질감과 유대감을 확인할 수 있도록 유도돼야 한다. 물론 이런 문화행사는 시민들이 자발적으로 참여

해 신명을 발산하고 화합단결할 수 있어야지 행정력에 의해 인위적으로 계획되거나 강제동원 된다면 문화행사를 통해 거두려는 자긍심과 애향심, 단결과 협동은 이루어질 수 없는 것이 불을 보듯 뻔한 사실이다. 자신이 태어나고 성장하고 생활하고 있는 지역에 대한 강한 애착과 귀속감을 끌어낼 때 문화는 그 지역발전의 원동력이 될 수 있다.

이러한 지역 중심의 문화 활성화는 중앙정부의 정책방향과 지방자치단체의 계획과 지시만으로 결코 이루어질 수 없다. 이들 기관은 보조적인 후원의 입장에 머물러 있고, 결국 그 주도적 추진 세력은 지역 문화예술인이 되어야 할 것이다. 그들은 대부분이 고장에서 성장해서 살고 있기 때문에 시민의 의식수준, 취향, 그리고 이 고장의 전통적 특성과 문화의 미래지향점에 대해서 누구보다도 더 잘 알고 있다. 또한 향토에 대한 이러한 이해는 그만큼 애정과 열정을 지니고 지역문화의 활성화를 위하여 헌신하게 되는 것이다. 지역문화에 대한 모색과 창달을 다른 지역에서 유입되어온 시민이라 할지라도 곧 자신들이 현재 살고 있는 고장에 대한 이해와 정감의 폭을 넓히게 될 것이고, 이를 계기로 하여 자기가 사는 고장에 애착을 지니게 될 것이다. 문화 예술의 창달은 이렇게 시민의 의식을 공동체로 아우르는 웅혼(雄渾)한 힘을 지닌 것이다.

국민들의 예술향유능력은 보통교육에서 충분히 이루어져야 하지만 우리나라 교육제도상 불충분하다면 지역에 있는 시민대학이나 주부대학, 청소년 캠프 등에서 예술 감상능력을 배양할 수 있다면 일반 국민의 삶의 질을 높이는데 기여하게 될 것이다. 물론 이때 간과해서는 안 될 것이 그들로 하여금 예술은 엄숙하고 고절한 것이 아닌 그들 곁에 항상 함께 할 수 있는 것이며, 즐겁고 유익한 것이란 인식이 들도록 해야 한다.

정책적으로 배려된 국민교육을 통하여 문화감수성의 질을 향상시키고 그 감각을 대중매체들이 자극하고 충전시킴으로써 자발적인 수요증대가 일어나야 한다. 이러한 수요증대를 통하여 지역마다 고유한 문화를 개발하여 자연스럽게 접하도록 하는 것이다. 이는 그들로 하여금 지역공동체 의식을 공고히 함은 물론이거니와 시민의식을 고양시켜 보다 밝은 사회 환경을 이끌어 낼 것이다.

(2013. 10. 20 / 중도일보)

2017년 사드문제 이후 중국과 문화교류 물꼬 튼 한 · 중(대전 · 우한)서화교류전

2017년 봄부터 사드문제로 한 · 중 관계가 심각한 국면으로 접어들었다. 정부와 각 시 · 도 자치단체가 중국과 오랜 기간 개최해 온 문화, 체육 등 각종 교류행사가 모두 취소 또는 중단된 상태다. 그런 국내 상황인데도 나는 우한(武漢)시 인민정부 외사판공처에 문화교류 의사를 타진했다. 우한시 인민정부는 긍정적인 답변과 함께 나를 공식초청했다. 나는 통역을 할 대전시청 백만기(전, 대전남경사무소 대표)계장과 함께 우한에 도착하여, 곧바로 문학예술계연합회를 찾아 대전 · 우한 서화교류전개최 MOU를 체결하였다.

그 결과 2017년 9월 21일부터 9월 26일까지 대전시청 1층 · 2층 전시관에서 제1차 '한 · 중(대전 · 우한)서화교류전'을 성대하게 개최했다. 대전에서 활동하는 미술계의 원로, 중진, 청년작가 97인과 우한의 원로, 중진, 청년 서화가 94인이 참여하여 상호우의를 다지고 경연을 펼쳤다.

사드문제로 내우외환에 겹쳐있는 정치상황인데도 우한 인민정부의 특단의 조치에 감동을 받았으며, 2018년 제2차 교류전의 개최일정과 대규모 방문단 초청을 연락받았다. 한 · 중 관계의 중요한 시점에 개최하는 이번 우한과의 서화교류전을 계기로, 왕개학(王開學) 문학예술계 연합회 부주석이 대전시와 우한시가 자매결연을 대전시에 공식 제의했다. 이렇게 정부도 거대 기업도 아닌 순수 예술단체와 지역의 원로, 중진, 중견작가가 열정으로 오랜 기간 가꾸어온 한 · 중 서화교류전이 정치적으로 얼마나 큰 파장을 일으킬 수 있는지 보여준 최고의 사례가 되었다. 정부의 문예정책과 지원이 이번 '한 · 중서화교류전' 을 통해 민간 교류활동의 총체적 중요성을 다시금 확인하였기를 희망한다.

이렇게 그동안 많은 어려움에도 불구하고 중국 관련도시와의 끊임없는 서화교류전을 통해 구축해 온 두터운 신뢰를 바탕으로, 막혔던 한 · 중 우호관계의 물꼬를 다시 트고 다각적인 네트워크를 형성하는데 중요한 계기를 제공한 것에 큰 보람을 느낀다.

2018년 5월 28일부터 6월 1일까지 제2차 '한 · 중(대전 · 우한)서화교류전'에는 대전에서 114인의 원로, 중진, 중견작가들과 우한에서 원로, 중진, 중견작가 119인의 출품작품과 38인의 대표단이 우한시를 방문 교류전을 성대하게 개최했다. 지난 23년 동안 중국의 남경시와 합비시,

소주시 등 한 해도 쉬지 않고 상호주의에 따다 교류전을 성대하게 개최해 왔지만 이번 우한시에서 열린 한 · 중 (대전 · 우한) 서화교류전처럼 열렬한 환영 속에 성대하 게 개최한 도시는 없었던 것 같다. 사드문제 이후 날로 갈등이 고조되는 상황에서 양 도시 간 특단의 조치로 문화교류 사업을 실현시킨 우한시 만용(萬勇)시장과 우한시문학예술 계 연합회 왕개학(王開學) 부주석이 내린 특단조치에 뜨거운 박수를 보내며, 이에 지원을 아끼지 않은 대전시 당국에 깊은 감사를 드린다.

우한방문 대표단 (단장 : 조종국)

권인식 김두한 김수환 김진순 김진아 노금선 박　영 박복희 박성희 박영선 박은미 방길혁 배민근 백상열 안경순 오두섭 오보환 유혜숙 윤익선 윤학상 이　동 이동우 이순구 이순영 이실자 이재호 임진우 전　영 정광자 정지광 정태관 조영순 조종국 최미숙 홍정화 홍춘기 대전광역시 백만기(통역의전) 충청매거진 김구회(현지취재) (38인) (가나다 순)

나라와 지역을 빛낸 선인들 기념비제작에 열정을 쏟다

지난 50여 년 동안 작품 활동과 문화예술 활동, 사회활동, 지역공동체 활동을 하는 동안 나는 나라와 지역을 빛낸 선인들의 민족정신과 문화적 자긍심을 기리는 기념비제작에 특별한 열정을 쏟아 왔다.

비석에 글씨를 남기는 것은 천년만년의 역사를 기리고 보전하는 일이어서 남다른 사명감과 자부심을 갖게 된다.

대전 가양동 충정공(忠正公) 박팽년 선생 유허비를 비롯해서 보문산 사정공원 만해 한용운 선생 시비, 대전 무수동 단재 신채호 선생 비, 아산 송악면(松岳面) 독립투사 수당 이규남 선생 순절비, 만인산 휴게소 정훈 선생 시비, 이덕영 선생 시비, 박용래 선생 시비, 대전국립현충원 추모

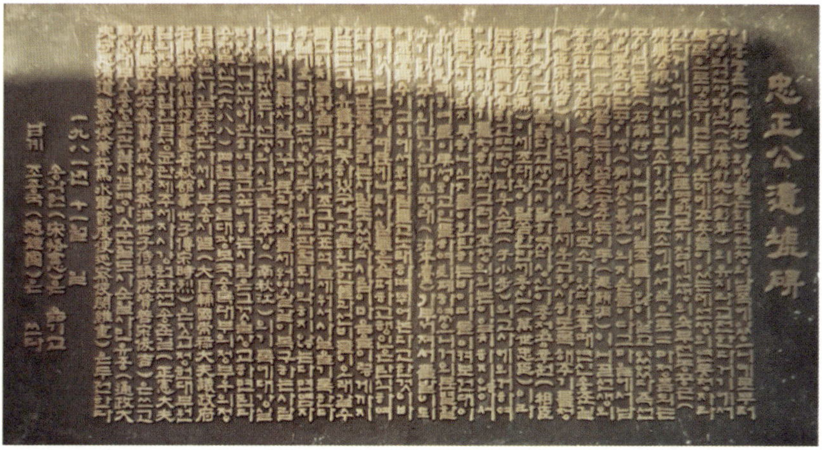

비, 유성온천 유래(由來)비, 부여 사학가 홍사준 선생 비, 부여 굿드레 조각공원 비 등이 있다.

그밖에도 많은 유적지의 동판글씨를 남겼다. 이는 우리의 역사를 후대에 길에 남기고자하는 서예가로서 깊은 뜻이 담겨져 있다.

머들령
요강원을 지나
머들령
옛날 이 길로 원님이 내리고
등짐장사 쉬어 넘고
도적이 목 지키던 곳
분홍 두루막에 남빛 돌띠 두르고
할아버지와 이 재를 넘었다
뻐꾸기 자꾸 울던 날
감장 개명화에
발이 부르트고
파랑 갑사댕기
손에 감고 울었더니
흘러간 서른 해
유월 하늘에 슬픔이 어리다

나는 누구이며
오늘 이 땅에 어떻게 해서
함께 살아가고 있는 것인가
오늘의 나는
혼자만의 내가 아닌
모든 이웃들과 더불어
공동사회 속의 일원으로
함께 살고 있는 나임을
알아야 할 것이다

구드래 조각공원 초대작품
화합 이 영 길 목원대학교 교수
가 상 이 창 림 한국교원대학교 교수
표상, 의식의 현현 정 관 모 성신여자대학교 교수
저 높은 곳 정 찬 국 전국조각가협회 이사
모정 최 극 병 한남대학교 교수
기획 추진 : 한국예총 부여지부장 정찬국
글씨 : 국전초대작가 남계 조종국

◆◆◆

'93 대전엑스포 한빛탑 건립기

1993년 대전엑스포를 기념하여 '한빛탑'이 내 글씨로 세워져 오늘도 대전을 상징하며 우뚝 서있다.

한빛탑

이 한빛탑은 지혜로운 과거를 바탕으로
오늘과 내일을 잇는 한줄기 빛
영원한 빛을 의미하는
대전엑스포의 상징탑입니다.

한화그룹은 새롭게 도약해가는
겨레의 의지를 담아 대한민국의
표상으로 삼기 위해 이 탑을 세웁니다.

1993년 8월 7일
남계 조 종 국 쓰고 한화그룹 세우다

한빛탑

이 한빛탑은 지혜로운 과거를 바탕으로
오늘과 내일을 잇는 한줄기 빛,
영원한 빛을 의미하는
대전 엑스포의 상징탑입니다.
한화그룹은 새롭게 도약해가는
겨레의 의지를 담아 대한민국의
표상으로 삼기 위해 이 탑을 세웁니다.

1993년 8월 7일

한화그룹

한성기 시비

대전 중구 문화동 대전 시민회관(현, 예술가의집)에 내가 쓴 한성기 시비가 있다. 고 한성기 시인은 고 정훈 시인과 더불어 대전을 대표하는 시인으로 꼽히는 분이다. 이 시비는 대전 예술인들이 성금을 모아 건립한 것이어서 의미가 더 크다. 선배 예술인의 시비를 건립하는 작업에 직접 참여했다는 것 자체가 나에게는 보람된 일이었다. 그의 대표작 '역(驛)'이 내 글씨로 세워져 시민들의 발걸음을 멈추게 하고 있

다. 현재는 대전 시민회관을 허물고 예술가의 집을 재건축하면서 고즈넉한 건물 뒤편으로 옮겨졌다. 많은 시민들은 이전보다 훨씬 더 잘 어울리는 좋은 장소로 옮겨졌다고 말한다.

역(驛)

한성기

푸른 불 시그널이 꿈처럼 어리는
거기 조그만 역이 있다
빈 대합실에는
의지할 의자 하나 없고
이따금 급행열차가
어지럽게 경적을 울리며
지나간다

눈이 오고
비가 오고
아득한 선로 위에
없는 듯 있는 듯
거기 조그마한 역처럼 내가 있다

◆◆◆

인공위성 우리별1호 발사기념비

건 립 기

이 비는 우리의 힘으로 만든
우리나라 최초의 인공위성 우리별을
기념하기 위하여

일천구백 구십 삼년 시월육일
남계 조 종 국 글 쓰고
인공위성연구센터
초대소장 최 순 달 세우다.

인공위성 '우리별1호' 발사성공을 축하하기 위해 세워진 '우리별1호 발사기념비'도 내손으로 정성들여 쓴 작품이다. 당시 항공우주연구소 소장 고 최순달(전, 과학기술부장관) 박사가 직접 나에게 작품을 의뢰해 건립비가 세워졌다.

건립기

KAIST
인공위성우리별기념비

일류와 삼류

프랑스 파리의 뒷골목에는 전국의 각 지방에서 찾아온 무명의 화가 지망생은 물론, 세계 여러 나라에서 청운의 꿈을 안고 그림공부를 하러 온 수많은 미술인들이 싸구려 아파트를 얻어 놓고 혼자 자취를 하면서 오직 그림에만 몰두하고 있는 사례가 허다하다고 한다.

그들의 연령은 20~30대의 젊은 미술을 전공하는 학생도 있지만, 개중에는 50~60대의 무명 노화가도 엄청나게 많다는 것이다. 그러면 그들은 왜 50~60대까지 살면서 아직 화단에 데뷔도 하지 못한 채 오직 그림에만 몰두하고 있는 것일까? 이유는 간단하다. 보다 더 좋은 그림을 그려서, 보다 더 권위 있는 등용문을 통하여 데뷔하고, 데뷔한 뒤에도 보다 더 완벽한 작품으로 누구도 추종하지 못할 위대한 화가가 되기 위해서 계속 작품만을 가다듬고 있는 것이라 한다.

말하자면 조금만 더 잘 그려보자, 이보다는 더 좋고 위대한 작품들을 완성해 보자 하는 작가로서의 무궁한 욕망 때문에 50~60이 되도록 누구에게 보일 생각도 없이 화필(畵筆)을 들고 전전긍긍하기가 일쑤다.

개중에는 그러다가 혼자 뇌졸중이나 심장마비를 일으켜 유언 한마디 못한 채 쓸쓸이 죽어가는 노무명화가(老無名畵家)도 흔히 있다고 한다. 뒤늦게 아파트의 관리인이나 어느 화가가 그의 아틀리에를 찾아가 보면, 노화가(老畵家)는 정말 어디에다 발표해도 추호의 손색이 없을 만큼 걸출한 작품을 무수히 그려 놓은 채 그냥 불귀(不歸)의 객이 된 사실을 알게 된다고 한다.

내가 굳이 이런 이야기를 장황하게 늘어놓은 것은 파리의 이러한 무명 화가들이야말로 진정한 예술인이 아닌가 싶어서다.

이상하게 우리나라에는 그 작가가 작품자체로 작가의 우열을 가리기보다는 오히려 작품 외적인 여건으로 소위 일류와 삼류를 구별하려고 하는 사례가 너무 많아서 큰 문제가 아닌가 싶다.

가령 누구의 제자냐, 어느 관문을 통해 데뷔하느냐, 서울에서 활동하느냐, 지방에서 활동하느냐, 그의 동인은 누구누구이며 학연(學緣) 지연(地緣)은 어떻게 되느냐 등등에 따라서 어떤 사람은 데뷔와 동시에 일류(一流)작가로, 또는 자칭 일류작가(?)로 부상되고, 어떤 사람은 작품이야 좋든 말든 10년, 20년이 지나도 내내 삼류작가로 푸대접을 받는 이 풍토를 어떻게 이해해야 할지 딱한 노릇이다. 그러나 다행한 것은 인생은 짧되 예술은 길다는 진리이다.

아무리 당대에 일류작가 소리를 들어도 작품이 시원치 못하면 언젠가는 사장(死藏)되게 마련이고, 비록 지방에서 활동하는 삼류작가라도 좋은 작품을 창작하면 언젠가는 위대한 작가로 재평가될 테니 말이다.

◆ ◆ ◆

서예저작권법과 내 아들을!

지금은 특허나 저작권, 상표권, 초상권 등에 대한 개념이 비교적 잘 정립돼 있지만 1980년대만 해도 그런 개념들은 참으로 미약했다. 타인이 오랜 세월 노력해서 만들어낸 작품을 허락없이 모방하고 대가를 치르지 않고 사용하기 일쑤였다.

예를 들어 눈 내리는 날 아침 산 정상에서 바라본 일출 사진을 한 장 찍기 위해 사진작가는 때로 목숨을 담보로 산 정상에 텐트를 치고 밤을 보낸 뒤 새벽에 촬영에 돌입한다. 성공하면 다행이지만 날이 흐려 촬영에 성공하지 못하면 몇날 며칠을 산 속에서 추위와 사투를 벌이며 작품이 완성될 때까지 모진 시간을 보낸다.

이렇듯 목숨을 위협받으며 촬

영한 사진을 아무런 대가 없이 타인이 마구 사용한다면 이는 분명 잘못된 일이다. 이 같은 사례는 비단 사진 분야에만 국한되지 않는다. 한 폭의 그림을 그리기 위해 화가는 사진작가 못지않게 위험을 무릅쓰는 경우가 많다. 대략 90년대 이후 우리나라에도 저작권에 대한 개념이 보급되기 시작했고 정착된 것은 이 보다도 수년 뒤의 일이다. 인터넷이 보급되고 자료 축적이 디지털화되면서 저작권의 개념은 더욱 공고해졌다. 예술인의 한 사람으로서 퍽이나 다행스러운 일이라고 생각한다.

서예 작품에 대한 저작권 개념이 정립되기까지 내 역할은 적지 않았다. 무단으로 복제되어 사용된 내 작품을 발견하고 이에 대해 법적으로 대응해 승소한 일이 있다. 내가 승소 판결을 받으면서 국회에서 「서예작품 저작권법」이 만들어졌고, 관련 시행령이 만들어져 서예작품의 무분별한 도용이 저지되는 길이 열렸다. 이는 전국적인 이슈로 부상했고, 서예인들은 나의 승소에 대해 쌍수로 환영했다. 서예뿐 아니라 예술분야 전반에 걸쳐 저작권에 대한 개념정립이 확산된 것은 나의 저작권법 승소에서 비롯된다.

1984년 국전 초대작가 지정을 받은 이후 왕성한 서예활동을 하던 때이다. 1989년 우연히 책받침 한 장을 발견하고 크게 놀랐다. 내가 개인전에 출품해 가장 큰 인기를 얻었던 작품 「내 아들을」이 책받침에 새겨져 있었다. 자세히 살펴보니 내 작품이 확실했지만 내 이름과 낙관은 감쪽같이 빠져 있었다. 오디오와 TV 등을 주로 생산하는 국내 굴지의 A산업이 작가 이름과 낙관을 빼고 내 작품을 복제해 책받침을 만들어 전국의 초, 중, 고 학생들에게 뿌린 것이다. 모르긴 해도 수 십 만장의 제품이 만들어져 뿌려진 것이 분명했다. 나는 놀라지 않을 수 없었다.

내게 사전에 어떠한 협의도 없었다. 더욱이 작가의 이름과 낙관을 삽입했더라면 나 역시도 달리 문제 삼으려 하지 않았을 것이다. 하지만 동네 구멍가게도 아닌 국내에서 손꼽히는 대기업에서 남의 작품을 사전 협의도 없이 무단으로 복제해 사용한다는 것이 용납되지 않았다. 그냥 이해하고 넘어갈까 하는 생각도 들었지만 그건 아니라고 판단을 굳혔다. 나 개인이 아닌 국내에서 활동하는 모든 서예가들의 권익을 찾는 차원에서 마땅히 짚고 넘어가야 할 문제라고 생각했다.

그래서 변호사를 선임해 대전지방법원에 공식소장을 접수했다, 당시 이 저작권송사는 전 국민적으로 관심을 모았다. 지방은 물론이고 중앙 일간지와 지방신문, 방송들이 송사의 진행과정을 뉴스를 통해 보도했고, 많은 예술인들이 눈여겨 지켜보았다. 송사의 결과는 당연한 결과로 귀결됐다. “서예작품도 당연히 저작권의 보호를 받아야 한다.”는 판결이 내려져 재판은 승소로 끝났다. 이로 인해 유명무실했던 서예작품에 대한 저작권이 실용화되기 시작했고, 이를 계기로 저작권법과 시행령 등이 개정되고 보완돼 그 효력을 발휘하게 되었다.

京鄕新聞

제13353호 1989년2월17일 금요일 【8】

기업홍보물「저작권」피소

大田 아남산업 작가동의없이 서화 도용

일부업자 은행구좌개설해 복제품판매도

【大田=金仁鎬기자】 특정작가의 예술작품 복제판매행위 등 지적소유권침해사범이 계속 늘고있어 당국의 철저한 단속이 요망된다.

17일 한국예총부회장인 趙鍾國씨(47·大田시中구은행동1-42)에 따르면 [illegible]시 북구효창동 아남산업주식회사(대표金향수)가 시계판 고용 홍보물(80여만장)을 만들어 전국에 배포하면서 사전동의나 허락도없이 86년5월24일 「국전초대작가그룹 창립전」(현대화랑)에 출품했던 자신의 서예작품「내아들」을 복제사용했다고 주장, 大田지검에 고소장을 냈다.

趙씨는 고소장에서 「일부 복제업자들이 유명작가들의 창작품을 멋대로 도용, 은행구좌까지 개설, 복제품 판매영업까지 하고있다」고 주장, 「순수한예술과 창작예술인의 명예가 지켜질수있도록 당국은 저작권침해사범을 강력히 단속해 달라」고 요구했다.

이에대해 아남산업주식회사 [illegible] 「홍보물제작자가 가져온 견본중에서 선택만 했을뿐 특정인의 저작권을 침해하려는 의도는 전혀 없었다」며 「그동안 사과를 했으나 고소까지 했으니 법의심판에 따르겠다」고 말했다.

작가의 승인없이 창작예술품을 상업광고용으로 복제배포하다 말썽난 알펙스시계 판촉광고용 책받침. (전·후면)

大田日報

(10) 西紀1989年2月15日 水曜日

創作品 무단복제 販促活동

趙鍾國씨 亞南고소

서예가인 南泉 趙鍾國씨는 아남산업주식회사등 일부 대회사와 대전·광주지역의 업소에서 자신의 창작예술작품인「내아들을」을 무단전제해 판촉용 상품을 제작하고 있다고 주장, 이의 시정을 요구하고 나섰다. <사진>

趙씨에 따르면 시계등을 생산하는 아남산업등이 지난해 4월부터 자신이 86년5월 국전초대작가그룹 창립전에 출품한작품「내아들을」을 개조 복제 인쇄해 판촉·광고용책받침을 제작 전국에 배포했다는것.

趙씨는 또 대전·광주지역의 제과점과 화랑등에서도 작품「내아들을」을선전용으로 무단 복제 전재함은 물론 은행구좌까지설정 복제작품을 판매하는등 계속해 저작권을 침해하고 있다고 주장했다.

趙씨는 이에따라 지난해9월 검찰에 아남산업주식회사 대표이사 金향수씨를 저작권법위반혐의로 고소를 제기했다고 말했다.

이에대해 아남산업측은 趙씨에게 보낸 내용증명을 통해 사과의 뜻과함께 적절한 해결책을강구하겠다고 밝혔다

이 무렵 대전의 S제과점과 광주의 K제과점도 A산업과 같은 홍보물을 제작해 배포했다. 이들 두 제과점 역시 나의 작품 "내 아들을"을 복제해 홍보용 책받침을 만들어 무차별 배포했다. 물론 이들도 작품을 복제해 책받침 홍보물을 만들 때 작가의 이름과 낙관을 삭제시켰다. 이들 업체들과는 송사를 벌이지 않고 문제를 슬기롭게 해결할 것을 요구했다. 당시 나는 천주교 신자였고, 대전의 S제과의 사장도 독실한 천주교 신자였다. 그래서 대전 대흥동성당 백 모 신부가 나서 문제 해결을 위해 중재에 나섰다.

당초 나는 이 S제과점이 대전의 유명한 향토기업으로 고의성 없이 판촉을 하다가 실수를 범했다는 사실을 알고 "작가의 작품을 사용하려면 사전에 양해를 구하고 반드시 작가 이름과 낙관을 사용해야 한다."는 메시지만 전달하였다. 이후 대전S제과는 대전 D일보에 원본작품을 넣어 전면광고를 게재했다. 이를 통해서 S제과와의 작품복제 문제는 일단락 됐다. A산업과 S제과, K제과 등 홍보용 책받침으로 인해 서예작품의 저작권에 대한 인식이 국민들에게 빠르게 확산, 인식되고 이 작품으로 인해 1989년 12월 30일(법률 제4183호), 1990년 12월 27일(법률 제4268호), 1991년 3월 8일(법률 제4352호) 등 3차례에 걸쳐 저작권법을 부분적으로 개정케 한 남계 조종국(저작권등록)의 유명한 서예 작품이다.

◆ ◆ ◆

지방문화 재창조

문화란 바로 생활양식의 총화라는 관점에서 이해할 때 우리 민족문화의 동질성(同質性)은 아무도 의심하지 않을 것이다. 그런 의미에서 해방 60여년이 지난 오늘에 있어서도 남 · 북 간에 이루어지고 있는 문화의 이질화(異質化)현상을 심각하게 우려하는 까닭은 민족분단의 아픔을 더해주기 때문이 아닐 수 없다.

그러나 한 문화의 형성은 지역적 풍토와 깊이 관련되어 있기 때문에 그 지역이 가지고 있는 특성이 지방문화라는 이름으로 돋보이게 됨은

다시 말할 나위도 없다. 근래에 와서 우리 충청권 주변에 있어서도 세종시의 탄생과 충남도청 이전에 따른 내포신도시 형성 등 지방의 이름을 머리에 이고 있는 새로운 문화권의 이름이 날로 불어나고 있음은 이 까닭이 아닐 수 없다.

이러한 문화권의 다양한 형성은 우리 민족문화의 내실을 더욱 풍요하게 해주는데 크게 기여할지언정 결코 이질화라는 부정적 요소로 작용하지 않을 것임은 다시 말할 나위도 없다.

그러나 이렇듯 긍정적 요인을 다분히 내포하고 있는 지방문화권의 존재도 오랜 전통적 역사 현장으로서의 중앙집권적 정치체제하에서 과연 얼마만큼의 명맥을 이어왔을까. 실로 중앙중심의 독선적 사고에 밀린 지방경시의 풍조도 요즈음 와서야 비로소 다소 수그러지고 새로운 문화균형시대의 도래라는 명제와 더불어 겨우 그 명맥의 소생을 기대할 수 있게 된 것은 그것이 비록 시대적 요청의 당위성에 힘입은 바라 하더라도 다행한 일이 아닐 수 없다.

문화란 그 사회의 발전과 정비례하여 단계적으로 새로운 문화를 창조하면서 변천한다는 점을 생각한다면 그 지역의 지방문화는 새로운 시대요청에 따른 문화 창조의 기본적 요인으로서도 결코 과소평가할 수 없음은 다시 말할 나위도 없다. 그럼에도 불구하고 외형적인 경제성장의 그늘에 가려진 채 아무도 챙기는 이 없이 버려둔다면 이 시대의 문화적 후진성의 극복이라는 막중한 책임은 누가 져야 할 것인가. 문화란 항상 전통문화와 외래문화와의 결합에 의한 창조적 기능을 그의 생명처럼 간직하고 있다는 점에서도 새로운 지역권 문화의 재창조는 이 시대의 절실한 요청이 아닐 수 없다.

그러므로 이제 우리들은 소위 지방문화의 재창조를 위해서는 적어도 최소한의 기본 여건이 갖추어지지 않으면 안 된다는 사실을 여기서 또 다시 지적하지 않을 수 없다.

첫째 앞에서도 잠시 언급한 바 있듯이 우리 충청지역에 세종시의 탄생과 더불어 중앙집권적인 문화정책의 대폭적이고 특단적인 지방이양을 지적하지 않을 수 없다. 소위 지방자치제의 실시에 따른 제도적 개선뿐 아니라 그에 따른 모든 시책에 있어서도 지방시대라는 명목에 알맞도록 지방우선주의가 선행되어져야 할 것이다. 지금 서울은 인구의 포화상태에 놓여 있을 뿐 아니라 정치경제적 과잉현상은 그만두고라도 모든 문화적 시설이나 행사에 있어서도 절대적인 우위를 점하고 있음은 다시 말할 나위도 없다. 그와는 상대적으로 문화적 빈곤에 처해 있는 지방에 있어서는 비록 일일생활권이라는 미명 아래 국토는 이제 하나가 된 양 일컬어지고 있기는 하지만, 아직도 도비(都鄙) 간의 불균

형은 좀처럼 시정되지 않고 있는 것이다. 이러한 문화생활권의 균등화를 가져오기 위해서는 대담한 정책변화에 따른 새로운 지방문화 재창조의 육성방안이 짜여지지 않으면 안 될 것이다.

둘째로 지적하고 싶은 지방문화의 재창조를 위한 시책으로는 지방자치제의 실시라는 구실 아래 지방의 책임으로만 미루지 말고 각 지방의 지방대학과 박물관들이 국립(國立)이 있듯이 적어도 지방문화의 육성이라는 관점에서 국립, 다시 말하면 국가의 전폭적인 책임 하에서 이루어져야 하리라고 믿는다. 그리하여 지금까지의 지방문화는 적어도 벽지에 버려진 고아가 아니라 본가의 장손처럼 민족문화의 총아가 되어야 한다. 그리하여 국가의 문화적 유산을 온통 상속받는 위치에서 국가의 전폭적인 보호육성을 받아 마땅하리라고 본다.

셋째 지방문화의 재창조를 위한 국가의 투자는 균등주의를 버리고 지금까지의 문화적 취약지구에 우선적으로 투자하여 스스로 전국적인 문화시설의 균질화(均質化)와 문화행사의 능률화를 기하도록 하여야 마땅할 것이다. 따라서 지난해 충남도청 이전과 올해 말 정부 각 부처의 이전이 완료되는 세종특별자치시의 새로운 모습과 함께 지방문화 재창조의 원년이 되기를 바라는 마음이다.

(2013. 12. 30 / 중도일보)

◆◆◆

세계역사문화명성도시엑스포 대전광역시 풍물단 공연

2008년 중국 남경에서 '세계역사문화명성도시엑스포'와 '민간예술절(民間藝術節)' 축제가 열렸다. 남경시 문학예술계연합회는 엑스포와 예술절의 개막식과 폐막식에 한국의 전통예술풍물단을 초청하였다. 그래서 대전지역에서 활동하고 있는 풍물단원 중 수준 높은 예술인 20여 명을 선정해 '대전광역시풍물단'을 조직하고 엑스포의 개막식, 폐막식 공연에 출연해 우리전통예술인 풍물을 선보였다. 정악 위주의 음악에 익숙한 중국인들에게 한국의 풍물은 파격적인 음악이었다. 신명나는 풍물패의 공연에 중국인들은 물론이고, 세계 각국에서 엑스포를 관람하기 위해 중국을 방문한 관광객들 또한 열광하였다.

개막식과 폐막식 외에 행사기간 내내 현지에서 개최되는 '민간예술절' 행사에 출연해 홍겹고 신명나는 한마당 풍물놀이를 펼쳐 한국의 놀이문화를 적극 알렸다. 기대 이상의 인기몰이에 예술단원들은 한껏 고무되어 평소 기량을 뛰어넘는 솜씨를 선보였고, 스스로가 한국을 대표하는 문화대사 외교관이란 자긍심을 가졌다. 풍물단을 이끌고 단장 자격으로 참가한 나도 행사 주최 측으로부터 열렬한 환대와 극찬을 받았다. 그 때의 감동적인 무대를 생각하면 지금도 가슴이 벅차오른다.

◆ ◆ ◆

한국서예협회 창립

중앙 예총에는 모두 10개의 회원단체로 구성돼 있다. 국악, 미술, 음악, 건축, 무용, 문인, 사진, 연극, 연예, 영화인협회가 그것이다. 이 가운데 미술협회는 산하 여러 장르의 조직들로 구성된 방대한 협회다. 특히 미술협회는 전체회원의 절반 이상이 서예분과 회원들이다. 서예분야를 별도의 조직으로 구성한다해도 다른 어떤 예술단체 못지않게 많은 회원을 보유하고 있다. 그러나 서예는 독립된 예술단체로 그 역할을 다하지 못하고 미술협회의 분과로 자리잡고 있어 서예인들은 이에 대한 개선책 마련을 요구해 왔다.

나 역시 서예가 미술협회의 분과 소속이 아닌 독립된 서예협회로 조직이 재편되기를 희망했다. 그래서 서예협회를 만들기 위한 구체적인 실행계획을 세우

고 1989년 전북지역에서 활동하는 우산(友山) 송하경(宋河璟)선생과 손을 맞잡고 서예협회 창설을 주도했다. 우산(友山) 송하경(宋河璟)선생이 초대 이사장을 맡고 내가 부이사장을 맡아 발 빠르게 각 시·도 지회를 결성했다. 대전·충남지회도 결성해 내가 초대회장을 맡았다. 서예협회 추진은 급물살을 탔고 서예인들은 중앙예총 산하 11번째 회원단체 탄생을 갈망했다. 그러나 기득권 세력의 저항은 만만치가 않았다.

특히 한국미술협회는 서예 분과가 독립할 경우, 협회의 조직이 절반 이하로 축소되고 협회의 위상이 크게 떨어져 서예 분과의 이탈을 적극 저지하고 나섰다. 중앙예총도 서예인들의 조직적인 활동이 부담스러웠던지 미술협회의 손을 들어주었다. 나와 우산(友山) 송하경(宋河璟) 선생에게 집중적으로 성토를 시작했다. 당시 나는 한국예총 부회장과 대전·충남 예총회장을 맡고 있었다. 중앙예총 측은 내게 "공조직의 임원이 임의단체를 만들어 불협화음을 조성하는 것은 바람직하지 않다."라고 항변했고 한국미술협회 김서봉(金西峰) 이사장은 미술협회에서 탈퇴하고 예총의 모든 임원에서 물러나 임의단체를 운영하든지, 아니면 중단하고 예총의 발전에 기여하든지 선택하라고 단호하게 항변했다.

나는 당시 중앙예총 부회장과 충남예총회장의 직위로 많은 숙고 끝에 예총조직에 머물면서 예총발전에 기여하기로 결심했다. 1986년 충남예총회장과 대전·충남예총회장으로 추진해야 할 일들이 너무 많다는 것을 느꼈다. 그래서 중앙예총과 미술협회의 권유를 받아들일 수밖에 없었다. 그러나 내가 없이도 한국서예협회는 예술단체로 설립돼 오늘까지도 이어져오고 그밖에 한국서도협회, 한국서가협회 한국서도협회 등도 법인으로 설립해 활동하고 있다. 그로부터 30년이 지났지만 아직도 미술협회 서예 분과는 독립된 협회로 조직을 못하고 현재에 이르고 있다.

◆◆◆

한 · 중 문화교류회 설립

대전 · 충남 예총회장 재임 중인 1989년 우리고장 고유의 특성 있는 문화예술진흥을 목적으로 순수예술단체로 사단법인 충청예술문화진흥회(현, 한국문화예술진흥회)를 설립했다. 진흥회의 정관에 상설기구로서 '한 · 중 문화교류회' '한 · 일 문화교류회' '한 · 불 문화교류회' '한 · 몽골 문화교류회' 등 해외문화교류회를 둘 수 있도록 했다. 그 가운데 실질적으로 많은 활동을 하고 있는 기구는 '한 · 중 문화교류회'이다. '한 · 중 문화교류회'는 중국과의 우호증진을 위한 가교(架橋)역할을 하며, 1995년부터 지금까지 매년 서화교류전을 개최해왔다.

전국의 많은 자방자치단체가 중국과 다양한 교류활동을 시도하고 있지만 20년 이상 현재까지 깊은 신뢰를 바탕으로 교류를 지속해오고 있는 경우는 지극히 드물다. 그 가운데 대전과 남경(南京)에서 개최해 온 한 · 중(대전 · 남경)서화교류전이 최장수 문화교류행사가 아닐까 싶다. 이런 이유 때문에 중국 내 많은 도시들이 나에게 직접 교류를 요청해 오고 있다.

그 중에 새롭게 교류가 시작된 곳이 중국 안휘성 합비(安徽省 合肥), 강소성 소주(江蘇省 蘇州), 사천성 성도(四川 省成都), 호북성 우한(湖北省 武漢)이다. 이외에도 중국 여러 도시에서 교류를 희망해 왔지만, 모두 수용하여 운영하기에는 한계가 있어 제한적으로 진행하고 있다.

가장 오랜 기간 교류를 이어온 남경의 경우, 처음 10년 동안은 남경시 서화원이 주관했지만, 2006년부터 교류전의 위상을 격상시켜 당선전부 산하 남경시 '문학예술계연합회'로 주최기관을 변경해 서화교류전을 이어왔다. 또한 2008년 8월, 나를 문학예술계연합회의 명예고문으로 위촉했다. 내국인(內國人)이면 고문직을 위촉했겠지만 내가 외국인인 관계로 명예고문의 자리를 안겼다. 이렇게 외국인을 문학예술계연합회의 명예고문으로 위촉한 것은 내가 유일하다. 남경시의 문화예술발전에 크게 기여하고 오랜 기간 열정을 다해 양 도시 간의 교류를 지속해 온 것에 대한 보답이었다.

◆◆◆

WTA(세계과학도시)
중국 안휘성합비시
한·중(대전·합비)서화교류전

대전시는 세계과학도시연합(WTA/World Technopolis Association) 의장 도시이다. 회원도시 중의 하나인 중국 안휘성 합비(安徽省 合肥)시는 휘주문화(徽州文化)의 발원지로, 대전과는 과학기술도시라는 공통점을 가지고 있었다. 또한 합비는 지역민들의 문화적 성향이 충청도

의 정서와 유사한 점이 많아 교류의 물꼬가 쉽게 열리게 되었다.

나는 합비에 정식으로 문화교류를 제안하고 2011년 상호간 교류의 향서를 교환하였다. 2012년 5월 합비시 정부의 초청으로 나와 박홍준(현, 대전예총회장) 서예가, 대전시청 백만기(전, 남경시대전사무소 대표) 계장이 방문하여, 양홍(梁虹)인민대표자대회 주임, 합비 시문학예술계연합회 왕호(王浩) 주임, 합비대학 조성혜 교수 등과 동석한 자리에서 한 · 중(대전 · 합비)서화교류전 개최MOU를 체결했다,

그리고 2013년 5월, 합비미술관에서에서 제1차 '한 · 중(대전 · 합비) 서화교류전'을 성황리에 열었다. 대전에서 89명의 원로, 중진, 중견작가 작품과 40명의 대표단이 합비를 방문했다. 합비에서도 88명의 원로, 중진, 중견 서화가들이 작품을 출품하고 상호경연을 펼쳤다. 우리

대표단의 숙소인 합비 국제호텔에는 “热烈欢迎韩国大田文化代表团”(대전문화대표단 오신 것을 진심으로 환영합니다.)라는 대형전광판까지 설치해 정중히 환영하는 등 축제분위기를 조성하였다.

이듬해 2014년, 합비에서 89명의 서화작품과 40명의 대표단이 대전을 방문했다. 합비에서 기대 이상의 환대를 받았던 우리도 정성을 다해 대표단을 환영하고 영접했다. 이렇게 양 도시 간 문화교류는 한 차례씩 상호교류를 마쳤다. 그러나 정부가 적극적으로 문화교류를 지원하는 합비와 달리, 대전시는 2015년 예산지원을 중단하고 말았다. 이런 상황에서 민간단체가 홀로 사비를 들여 합비와의 교류를 지속하는 것은 도저히 불가능하였다. 결국 한 · 중(대전 · 합비)서화교류전은 중단된 상태다. 여간 안타가운 일이 아니다.

향토(鄕土)예술인을 사랑하자

다른 지방보다 우리 충청도는 본시 선비의고장이며 전통문화와 예술이 온존되어 오는 고장이다.

우리나라 최고의 명필이며 실학자이기도 한 추사 김정희(秋史 金正喜)선생이 충청인이며 독립운동가로 33인 중에 한 분이며 〈님의 침묵〉등 불후의 명시를 남긴 시인 만해 한용운(萬海 韓龍雲)선생도 충남인

이다.

백제는 활달한 문화를 신라는 물론 일본에까지 전파했는데 백제의 도읍지가 공주와 부여였다는 것을 생각하면 충남문화는 일찍이 그 찬란한 빛을 사해(四海)에 떨친 것이다.

굳이 요즈음 우리 대전과 충남이 낳은 시인, 작가, 화가, 서예가, 음악가, 조각가, 무용가를 일일이 들지 않더라도 우리 대전과 충남의 예술인들이 향토의 명예와 긍지를 높이 선양한 예는 얼마든지 찾아볼 수 있을 것이다.

한 가지 아쉬운 것은 최근우리나라 문화예술이 지나치게 중앙집권적 양상을 탈피하지 못하고 더 비대해 가고 있는 것도 사실이지만 서울에서 활략하는 우리 대전, 충남 출신 예술인도 허다함을 생각할 때 우리는 더욱 분발하고 정진해야 할 것으로 생각한다.

따라서 비록 향토의 예술인이지만 참신하고 우수한 작품을 지속적으로 발표하는 분은 언젠가 그 명성과 권위가 중앙인 못지 않게 드러날 것으로 믿고 싶다.

다만 이 문제는 비단 우리 고장에 국한된 일은 아니지만 요즈음 사회가 극도로 산업화되고 국민들의 의식이 물질주의 내지는 배금주의 풍조가 농후해지면서 문화예술에 대한 인식이 부족하고 문화예술인에 대한 예우와 존중이 결여되고 있는 사실은 안타까운 노릇이라 하겠다.

문화예술을 외면하는 민족은 우민(愚民)이라고 해도 과언이 아닐 것이다. 이런 현실일수록 뜻있는 분들이 매스컴이나 기타 문화매체를 통해서 문화예술인에 대한 새로운 이해나 대우를 회복할 수 있도록 앞장서야 할 것입니다.

그런 의미에서 최근 관계당국의 시책이나 지역의 지도층에 있는 책임 있는 인사들이 공, 사석에서 지역예술발전에 큰 관심을 표명하고 있는 것은 대전, 충남 예술뿐만 아니라 지역예술의 장래를 위하여 매우 고무적인 일이라고 하겠다.

국민들이 권력과 돈에만 맹종을 하고 문화와 예술을 등한시한다면 그것은 마치 몸만 있고 정신이 없는 사람과 같다. 따라서 민족의 위대한 혼(魂)이나 정기가 소멸될 것은 자명한 일이다.

레저의 봄이나 스포츠의 봄을 타고 운동경기에 몰두하는 TV공해들을 감안할 때 국민들의 건전한 정신문화가 지극히 아쉬운 것이 현실이다. 그러나 고향을 지키고 가꾸어 온 향토 예술인들은 비록 가난하고 당장은 빛나지 않아 보이는 예술창작의 고달픈 길이지만 훗날의 명예와 대성을 꿈꾸며 노력해야할 것이다.

아울러 누구보다 우리 예술인 스스로가 상호이해와 존중 속에서 서로 아끼고 존경하는 풍토를 조성함으로서 보다 위대한 문화예술의 발전을 이룩할 수 있도록 협력해야 할 것이다.

활(國弓)을 쏘고 장구를 치고

나는 비록 시골에서 태어나 자랐지만, 내가 태어난 충청도는 본시 양반의 고장으로 예부터 전해 내려온 육예(六禮)를 고루 배워 옛날 선비 같은 사람이 되고 싶었다. 그래서 예(禮), 악(樂), 사(射), 어(御), 서(書), 수(數)를 고루 배우려 노력했다. 육예는 禮學(예의범절), 樂學(음악), 弓矢(활쏘기), 書藝(붓글씨), 算術(수학) 등 내가 평소에 할 수 있는 것은 모두 배워야 한다는 생각을 가졌었다. 말 타기는 주변 환경과

여건이 어려운 상황이었지만 나머지는 모두 배울 수 있다고 믿었다.

그 가운데 가장 열심히 배운 것은 아무래도 서예인 것 같다. 서예는 내가 가장 자신 있게 익혀온 분야로, 늘 문방사우(紙筆墨硯)와 함께 많은 시간을 보냈다. 어려서부터 붓을 가까이 해왔고, 군복무를 마친 이후부터는 지필묵과 씨름하며 살았다. 그 덕에 서예를 하는 사람으로 가장 영예스러운 자리인 국전(후일 대한민국미술대전) 초대작가로 지정을 받았다.

20대에 내가 활쏘기를 배울 때는 주로 연령이 지긋한 분들이 많았다. 집에서 멀지 않은 부여읍 동산부락에 육일정(六一亭)이란 유명한 활터가 부여국악원 옆에 자리 잡고 있었다. 젊은 나이에 어르신들과 함께 어울리며 궁사(弓師)노릇을 하고 대전에 있는 대덕정(大德亭)과 논산의 연무정(練武亭) 등으로 원정 시합을 다니는 등, 열심히 활쏘기를 배우고 익혔다. 멀리 서있는 과녁에 다섯 발을 쏴 모두를 맞추면 오중례(五中禮)라 해서 풍악을 울리며 동호 궁사(弓師)들에게 한 턱을 대접하는 전통이 있다. 내가 그 오중례(五中禮)를 치렀던 당시의 기억들이 생생하다. 육일정(六一亭)은 지금도 지역의 국궁동호인들이 애용하는 시설로 전국에서도 소문난 궁도장이다.

활쏘기는 단순한 기능이 아니다. 활터에 들어서면 다른 어떤 기예보다도 엄중한 예절을 지켜야 했다. 사백(射伯)과 사두(射豆)의 지도 아래 국궁장의 모든 운영이 철저하게 예의를 따른다. 사대(射臺)에 올라 활을 쏠 때도 철저하게 예의를 지키고 비정비팔(非丁非八)의 자세로 엄격하게 활을 당겨야 했다. 생활의 근거지를 대전으로 옮긴 뒤부터는 활터에 나가지는 못했지만 어쩌다 시간이 나면 궁도장을 찾았다. 궁도는 선비들이 심신을 닦는 기예 중 으뜸으로 삼았듯이 탁월한 체력 단련 및 정신 수양의 효과를 안겨주는 육예(六禮) 중의 하나이다. 꾸준히 배우지는 못했지만 국궁이 나의 심신수양(心身修養)에 큰 도움을 준 것은 사실이다.

선비는 악기를 잘 다루고 노래도 즐길 줄 알아야 한다. 나는 어려서부터 악기를 다루는 솜씨가 남다르다고 칭송을 받았었다. 그래서 그런지 고등학교 때는 밴드부에서 드럼을 쳤었고 집안사람들과 명절 때가 되면 지신밟기 사물놀이로 장구를 쳤다. 북과 장구를 전혀 배운 적은 없지만 제법 장단을 잘 친다는 소리를 들었다. 꽹과리를 치는 상쇠를 맡았던 적도 있다.

1986년 예총회장에 취임해 천안에서 개최한 전국민속예술대회를 비롯해 해마다 개최되는 전국민속경연대회에 충남팀과 같이 참석해 대통령상과 국무총리상 등, 각종 상을 휩쓸었다. 큰 상을 수상하고 나면 항상 운동장에서 뒤풀이로 한마당 놀이판이 벌어진다. 예총회장인 나는 이때 양복차림으로 운동장에 끌려가 출연자들과 함께 장구를 치고 어울렸다. 당시 대회에 출전한 대표팀과 함께 장구를 치며 뒤풀이하는 모습이 공중파를 타고 전국에 방송되기도 했다.

서예를 하면서 서각(書刻)이라 통칭되는 각자(刻字)도 했다. 종이에 쓴 붓글씨를 나무판에 붙이고 예리한 칼로 새기고 단청 검은색을 칠하는 서각도 옛 선비들이 즐기던 기예 중의 하나이다. 서예를 배운 나는 자연스럽게 서각도 쉽게 접할 수 있었고 1968년 부여와 대전에서 각각 서각작품전을 개최한 바 있다. 예나 지금이나 시간공간을 쉬지 않고 언제나 부지런히 무엇인가를 배우고 도전하는 습관은 오늘도 예나 다름이 없다.

◆◆◆

흙의 신비
남계 조종국 도서전(陶書展)을 열면서!

1988년 12월 서예를 곁들인 '남계 조종국 도서전(陶書展)'을 열면서 그때 느꼈던 감회가 주마등처럼 스쳐간다.

한마디로 흙처럼 신비롭고 영원한 존재가 없는 것 같다. 아무리 위대한 예술품이나 아무리 웅장한 구조물도 결국 오랜 세월이 지나고 나면 다 풍화하여 흙으로 되돌아간다는 생각이 들기 때문이다.

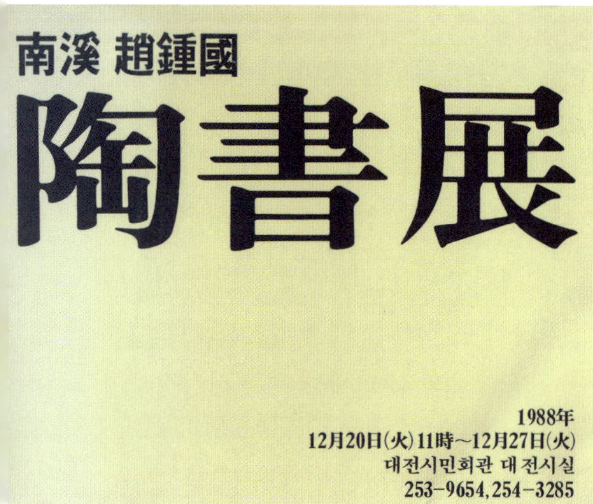

가령 폼페이 시의 최후 같은 것을 생각해도 그 영화와 번성이 결국 흙속에 묻히고 마는 게 사실이다.

중국의 만리장성이 어떻고 이집트의 피라미드가 어떻다 해도 언젠가는 결국 흙에 반환되고 말 것은 빈번한 운명이다.

그러나 흙은 되돌려 받기만 하는 무지한 존재가 아

니라 그 속에서 뭔가를 되돌려 주는 매력 또한 대단하다.

가령 흙속에서 풀과 나무, 곡식 등을 비롯한 삼라만상이 움트고 자라는 것은 두말할 나위도 없고, 석유나 석탄 온천수나 금, 은, 보화까지 나오는 것을 보면, 흙은 가져가기만 하는 무법자가 아니라 되돌려줌을 아는 위대한 시혜자(施惠者)임이 분명하다.

이러한 흙의 영원성을 어느 화가는 자신의 서과(塗料)에 흙가루(粉沙) 같은 것을 섞어서 그림을 그리는 경우도 있다고 한다. 그는 자신의 그림이 단 몇 백 년만이라도 더 오래 남기를 바라는 뜻에서 그러했을 것이다.

그러나 그러한 예술품도 수 천 년, 수 만년은 가지 못할 것이 뻔한 노릇이다. 하물며 필자가 쓰고 있는 붓글씨나 그밖에 수많은 공간예술품이 유한한 존재임을 생각할 때, 이는 한편 섭섭하면서도 한편 다행한 일이 아닌가 한다.

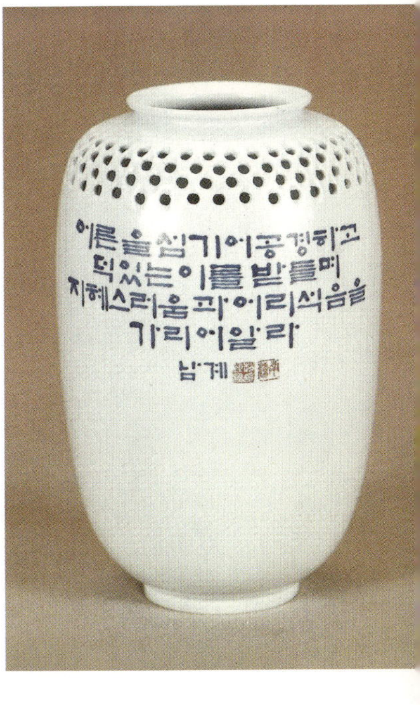

왜냐하면 이 지구상에 그 수많은 예술품이나 구조물이 영원히 흙에 귀의하지 못하고 그냥 멍청하게 남아 있기만 한다면, 도무지 우리의 오랜 후손들은 그 너절한 점유물들 때문에 얼마나 번거롭고 답답해 할 것인가를 생각해서 하는 말이다.

따라서 적당히 남아있을 것은 남아있고, 그 뒤로 적당히 사라질 것은 사라진다는 이 생멸(生滅)의 섭리가 사실은 너무 고마운 노릇이 아니겠는가. 모처럼 흙의 신비를 생각하면서 천년 만년 살아남을 줄 아는 욕심 많은 사람들에게 새삼스럽게 연민의 정을 느끼는 것은 나만의 독선일까?

◆◆◆

충남 개도 100주년 기념 충청서예가전

(사)충청예술문화진흥회(현, 한국예술문화진흥회)는 1993년 천안에서 대전 · 충남 · 충북지역 서예가들의 작품전인 "충청서예가전"을 성황리에 주최하였다.

당시 이 전시의 문화적 중요성을 높이 평가했던 충청남도는 충남 개도 100주년 기념행사의 하나로 1996년 "충청서예가전"을 서울 예술의 전당에서 개최해 줄 것을 요청해 왔다. 충청예술문화진흥회를 이끌어온 나는 즉시 이 기념전을 위해 '예술의 전당' 대관을 확정하고 1996년 8월 중에 "충남 개도 100주년 기념 충청서예가전"을 기획했다. 그

시기의 불균형적인 문화적 환경에서 지역작가들이 서울예술의 전당에서 작품전을 연다는 것은 좀처럼 쉬운 일이 아니었다. '예술의 전당'은 국전 초대작가전과 대한민국미술대전 등 전국규모의 특별기획전을 하는 공간이었기 때문이다.

충청남도의 전폭적인 지원으로 1996년 8월 27일부터 9월 1일까지 '예술의 전당'에서 "충남 개도(開道) 100주년 기념 충청서예가전"이 열렸다. 이 전시는 충청예술문화진흥회라는 지방 문화단체가 주최가 되어 지역작가의 서예작품전을 최고의 전시공간에서 처음으로 개최하여 지역의 수준 높은 서예작품을 선보였다는 점에서 커다란 문화사적 의미를 남겼다.

이 행사에 충청출신 정관계 인사와 출향 저명인사들의 전시장 방문과 격려 또한 뜨거웠다. 이 성공적 전시행사를 계기로 충청도민은 물론 지역 서예가들의 자부심은 매우 드높았으며 중앙에 집중된 문화예술의 균형발전을 위한 지역문화예술의 역량을 널리 알렸다는 사실에 큰 긍지와 자부심을 느꼈다.

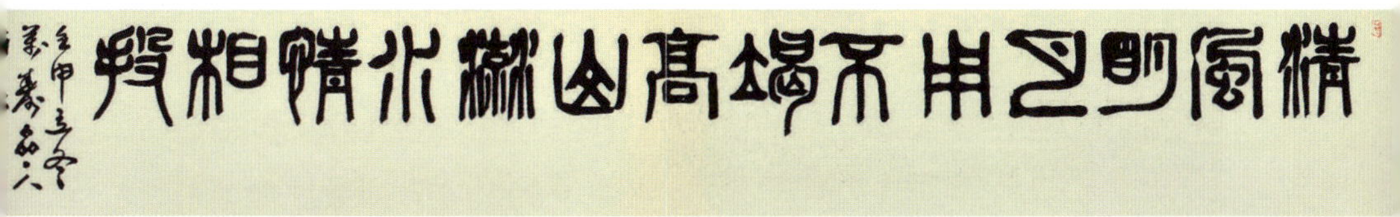

고난의 인생과 상복(賞福)
충남도문화상(예술부문) 수상

1983년 10월 28일, 나는 "충청남도문화상(예술부문)"을 수상했다. 충남도가 해마다 시상하는 이 문화상은 가장 권위있고 영예스러운 상(賞)으로 예술부문을 비롯해 문학, 교육, 체육, 지역사회봉사부문 등, 매년 5명에게 각 300만원의 시상금과 상패를 수여하는 큰 상(賞)이다.

당시 나는 예총회장도 아니고 그렇다고 국전 초대작가로 지정되지도 않은 상태였다. 하지만 지역 문화발전을 위해 땀 흘려 헌신노력을 다 했다. 당시 우리고장은 문화 불모지라 불려온 지역으로 도청 소재지인 대전에 그럴사한 전시장과 공연장 하나 없는 문화 환경의 도시였다. 1972년 대전에 이주해 오면서 문화 불모지라는 오명을 하루속히 씻어 내야 되겠다는 굳은 신념으로 중구 대흥동 대전시

청(현, 중구청) 앞에 남계화랑을 개설하고 지역 미술인들에게 전시공간을 활짝 열어주었다. 특별한 사명감으로 국내 저명작가들의 초대전과 지역미술인들 특히, 한남대학과 목원대학 교수작품전, 졸업생작품전, 재학생작품전, 개인작품전 등 많은 미술인들에게 전시공간을 제공해주었다. 여러 차례 개인전을 열어 지역작가들의 창작열에 불을 지폈고 이를 계기로 공공기관과 문화원, 백화점, 새마을금고 등 사설기관에서 취미교실을 개설하고 운영할 수 있는 문화 환경을 조성하는데 단초가 되었다.

1983년은 내가 국전초대작가 지정을 받기 위해 작품 활동의 역량을 집중했던 해이다. 국전 초대작가가 되기 위해서는 입선 5회, 특선 2회 이상의 경력이 쌓여야 한다, 1982년까지 나는 입선 4회, 특선 1회 입상을 한 상태였기 때문에 특선을 1차례 더 수상하면 그해 초대작가 지정이 될 기회였다. 하지만 1983년에는 입선을 하는데 그쳐 초대작가 지정은 1년이 미뤄지고 말았다. 지금 생각해도 아쉽고 서운한 일이었다. 국전 초대작가 지정이 미뤄져 아쉬움이 컸던 그해 충청남도문화상(예술부문) 수상은 내게 큰 위안이 됐다.

그해 문화상 예술부문 수상에는 운명의 장난이 숨어있었다. 그해 충청남도문화상(예술부문) 후보는 나와 함께 서예가 설정 이윤섭 서예가가 신청해 있었다. 그는 나와 더불어 학남(鶴南) 정환섭(鄭桓燮) 선생에게 수학한 서숙동문이었다. 그런데 공교롭게도 그해는 그가 국전 심사위원으로 위촉된 해로 내가 그분의 심사를 받고 기대 속에 기다린 심사결과는 의외로 입선이었다. 그가 나와 더불어 충남도문화상(예술부문) 수상을 놓고 각축을 벌인 것이다. 그러나 심사결과 내가 전체 심사위원들로부터 수상자로 결정됐다. 서로가 민망한 일이 벌어진 셈이다. 나는 그해 국전 초대작가 지정을 받지 못했지만 도문화상 수상으로 아픔을 달랠 수 있었다. 국전에서 국전초대작가 지정이 1년 미뤄졌지만 1984년 나는 충청권에서 송암 정태희 서예가와 함께 초대작가로 지정을 받게 됐다. 살다보면 화무십일홍(花無十日紅)이요 인생은 새옹지마(塞翁之馬)라는 자연의 이치를 새삼 실감하게 됐다.

그밖에 많은 상들을 수상했다. 모든 상이 의미가 있겠지만 개인적으로 남다른 의미가 있는 상도 있고 희소성 때문에 그 상들의 의미가 지금도 각별하다.

한국예총 예술문화상 대상 수상

"예총"은 내 인생의 키워드이다. 예총을 얘기하지 않으면 남계 조종국을 말할 수 없다. 예총을 위해 내 인생 반 토막 그것도 중요한 시기에 시간과 공간, 모든 것을 다 바쳐 일했다, 예총을 통해 나 자신도 스스로 발전해왔음을 부인하지 않는다. 충남예총을 시작으로 대전·충남예총, 대전예총에 이르기까지 22년 6개월 동안 이 지역 예총과 함께 온몸으로 체험하고 땀 흘려 자리를 굳건하게 지켜온 당사자가 바로 나이다. 중앙 예총에서도 지역을 대표하는 부회장으로서 4반세기에 가까운 오랜 기간을 국토의 균형발전을 위해 중앙에 집중된 문화예술의 지방 확산과 지역예술인들의 권익을 위해서 실로 많은 일들을 실현시켰다. 각 예술장르를 망라하고 특히 지역예술인들의 공동권익을 위

해 내 열정을 불태웠다.

나의 젊음과 열정은 해를 거듭하며 왕성한 예총활동으로 더욱 꽃을 피워왔고 예총을 떠나 10여년이 지났는데도 지금도 열혈 예총인으로 살아가고 있다.

1986년 충남예총회장을 맡아 동분서주(東奔西走)하며 전국 각 시·도에 앞장서 전국규모미술전람회, 국내정상예술단 초청공연, 전국민속예술경연대회 개최, 향토문화사료 발간 등 많은 공적들이 높이 평가돼 1992년 10월 24일, 한국예총이 수여하는 "예술문화상 대상"을 수상했다.

한국예총이 수여하는 “예술 문화상 대상”은 전국의 예술인 가운에 단 한명에게 주어지는 큰 상이다. 한국예총 산하 10개 회원단체에서 각 1명씩 공로상을 시상하고 전체예술인 가운데 1명에게 “예술문화상 대상”을 수여한다. 대상의 경우 한국예총 10개 회원단체와 전국 127개 지역예총에서 수상을 위해 극심한 경쟁을 벌이는 큰 상이다. 특히 중앙예총의 10개 회원단체와 지방예총 간 이원화된 구조 속에서 지방예술인이 대상을 수상하는 일은 결코 녹록치 않다. 대전과 충남을 무대로 활동하는 예술인 중에 대상 수상자는 내가 유일하다. 지금은 고인이 되셨지만 시상식에 문화체육관광부 정한모장관께서 직접 참석, 축하해 주신 뜨거운 격려는 지금도 잊지 못한다.

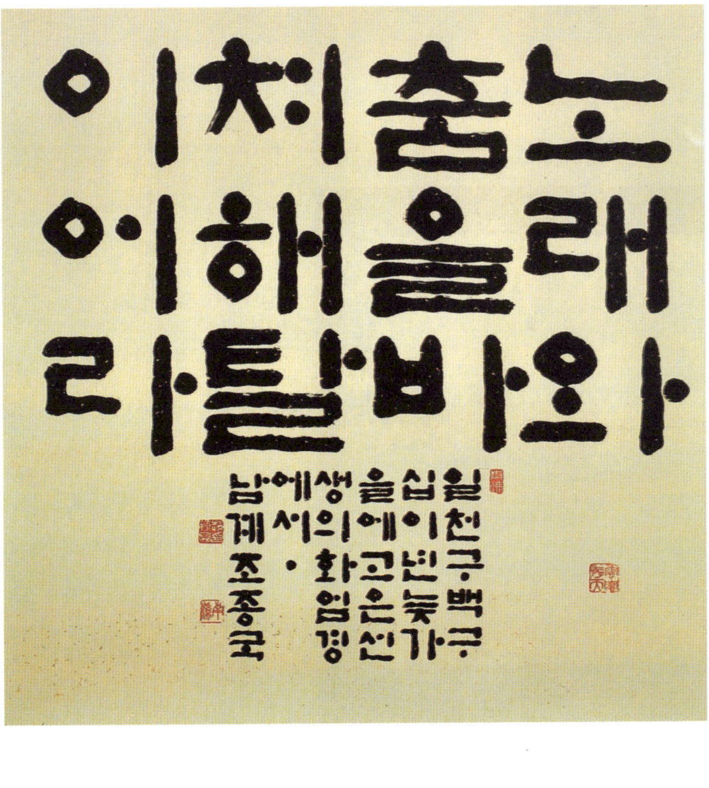

◆◆◆

서울신문사
향토문화대상 본상(本賞)

1990년 서울신문사는 제6회 향토문화대상(현대문화부문) 본상 수상자로 나를 선정했다. 전국을 대상으로 수상자를 선정하는 이 상은 현대문화부문과 전통문화부문에서 공적이 현저한 인물을 부문별로 1명씩 골라 선정하고 시상한다.

賞　牌

第6回 鄕土文化大賞

本賞　趙 鍾 國

貴下는 平素 어려운 여건속에서도 活發한 地域文化 活動을 통해 鄕土文化의 振興과 活性化에 기여한 功이 至大하므로 이 牌를 드립[illegible]다.

1990年 [illegible] 15日

서울신문社
社長 申 禹 植

1970년 6월, 제2사회부 기자로 발령을 받고 1971년 12월까지 1년 6개월 동안 서울신문사 사회부 기자로 재직하면서 숱한 고난을 겪어온 퇴직자로서 당시 재직했던 언론사로부터 큰상을 받게 되니 더욱 감회가 새로웠다. 이 상은 현대문화부문과 전통문화부문에서 예술인들에게 수

여하는 많은 상 가운데 가장 권위 있는 상(賞) 중의 하나로 예술인들은 꼭 이 상(賞)을 받아보고 싶어 하는 상(賞)이다.

나의 경우 지방에서 예총회장으로 재임하면서 국토의 균형발전을 위해 중앙에 집중된 문화예술의 지방 확산과 지역 예술인들의 권익을 위해 땀 흘려온 데다 지역예술인들의 구심체 조직인 지방예총설립에 헌신해 온 공이 지대하다는 심사평이다. 그리고 지역에서 각종 전통문화 사료집을 발간하고 예술정보지를 창간하는 한편, 문화예술 균형 발전을 위해 국내정상의 예술단을 초청하여 공연을 벌여오는가 하면 전국 규모의 각종 전시행사를 창설하는 등 노력을 크게 인정받았다.

◆◆◆

시사 투데이 선정 2013년 신한국인 대상

2013년에는 시사주간지 시사투데이가 주관한 "2013 신한국인 대상"을 수상했다. 대전에서 중국 남경시와 20여 년 동안 지속적으로 교류를 이어오고 있는 것에 대해 많은 언론에서 보도되는 것을 보고 시사투데이가 관심을 갖고 심사해 상을 받게 됐다. 실상 지방도시의 국제교류는 대개 1회성에 그치거나 단발로 흘러가는 경우가 대부분이다. 하지만 대전 · 남경은 문화교류를 20년간 이어오며 많은 성과를 올린 모범적 사례로 지목된다. 시사투데이도 이 점을 높이 평가하고 수상을 안겼다. 이들 상 외에도 "대전시 미술대전 초대작가상"을 수상한 것을 비롯해 수도 없이 많은 상을 받았다.

ST1305-006호

[2013 올해의 新한국인 大賞]

문화인 大賞 한-중(대전,남경,합비)문화교류회
남계 조 종 국 회장

귀하께서는 평소 투철한 사명감과 책임의식으로 맡은 바 소임에 최선을 다하면서 21세기 大韓民國의 눈부신 성장을 위해 새로운 變化와 革新을 주도하고 올바른 社會文化 및 국민정서 涵養과 奉仕정신 正立에 힘써 온 인물로서 他의 귀감이 되며 특히, 서예가 · 문화예술행정가로서 대전지역 문예창달과 예술인의 권익증진에 헌신하고 문화예술교류 활성화 선도에 기여한 功이 크므로 그 뜻을 받들고자 이 상을 드립니다.

2013. 5. 31

iTODAY 시사투데이

특히 한국예총 수석부회장으로 재임하면서 정부로부터 지방예총과 지방문화원을 국가와 지방자치단체의 정액보조단체로 만들어 지역문예 진흥에 크게 이바지한 점이 부각됐다. 당시 충남과 대전이 전국의 지방예총 중에서 예총활동이 가장 활발하게 이루어져 문화 불모지라 불려온 대전과 충남을 선진문화예술의 도시로 만들어 온 점이 높이 평가됐다. 이 역시 지금도 잊을 수 없는 상(賞) 중의 하나이다.

◆◆◆

자랑스러운 부여인상

20세기의 마지막 해인 2000년 정든 고향 부여에서 큰 상을 받았다. 부여군은 매년 백제문화제가 치러지는 10월에 관내 군민과 출향 인사들을 망라해 지역 발전에 공헌이 있는 유공자를 발굴해 분야별로 시상하고 있다.

2000년 부여군은 유병돈(고교동창) 군수가 재임하고 있던 때이다. 학교동창인 친구가 군수로 재임하고 있을 때 내가 "자랑스러운 부여인상"을 수상하게 돼 상(賞)의 의미가 더욱 각별하다고 생각하고 있다. 부여군은 매년 자랑스러운 부여인상 수상자 선정을 위해 민간인과 공무원으로 구성된 수상자선정위원회를 구성해 운영하고 있다.

1971년 국가비상사태 때 억울한 죄명으로 옥고를 치른 뒤 나는 고향을 떠나 대전으

로 삶의 터전을 옮겼다. 그러나 항상 내 고향 부여를 잊지 않고 군민의 날과 백제문화제, 군민체육대회, 각종 기념행사, 중 · 고등학교 동창회 등 수시로 고향을 방문했다. 대전에 거주하면서도 부여군민회 등 출향인 모임에 꼬박 참석하며 고향사랑의 끈을 놓지 않았다. 여러 해 동안 부여군 관내 16개 읍면 중 · 고등학생 각 1명씩을 선발해 장학금을 주기도 했다. 백제문화제 등 큰 예술행사가 열릴 때마다 고향 부여를 찾아 내가 할 수 있는 일을 했다.

1989년 백제문화제에는 개막식 전야제 서제(序祭)를 비롯해서 삼충제(三忠祭)를 내가 제관(祭官)으로 직접 제사를 올리기도 했다. 사실 지방자치제가 시행되면 민선 부여군수로 출마해 고향 부여군에서 봉사를 하고자 했었다. 나는 대전시의회 의원보다 고향 부여군수에 관심이 더 많았다. 부여고등학교 동창인 유병돈 친구가 찾아와 자기가 부여에서 군수출마를 준비하고 있다고 간곡히 사정했다. 나는 숙고 끝에 동창친구의 간곡한 요청을 들어 줬다. 그리고 나는 대전시의원에 당선되고 그 친구는 부여군수에 당선됐다. 나는 현재 대전 시의정회 회장으로 봉사하고 있다. 2000년에 뜻 깊은 "자랑스러운 부여인상" 수상은 생에 가장 자랑스러운 상으로 큰 영광으로 남는다.

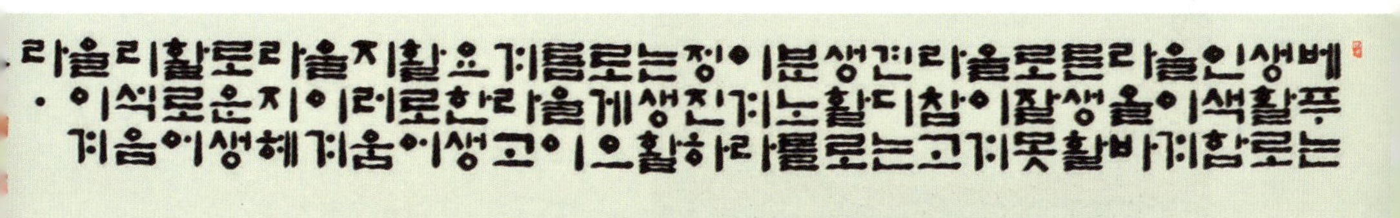

대전광역시문화상 수상 지역사회 봉사부문

1989년 충남도에서 대전시가 직할시로 승격돼 행정이 분리됐다. 당시 충남도청 소재지의 일반 시였던 대전은 대덕 군을 포함 인구 100여만 명으로 직할시가 됐지만 지금은 150만 명이 거주하는 대전광역시가 됐다. 충남도가 매년 각 분야별로 많은 업적을 남긴 도민에게 충청남도문화상을 시상하듯 대전시도 매년 분야별로 공적이 많은 분에게 대전광역시문화상을 시상하는 제도를 만들었다. 지금껏 많은 수상자를 배출한 가운데 충남도에서 문화상을 수상하고 대전 시에서도 문화상을 수상한 수상자는 내가 유일하다. 한 번도 어렵다는 문화상을 두 차례나 수상한 셈이다.

2006년 대전광역시문화상(지역사회봉사부문) 후보자 중 치열한 경쟁을 거쳐

최종 수상자로 결정됐다. 지역사회봉사부문은 매년 가장 많은 후보자가 몰리는 분야다. 문화예술분야에서 활동해오는 예술인은 예술부문, 언론인은 언론부문, 체육인은 체육부문으로 한정되다보니 수상 후보가 제한적이지만 지역사회봉사부문은 누구나가 응모할 수 있는 부문으로 매년 가장 치열한 경쟁을 보인다. 더불어 문화상 중에도 가장 의미 있는 분야라고 인정받는다.

당시 나는 대전광역시의회 의장으로 임기를 마친 상태였고, 대전예총회장으로 재임하고 있었다. 역대 의장 중 가장 활발한 의정활동을 펼쳤다는 평가를 받았고, 예총회장으로도 지역문화발전과 예술인들의 권익향상을 위해 왕성하게 활동하고 있었다. 대전광역시 카누협회장, 대전시 야구협회장을 비롯해 한화이글스 후원회장으로 시민화합과 공동체를 위해 땀 흘려 온 공적으로 대전광역시문화상 지역사회 봉사부문을 수상했다. 다시 한 번 지면을 통해 시민들에게 감사의 인사를 드린다.

◆ ◆ ◆

정겨운 고향 부여!
부여 개군(開郡) 100년을 빛낸 인물상

지령인걸(地靈人傑)의 고장 백제의 고도 부여는 내가 태어나 성장해 온 곳이다. 2014년은 정겨운 고향 부여군이 개군(開郡) 100년을 맞는 뜻 깊은 해였다. 부여군에서는 개군(開郡) 100년을 맞아 다채롭고 의미 있는 행사들을 준비해 왔다. 그 중에 하나가 "부여 개군(開郡) 100년을 빛낸 인물상"을 제정하고 시상하는 일이었다. 이 상(賞)은 부여군이 개군(開郡)한 이후 지난 100년 동안 각 분야에서 활동해 온 수많은 인물들 가운데 많은 공적을 남긴 분들을 발굴해 수상자로 선정하여 부여 개군(開郡) 백년을 빛낸 인물상을 시상했다. 현존인물과 이미 세상을 떠난 분들까지 포함시킨 대상자 중에는 현재 살아있는 인물보다 이미 세상을 떠난

분들이 월등히 많았다. 나는 생존(生存)한 그 몇 사람의 수상자 중에 영광스럽게 이름을 올렸다.

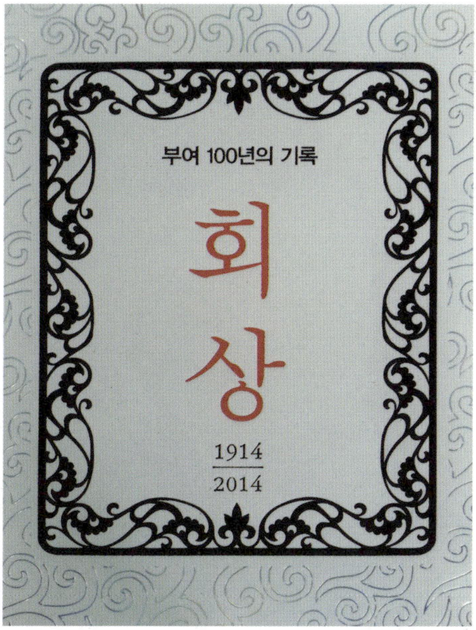

부여군은 "부여 개군(開郡)100년을 빛낸 인물상" 수상자 선정을 위해 부여군내 각 사회단체장과 각 분야별 전문가들로 심사위원회를 구성하고 심사했다. 이들은 부여 100년을 빛낸 인물을 찾는 역사적 소명의식을 갖고 엄정한 심사를 통해 수상자를 선정하고 백제문화제 개막식 날 시상이 이루어졌다. 나는 시상식이 열리는 날 중국 남경시 정부의 초청으로 해외 출장 중이라 시상식에 참석치 못하고 가족이 대신 참석했다. 부여군은 내가 부여에서 살다 대전으로 이주할 때 인구가 20만 명이 넘는 군세(郡勢)였으나 지금은 상주인구도 8만여 명 미만으로 감소했다고 한다. 부여군 개군(開郡) 100년의 오랜 역사를 통해 부여를 빛낸 사람으로 선정되어 영원히 기록으로 남게 돼 이보다 더한 큰 영광이 어디 있겠는가! 내가 태어난 자랑스러운 고장 부여의 영원한 발전을 기원한다.

나처럼 많은 상을 탄 경우도 드물 것이라고 혼자 생각해본다. 가장 화려했던 시상은 "2014 강소성을 빛낸 인물상"이었다. 상상도 못할 엄청난 규모로 성대하게 시상식이 치러졌다. 고향에서 받은 "부여 개군

(開郡) 100년을 빛낸 인물상"과 "자랑스러운 부여인상"등은 각별한 의미가 있다. 대전시문화상과 충청남도문화상도 긍지를 가질 만한 상이다. 한국예총에서 수상한 예술문화상 대상이나 서울 신문사에서 받은 제6회 향토문화대상 현대문화부문 본상도 가치 있는 상이다. 상은 경중이 따로 없다고 생각한다. 그 분야에서 누군가에게 인정받았다는 것을 입증하는 것이 상이라고 생각하기 때문이다. 내게 상을 안긴 모든 이들과 모든 기관단체에 고마운 마음을 전하고 싶다.

◆◆◆

국제우인송장전례(國際友人頌獎典禮) 강소성을 빛낸 인물상

중국 강소성 인민정부는 관내 남경시를 비롯해 한국인에게 잘 알려져 있는 소주와 항주 등 13개 시로 상해 위에 위치해 있다. 인구가 4,500만 이상으로 남한과 비교해 약간 적은 도시이다. 강소성인민정부가 2014년 처음으로 외국인을 대상으로 강소성 발전에 많은 공헌을 남긴 외국인에게 수여하는 국제우인송장전례(國際友人頌獎典禮)의 "강

소성을 빛낸 인물상"을 제정하고 시상하기 시작했다.

이 상은 외국 국적을 갖고 강소성 발전에 많은 공적을 남긴 인물을 발굴해 시상하는 제도다. 2014년 제1회 시상은 누적된 공로자가 많아 경쟁이 아주 치열했다. 외국인으로서 20년 이상 강소성 관내에 거주하면서 특정분야에서 많은 공을 세운 인물과 세계 각국에서 공적을 남겨온 인재를 발굴해 시상하는 것이었다.

세계 각국에서 등록된 대상자 중 1차로 심사위원이 30명을 선발하고 선발된 30명의 후보자를 다시 강소성 방송과 TV를 통해 인기투표로 최종 15명을 선정하는 과정을 거쳤다. 나는 15명 수상자 가운데 5위를 차지하는 영광을 얻었다. 이들 15명의 수상자 중 나를 제외한 14명은 모두가 강소성 관내 현지에서 거주하는 인사들로 15년 이상 현지에서 산업분야, 의료분야, 사회복지 분야, 예술분야 등 봉사활동을 해온 인물들이었다. 수상자 중 강소성에 거주하지 않는 유일한 수상자는 바로 나였다. 대개 수상자들은 산업분야와 의료, 사회복지에 종사하는 사람이었고 유일하게 문화예술인은 나였다. 주최 측인 강소성 인민정부는 관내 13개시에서 2~3명의 후보자를 추천했으며 남경시도 치열한 경쟁자 중 2명을 선발해 내 이름을 올렸다.

2014년 10월 중순, 수상자로 선정됐다는 통보와 12월 7일 시상식에 참석해달라는 초청장을 받았다. 방송영상기록촬영 등 시상식에 참가하는 공식일정 모든 체재비는 강소성인민정부가 부담했다. 2시간 생방송으로 실시한 시상식은 세계 각국과 중국 전역에 생중계 됐다. 강소성 인민정부와 강소성 TV에서 주최한 이 시상식은 그 규모가 상상을 초월했다. 시상식이 진행되는 3천석 규모의 대 공연장무대는 장엄하고 현란해 말 못할 정도로 화려하고 웅장했다. 시상식은 15명 수상자들 개인별로 활동영상을 소개하고 화려한 축하 쇼로 진행되는 시상식이었다. 국내외 많은 시상식을 다녀봤지만 이렇게 웅장한 시상식은 처음이었다. 한 · 중 국교 정상화 이후 1995년부터 22년 간 한해도 쉬지 않고 문화적 정서적 많은 어려움을 무릅쓰고 문화교류행사로 한 · 중(대전 · 남경)서화교류전을 정성들여 개최해 온 일들이 결코 헛되지 않았다.

오랜 기간 중국과 교류하면서 느낀 점은 여러 예술장르 중 서화예술을 널리 권장하고 이를 생활화하는 점이었다. 특히 그림보다 서예가 높이 평가되고 정부 고위공직자나 당 고위간부들은 한결 같이 서예를 멀리하는 사람을 보지 못했다.

내가 해마다 한・중 교류를 이어오는 동안 어려움이 많았던 것은 불문가지이다. 중국과의 각종 문화교류는 대개 1회성을 넘기지 못하고 중도에 단절되는 것이 일반적이다. 하지만 우리 대전과 남경은 오랜 기간 깊은 신뢰를 바탕으로 지속적으로 문화교류를 이어왔다. 대전시는 지난 20여 년 동안 예산을 지원하고 대전지역미술인들은 뜨거운 열정으로 수준 높은 작품을 출품해 상호 경연을 펼쳤다. 삼위일체로 교류행사로 펼쳐오는 동안 그들은 나의 이 같은 정성을 뜨겁게 받아주고 고마워했다. 2008년 12월 7일, 남경시정부는 나에게 남경시문학예술계연합회 명예공문패를 수여하고 강소성을 빛낸 인물상 시상식 날을 택해 다음 기관인 중공남경시위선전부(中共南京市委宣傳部), 남경시인민정부신문판공실(南京市人民政府新聞辦公室), 남경시문화업전신문출풀판국(南京市文化業電新聞出版局), 남경시대외문화교류중심(南京市對外文化交流中心) 등 4개 정부기관에서 "남경시 대외문화교류사자 상패"를 수여한 바 있다.

그동안 많은 상훈 가운데 "2014 강소성을 빛낸 인물상"은 내 생에 제일 큰 상으로 보람과 함께 오늘도 한・중 우호관계의 새로운 지평을 열어가는 일에 혼신에 노력을 다하고 있다.

2부

예총과 나의 인생

◆◆◆

부여엽연초생산조합 설립

부여고등학교 3학년이 되자마자 부여농지개량조합에서 서기로 발령을 받았다. 취직자리가 마땅치 않던 당시 시골에서 농지개량조합은 꽤나 조건이 좋은 직장이었다. 나는 고등학교를 졸업하는 것보다 취직을 하는데 더 큰 의미를 두었다. 중학교 2학년 때 부친께서 39세의 젊은 나이에 돌아가시고 홀어머니와 6남매를 책임지며 가장역할을 해야 했던 맏아들이었기에 학업을 지속하는 것이 당시 나에게는 큰 부담이 아닐 수 없었다. 학교는 언제든지 다시 다닐 수 있다는 생각을 갖고 부여농지개량조합 서기로 발령받아 직장을 선택했다. 그것이 첫 사회생활이었다.

부여농지개량조합에서 2년 간 근무를 하고 군에 입대해 11개월 간 군 복무를 하고 가정형편이 참작되어 의가사 제대를 했다. 1962년 봄, 제대한 후 농지개량조합으로의 복직이 아닌 정당과 인연을 선택했다. 김종필(JP) 전 국무총리가 지구당 위원장으로 있는 민주공화당 부여지구당에서 나를 부른 것이다. 당시 공화당 당의장(당대표)을 맡고 있던 JP는 40대의 나이였지만 이미 한국정치의 거목으로 성장해 정치활동을 펼칠 때였다. 박정희 정권의 실세 중에 실세였던 JP는 실력과 패기를 갖춘 인물로 국민들로부터 인기와 신임이 대단했다.

JP의 부름을 받고 민주공화당 부여지구당 사무국 총무부장으로 임명되어 정계와 첫 인연을 맺었다. 총무부장의 직책은 지구당의 크고 작은 당무를 두루 집행하는 자리였다. 그리고 고향인 부여를 주기적으로 방문하는 JP의 정치활동을 지근에서 돕는 등의 다양한 일을 했다. 가끔씩 JP가 지구당에 내려오면 부여 전체가 들썩였던 기억이 지금도 생생하다. 부여 뿐만 아니라 정치권 전체가 들썩였다는 표현이 맞을 것 같다.

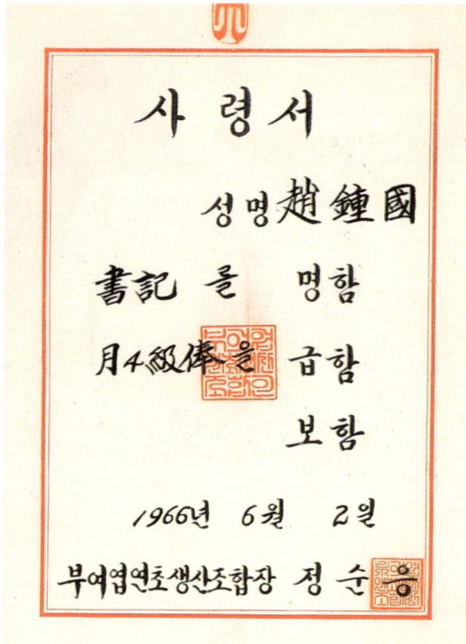

사령서

성명 趙鍾國

書記 를 명함

月4級俸 을 급함

보함

1966년 6월 2일

부여엽연초생산조합장 정 순 응

지구당 총무부장으로 비교적 많은 당무를 보던 중 위원장인 JP께서 내게 큰일을 맡겼다. 그것은 당시 한국에 처음으로 도입된 빠래종 입담배의 생산 업무를 관장하는 조합을 부여에 설립하는, “부여엽연초생산조합” 설립 프로젝트였다. 조합은 충청권 뿐만 아니라 강원도 지역까지를 관장하고, 관할 지역에서 생산되는 잎담배 빠래종 수매를 담당하는 것이었다. 절차가 복잡한 업무였지만, 나는 농지개량조합에서 근무하며 익혀온 행정경험을 바탕으로 전매청 산하의 법인설립을 위한 제반법규에 따라 설립업무를 차례대로 집행했다. 사무실 공간 마련, 조합원 모집, 정관 등 조합설립에 따른 제반등기 절차를 마무리하고 순

조롭게 조합을 탄생시킬 수 있었다.

드디어 1966년 지구당에서 부여한 프로젝트를 완벽하게 수행해 역사적인 "부여엽연초생산조합"이 탄생했다, 당시 나는 26세의 나이로 내가 직접 설립한 조합에서 주사 직위로 발령을 받고 지구당에서 나왔다. 부여에 사무실을 둔 조합은 조합장. 전무이사. 서무계장. 생산계장. 상근 직원과 주재기사 등 20명 넘는 직원이 근무했다. 충청남도, 충청북도, 강원도까지 관할하며 조합에서 3년 간 근무했다. 처음 설립된 조합인 만큼 업무량이 많았으며 대부분 처음 접하는 업무였다. 하지만 모든 일을 무리 없이 처리하고 많은 행정 경험과 업무능력을 키웠다. 그래서 전매지청 산하 "부여엽연초 생산조합"에서 젊지만 유능하고 능력있는 직원으로 평가를 받았다.

붓글씨의 육기(六氣)

흔히 붓글씨를 보면서 〈아직 때를 덜 벗었다〉든지 그만하면 〈때를 벗은 글씨다〉라는 평을 하는 경우가 많은데 여기서 때라는 말은 달리 표현하면 글씨에 있어 피해야할 어떤 기(氣) 곧 잘못된 기운, 버려야할 버릇 등을 가리킨다고 보아 무방할 것이다.

어느 예술도 그러하겠지만 서예에 있어서도 꺼리는 것이 크게 여섯 가지나 있다. 그걸 소위 육기라고 부른다.

첫째, 속기(俗氣)다. 속기는 말 그대로 속된 기운이다. 속기를 단적으로 표현한 것으로 촌녀도지(村女塗脂)라는 예가 있다. 즉 시골여자가 억지로 분바르고 나타난 꼴이란 비유다. 자연스럽지 못한 억지화장이 웃음을 자아내듯이 붓글씨도 억지로 꾸민 듯한 속된 글씨는 가장 큰 금물이다.

둘째, 장기(匠氣)다. 장기란 "쟁이" 곧 지나친 장인의식의 발로다. 한자론 이를 공이무운(工而無韻)이라고 표현한다. 공교하기는 한데 운치가 없다는 뜻이다. 흔히 군에서 볼 수 있는 차드 글씨마냥 제법 공은 들었지만 식상할 수밖에 없는 글씨로 특히 예서에서 주의를 요한다.

셋째, 화기(火氣)다. 너무 잘 쓰려고 덤빈 나머지 글씨 쓴 이의 심화가 화선지에까지 내비친 경우다. 필법에 있어 봉망태로(鋒芒太露)를 지적한 것이다. 곧 칼날처럼 날카로운 붓끝이 지나치게 삐죽삐죽 나타난 예가 그것이다. 예술은 평정한 마음에서 좋은 작품이 나온다. 심화가 예술에 닿으면 그 작품은 거칠어질 수밖에 없다.

넷째, 초기(草氣)다. 화기와는 반대로 별 힘도 없으면서 잡초처럼 거칠기만 하다. 가히 조솔과심(粗率過甚)의 경지다. 게다가 대체로 가늘고 문약하다. 아담한 맛은 있으나 너무 식물적인 글씨다.

다섯째, 규각기(閨閣氣)다. 규각은 규방과 마찬가지로 부녀가 거처하는 방을 말한다. 그래서 글씨의 어딘가가 여필 내음이 나고 도무지 힘이 없다. 전무골력(全無骨力)이라 할 수밖에 없다. 곧 뼈에서 나오는 힘인 건강미나 남성미가 거의 없는 글씨다. 따라서 여성일수록 이 규각기에 빠지지 않도록 유의할 일이다.

여섯째, 악착기(齷齪氣)다. 끈기 있고 모질어 너무 악착스럽다. 그러나 예술은 악착이나 강한 의욕만 가지고 되는 게 아니다. 뭘 알고 덤벼야지 그저 무지망작(無知忘作), 곧 고금의 정통적인 필법이나 체본(體本)도 다 잊고 자신의 기분만 가지고 무지막지하게 쓰는 글씨다.

그러니 과연 이렇게 육기(六氣) 혹은 육기(六忌)를 벗어난 글씨를 쓴다는 것이 얼마나 어려운 일인가. 우리는 하루아침에 명필이니 달필이니 하는 소리를 듣고 싶어 할 게 아니라 먼저 과연 자기 글씨의 결함이 무엇인가를 깨달아야 할 것이다.

(2016. 08. 07 / 목요저널)

◆◆◆

내 마음의 꽃신

나는 1994년 수필집 '별을 바라보는 마음으로' 2000년 수상집 '계룡로(鷄龍路)의 아침' 2017년 수필집 '내 마음의 꽃신' 그리고 2018년 '남계 조종국 예술혼(魂) 50년'에 기억을 더듬어 하나하나 기록으로 남긴다.

사람들에게 자성예언(自成豫言)이라는 말이 있다. 자기 스스로 자신의 미래에 대하여 어떤 암시(暗示)나 예상을 미리 가져보는 것을 뜻한다. 가령 어떤 어린이가 '나는 커서 장군이 되고 싶다.'라는 자성예언(自成豫言)을 하면 알게 모르게 자신의 진로가 군인이 되는 길로 풀려나가는 교육적 성과를 얻을 수 있다. '나는 커서 정치가가 되고 싶다'고 하면 그도 역시 어느 틈에 정당활동(政黨活動)도하고 국회의원이나 지방의원이라도 되는 자신의 운명을 어쩌지 못하는 경우도 있다. 그러고 보니 내게도 어렴풋하게나마 어린 시절에 어떤 자성예언(自成豫言)의 조짐이 있었던 게 분명하다.

책을 좋아하고 글씨쓰기를 좋아했던 나로서는 막연하게나마 옛말로 선비가 돼야 하겠다는 희망을 가졌었고 중 · 고교생이 되면서는 그러한 선비선호 사상이 좀 더 구체적으로 나타나 문화운동의 기수란 막연한 생각이었다.

가령, 책을 출판하는 일, 방송을 하는 일, 신문잡지를 보급하는 일, 그림이나 글씨를 써 선보이는 일 등 너무나 다양하고 광범위한 것이 문화운동이기 때문이었다. 그러다가 내가가장 소질이 있고 가능성이 있다고 확신한 것이 바로 붓글씨였다.

붓글씨, 곧 서예예술의 창달도 어느 문화운동 못지않게 떳떳하고 자랑스러운 작업이 될 것으로 나는 믿었다.

드디어 나는 서예에 전력을 다하기로 결심 했고 그러한 결심은 나를 글씨와 함께하는데 가혹 하리 만큼 몰두하는 생활이 되었다. 나는 나를 글씨 앞에 예사로 대하지 않고 마치 사활(死活)을 건 전투태세처럼 비장한 각오로 임하게 했다. 몇 시간씩이고 먹을 갈고 팔이 아프도록 임서(臨書)를 하고 밤을 새우면서 작품을 제작하면서 글씨에 도전했다. 국전(國展)의 계절이 다가오면 거의 해마다 수백 장의 화선지를 버리면서 눈이 퉁퉁 붓고 다리에 수동이내리도록 연서(硏書)를 했다. 실로 뼈를 갈고 피를 말리는 습작(習作)의 연속이었다. 그 결과 불혹의 나이에 국전(國展) 입 · 특선을 여러 차례 걸쳐 드디어 1984년, 국립 현대미술관이 지정하는 국전초대작가(國展招待作家)가된 것이다. 비로소 문화운동의 한 분야를 터득한 서예가가 된 것이다. 이는 실로 서예가라는 별을 하나 따기 위해서 수십 년을 절차탁마(切磋琢磨)한 외롭고 피나는 역정이었다. 다시 말하면 나는 내 나름의 순수한 정열을 가지고 평소 지녀온 모습인 "내 마음의 꽃신"을 신고 모든 열정을 다 바쳐온 것이었다.

어느 예술가든 어느 학자든 그가 이렇게 순수한 목표(目標)를 세우고 그 분야에 혼신의 노력을 쏟는 계절처럼 아름답고 귀중한 세월은 없을 것 같다. 그리고 그러한 열정적인 마음으로 예술과 학문에 정진하는 사람만이 탐스러운 결실을 얻으리라고 확신한다. 그러나 조그만 목표(目標)가 달성됐다고 해서 학문이나 예술에 몸담고 있는 이들이 오늘의 성과(成果)로만 만족해서는 아니 된다. 설사 그에게 빛나는 오늘이 있더라도 계속해서 새로운 목표(目標)를 지향하지 않으면 그에게는 다시 낙후와 퇴보가 기다리고 있기 때문이다. 따라서 열정의 표상인 '내 마음의 꽃신'을 신고 온갖 정열을 다해 새로운 목표(目標)를 추구해야 할 이유가 바로 여기에 있다.

서예가로서 조그마한 입신(立身)을 한 나는 어찌 어찌하다가 문화예술의 심부름꾼인 한국 예총 부회장과 충남예총회장, 대전 · 충남 예총회장, 대전예총 회장이라는 중책을 22년 6개월이라는 긴 세월동안 맡게 되었다. 그리고 7년 동안 대전광역시의회에 진출해 부의장과 의장을 역임하면서 지방자치발전에 앞장선 의정지도자로, 기타 사회단체 회장으로 실로 많은 역할들이야 말로 내겐 오히려 과분한 책무인지도 모른다. 예술창작에 대한 의욕과 역량은 말할 것도 없고 맡은바 각 분야에서 자신의 인격도야(人格陶冶)와 너그러운 덕성(德性) 그리고 훌륭한 심성(心性)을 지닌 지도자로서의 자세가 아니고서는 감당하기 어려운 자리가 아닌가 한다.

따라서 나는 이러한 여러 가지 중책을 맞고 나서 열정이 넘친 모습으로 '내 마음의 꽃신 '을 신고 매사를 신중히 그리고 꿈과 이상을 간직한 채 하루하루를 소중히 가꾸고 덕불고필유린(德不孤必有隣)이라는 옛 글귀를 명심하면서 살아가고 있다. 아무리 바쁘고 짜증나며 억울하고 답답한 경우가 많아도 참고 기다리며 덕을 쌓아 나아가야 한다는 각오로 임해왔다. 이 벅찬 문화예술운동의 기수와 일반사회지도자가 되기 위해서는 내게 부족한 덕성의 함양이 무엇보다 큰 과제임을 너무나 잘 알고 있기 때문이다.

작은 덕이나마 그 덕을 베풀면 내겐 반드시 이웃과 친구가 생긴다는 철학을 평범(平凡)한 진리로 믿고 살아왔다. 그리고 나는 아직도 서예가가 되기 전 그 순수한 정열과 피나는 정신으로 매일 글씨를 쓰고 내게 주어진 문화예술운동과 지역발전, 대전의 명예와 이미지 선양에 최선을 다하여 헌신할 것이며 앞으로도 어느 경향이나 유파, 그리고 일시적인 자극이나 유행에 현혹되지 않고 꾸준히 내가 가야할 길을 '내 마음의 꽃신'을 신고 오늘도 열정적으로 살아갈 것이다.

◆ ◆ ◆

식소사번(食小事煩)

크게 내세울만한 재주나 역량도 없는 사람이 어찌어찌 하다 보니 여러 가지 일을 도맡아하게 되어 솔직히 힘들 때가 많다.

빨간 꽃신을 신고 서예가로서 글씨를 쓰는 일을 주업으로 한 길로만 정진해도 일가를 이룬 서예가(書藝家)가 될지 늘 걱정으로 살면서 벌써 50여 년째 크든 작든 많은 일들에 빠져 동분서주(東奔西走)하고 있

으니…. 게다가 나름대로 지역문화예술 진흥과 예술인의 권익과 발전을 위하여 앞장서온 지난날의 많은 일들…. 비록 부덕하고 부족할지 모르나 이 일 또한 막중한 책임이 아닐 수 없었다.

어디 그 뿐이겠는가. 지방자치제가 실시되어 예술계인사로 제2대~3대 대전광역시의회에 진출, 부의장과 의장 감투(?)까지 얻게 되어 분주하게 펼쳐온 7년간의 의정활동! 지금은 한-중 국교정상화 이후 1994년부터 올해까지 문화적, 정서적 많은 어려움을 무릅쓰고 지난 23년 동안 중국과의 문화교류를 통해 양국 간 우호증진은 물론 문화적 정서적 교감을 증진시켜온 일 등, 이럭저럭 일인삼역(一人三役)내지 오역(五役)쯤 되어 눈코 뜰 새 없이 바쁜 나의 하루하루다.

그러면서도 집에 가면 가장노릇, 친구를 만나면 친구노릇, 학교 선, 후배를 만나면 선후배 노릇, 도무지 단 하루도 편하고 빤한 날이 없는 것이 나의 일과(日課)다. 남의 속도 모르는 사람들은 혹은 칭찬도 하고, 혹은 객담(客談)도 하고, 혹은 부러워하고, 혹은 터무니없이 오해도 하고 있지만, 나의 경우 솔직히 일만 바쁘고 세속말로 실속은 없으니, 한마디로 식소사번(食少事煩)…. 말하자면 먹을 것도 없이 엄청나게 바쁘기만 한 것이 나의 현실이다.

흔히 대인관계를 원만히 한다든가, 사람을 사귀되 인상 깊게 사귀라든가 그런 말을 모르는 바는 아니지만, 아무리 원만히 하고 인상 깊게 하려고 애를 써도 워낙 바쁜 일들이 많다 보니 어느 누구에게도 많은 정담(情談)을 나눌 기회가 적고 자주 만나 인간적인 혹은 허심탄회 진심을 보여줄 계기가 부족하다 보니, 때로는 본의 아닌 오해나 억측을 사기도 쉽고, 때로는 푸대접을 받는 경우도 적지 않다.

나이 들어 친구가 많으면 얼마나 행복하겠는가! 친구가 많다는 것은 친구가 없다는 얘기와도 같다. 빨간 꽃신을 신고 너무 많은 사람을 만나고 헤어지고 하다 보면, 아닌 게 아니라 이 각박한 세상에 진심으로 나를 이해하고 아껴주는 친구가 과연 얼마나 되고 누가 친구인가 회의가 생기고 서글퍼질 때도 많다. 그러나 어찌하겠는가. 일이 많고 만나야할 사람도 많은 것이 내 운명이요, 팔자이고 보면 비록 식소사번(食少事煩)이라도 그런 대로 남은 인생 내 운명을 사랑하면서 열정적으로 살아갈 수밖에!

고마운 분, 김정호 서장

사람은 누구나 은혜를 입고 산다. 부모님의 은혜, 친척과 친지의 은혜, 스승과 직장의 은혜 등 많은 은혜를 입고 산다. 그래서 누구나 한번쯤 세상살이가 몹시 힘들 때 도움을 주었던 잊을 수 없는 사람이 있기 마련이다. 그리고 은혜를 아는 사람, 은혜를 베푸는 사람이 되라는 교훈을 얻게 된다.

내가 70평생을 살아오면서 지금까지 고마움을 잊지 않고 늘 가슴에 간직하고 있는 분이 있으니 그분이 바로 김정호 서장(전, 서산경찰서장)이다.

1970년대 서산경찰서장으로 정년퇴직하고 대전에서 일요신문지사장과 출판사 "노벨문화사" 지사장을 맡고 있었다. 당시 나는 1972년 12월, 옥고를 치르고 고향 부여에서 대전으로 삶의 터전을 옮긴 이후, 서예에 몰두해 여념이 없을 때였다. 그러나 무명 서예가로서 붓글씨로는 생계를 유지할 수 없는 어려운 형편이었다. 그래서 잠시 노벨문화사의 외판사원으로 입사해 도서 월부 판매로 생계를 도모하였다.

김정호 지사장님은 내가 서예가라는 사실을 알고 어려운 사정을 도와주고자 여러 방법을 찾았다. 젊은 내가 억울한 옥고를 치르고 객지에서 고생스럽게 살아간다는 점이 안쓰러웠던 모양이다. 그분은 서산에서 서예작품전을 열 것을 권하고 직접 전시 장소까지 물색해주었다. 드디어 1973년 봄, 그분의 격려와 후원에 힘입어 연고도 없는 서산에서 작품전을 열게 되었다. 그런데 이떻게 된 영문인지 오픈하는 날 작품이 성황리에 모두 판매되는 진기록을 세운 것이다. 짐작컨대 많은 분들이 김정호 지사장님의 얼굴을 봐서 한 점씩 구입해준 것이었다. 이것만 봐도 그분이 서산 군민들로부터 얼마나 존경받고 신망이 두터운 분이었는지 알 수 있었다.

이때 작품가격은 한 점당 20만원으로 전시작 40점이 모두 판매되어 큰 목돈을 만들 수 있었다. 당시 29평형 주공아파트 값이 4백만원 정도였으니 정말 놀라운 성과였다. 나는 이렇게 은혜롭게 마련된 돈으로 어떤 값진 일을 해야 할까 고심한 끝에, 지역문화발전과 관련된 일에 값지게 활용하기로 굳게 마음먹었다.

당시 대전은 문화 불모지라 불리던 도시로 시민회관 외에 제대로 갖춰진 전시공간 하나 없는 도시였다. 나는 부끄러운 이 오명 지우기를 첫 번째 목표로 삼았다. 그래서 그 목돈으로 선화동 법원 옆에 사랑방 같은 작은 화랑을 개설하고 문예활동의 기반을 닦을 수 있는 계기를 마련하였다. 1975년, 선화동 화랑을 대흥동 대전여중 앞으로 옮기고,

1978년 대전시청(현, 중구청) 정문 앞으로 다시 이전하여 남계화랑으로 거듭나게 되어 대전문화를 주도하는 중심지가 되었다. 그 출발점에 김정호 지사장님이 계셨고, 나는 충청지역의 문화발전을 위해 헌신함으로써 그 은혜를 갚을 수 있었다.

◆◆◆

남편 대신
가장 노릇한 아내!

1966년 전매청 산하 '부여엽연초생산조합'에 서기로 발령받고 근무 환경이 좋은 직장에서 2년간 근무하다 1968년 9월, 직장을 그만두었다. 젊은 패기로 정의감에 사로잡혀 안정된 직장을 박차고 나온 나는 아무런 대책 없이 그날그날 허송세월하며 백수로 보냈다. 일반 행정사무관 봉급보다 50% 이상을 더 받던 알짜배기 직장을 박차고 나온 이유는 급변하게 경색되었던 정치상황 때문이었다. 1968년 6월, 당시 박정희정권은 정권연장에 걸림돌이 되는 공화당 부여지구당 김종필 위원장(당의장)의 모든 공직을 박탈하고 자의반 타의반 국외로 외유를 시키는 정치공작을 감행했다. 이에 분개한 나머지, 김종필 위원장의 지시로 내가 직접 설립했던 전매청 산하 '부여엽연초생산조합'을 박차고 나왔다.

당시 첫아이가 갓 태어난 상황에서 백수 노릇하는 가장을 지켜보던 아내의 심정이 오죽 했었겠는가! 때마침 공무원채용시험 공고를 보고 아내가 응시하여 치열한 경쟁을 물리치고 당당히 합격했다. 초임발령이 나자마자 아내는 갓난아기와 백수인 남편을 남겨두고 임지로 출근을 해야 했다. 문제는 첫 근무지가 부여가 아닌 충청북도 충주라는 것

이었다. 당시 교통상황으로는 부여에서 충주까지는 대단히 먼 거리였다. 일반 버스로 부여에서 대전, 대전에서 청주, 청주에서 충주로 여러 차례 갈아타며 꼬박 하루를 가야 되는 거리였다. 그렇게 아내는 가족을 부양하기 위해 어쩔 수 없이 초임발령지로 향했다.

충주에 이불 짐과 간단한 가재도구를 챙겨주고 아내를 두고 오는 심정은 뭐라 말로 표현할 수 없을 만큼 무거웠다. 천근만근의 발걸음으로 돌아오는 길에 나는 공화당 충남도당에 들렀다. 공화당 사무처요원들의 모임인 은행나무동지회 회원이었던 나는 당시 이춘식(李春植)

사무국장을 접견하고 절박한 사정을 털어 놓았다. 다행히 한 달 만에 아내의 근무지가 대전으로 옮겨졌고 또 2개월 만에 부여로 발령이 났다. 이는 당시 집권여당인 공화당 정부시절이기 때문에 가능한 일이 아니었나 싶다.

부여로 직장을 옮긴 아내는 직장 생활에 잘 적응해가며 가장 노릇을 대신했다. 그러던 중 공무원연금제도가 시행되면서 다시 직장생활을 접게 되었다. 연금제도가 생기면 그나마 빠듯했던 봉급의 상당액이 연금으로 공제되어 가계를 이끌어가기 어려워질 거라는 판단에 직장을 그만둔 것이다. 당장의 어려운 살림살이에 쫓긴 나머지 연금이 미래에 안정적인 노후대책이 된다는 사실은 위안이 되지 못했다. 더구나 당시에는 국가에 대한 신뢰도가 높지 않았던 때라 연금제도에 대한 신뢰와 확신을 갖기도 어려웠다. 나는 적은 봉급에서 연금마저 납부해야 하는 아내에게 사직을 권했다. 내 말이면 묵묵히 따라주던 아내는 공무원 생활을 접고 다시 주부가 되었다. 이제와 돌이켜보면 부족한 남편 대신 가정을 이끌어 온 아내에게 항상 죄책감을 느끼게 하는 일이다. 남편 대신 가정을 이끌어 온 아내의 그 고마움을 이 책에 기리고자 한다.

◆◆◆

예(銳)와 둔(鈍)

당경(唐庚)이 쓴 고연명(古硯銘)에 보면 서가(書家)의 애용품인 붓, 먹, 벼루에 대해서 재미있게 구분하여 말한 대목이 눈에 띈다. 이 세 가지는 종이와 더불어 문방사우(文房四友)라 하여 늘 문인 묵객의 애완(愛玩)을 받고 항상 같이 있는 점에서는 상근(相近)이라 할 수 있지만, 그 수(壽)는 서로가 다르다는 것이다.

가령, 붓의 수명은 단 하루일 수도 있고 먹의 수명은 한 달일 수도 있으나 벼루만은 특수한 경우가 아니면 대를 물리고 계속 쓸 수 있다는 것이다. 그 이유인 즉 다소 상식적인 이야기지만 그 몸체의 특성 때문이라는 것이다. 그 중에 붓은 그 몸체가 가장 날카롭고, 먹이 그 다음이며, 벼루는 아예 둔하기 이를 데 없지만 그래 그런지 붓처럼 예리한 자는 단명하고, 벼루처럼 둔한 자는 장수한다는 것이다.

세 가지는 그 쓰이는 빈도를 보아도 붓은 제일 자주 쓰이고, 먹은 그 다음이며, 벼루는 아예 자기 몸체를 내 맡기고 조용히 누워만 있다.

그런데 움직이는 동(動)자는 단명하고, 가만히 있는 정(靜)자는 오히려 장수한다는 것이다. 이렇게 보면 예(銳)와 동(動)은 불가피하게 하나의 연결 고리를 이루고, 둔(鈍)과 정(靜)도 불가분의 관계로 맺어져 있다고 볼 수 있다.

따라서 설사 붓을 예(銳)하다고 쓰지 않고 그대로 놔둔다고 정(靜)하여도 그 붓은 결국 예(銳)를 바탕으로 하고 있어, 벼루만큼은 오래 가지 못하기 때문에 예의 숙명은 한계가 있다고 지적하고 있다.

이러한 이치를 당경(唐庚)은 이 세상을 모든 사물이나 인간관계에까지 확대해서 생각했는데 결국은 무엇이든 둔(鈍)에 바탕을 두고 정(靜)을 작용으로 삼는 것만이 영구히 오래 갈 수 있다고 설파하고 있다.

나는 굳이 고연명의 예(銳), 둔(鈍)을 인용해 본 것도 이와 같은 당경(唐庚)의 생각이 우리 인간사에도 너무 절실하게 나타나기 때문이다. 약삭빠르고 요령 좋은 사람을 예(銳)라 할 수 있고, 미련하고 머뭇거리는 사람을 둔(鈍)이라 할 수 있다면, 우리 사회에서 과연 어떤 사람이 장수할까는 뻔한 이치가 아니겠는가. 여기에서의 장수는 물론 단순한 생명의 길이, 즉 나이의 장단을 두고 하는 얘기는 아니다. 어떤 직장이나 어떤 분야를 놓고 볼 때, 아니 가장 솔직한 예로 정치가를 놓고 볼 때도 정치생명의 장단과 그 인간의 예(銳), 둔(鈍)과는 불가분의 관계가 있다고 한다.

어디 정치인뿐이겠는가. 예술가도 마찬가지고 공무원도 마찬가지다. 너무 자신의 재주만 믿고 정신없이 날뛰다가는 결국 어느 사이엔가 그 인생의 전성기는 다 가버리고 실추의 쓴 맛을 보는 예는 우리 주변에 허다하다.

요즘 적폐청산 등 주요 뉴스에 가려 덜 비춰지고 있는 사회지도층과 권력층의 비리 등을 저지르고 재주 좋게 날뛴 인사들이 편안하게 지낼 사람이 드물게 된 것도 다 같은 이치다.

인간은 나이 들면 백발이 되고 결국 산속에 묻히지만, 청산(靑山)은 나이가 들수록 더 푸르고 싱싱하게 장수하는 것도 산이 이 세상 그 무엇보다도 둔(鈍)과 정(靜)의 속성을 가장 많이 지니고 있기 때문일 것이다.

예술과 情熱

흔히 예술은 소질이 있어야 대성한다고 한다. 결코 틀린 말은 아니다. 가령 글재주가 있어야 문인이 될 수 있고, 필재(筆才)가 있어야 서예가가 될 수 있고, 타고난 그림 솜씨가 있어야 화가가 될 수 있다고 보아도 무방할 것이다.

그 밖에도 음악이나 무용, 조각, 공예 등 천부적인 소양과 재질이 있은 예술인이 크게 두각을 나타내는 것은 당연한 사실이다.

그러나 우리는 냉철하게 한 번 생각해볼 필요가 있다. 과연 진실한 그리고, 위대한 예술인이 되는데 재주나 소양만 가지고 가능할 것인가를 말이다.

그것은 진실로 의문이 아닐 수 없다. 왜냐하면 우리 주변에는 상당한 재주나 소질이 있는 어린이나 청소년들이 결국 그 방면의 예술가로 대성을 하거나 대가가 되는 경우를 그리 많이 보지 못했기 때문이다. 대개 재주 있는 사람치고 초년 혹은 데뷔 초에 남보다 번쩍하는 섬광(閃光)을 보이는 것은 상례이다.

그러나 그런 사람이라고 반드시 일관성(一貫性) 있게 정진하는 예는 드물다.

다시 말하면 자신의 한 평생을 그 한 가지 예술에만 혼신의 정력을 쏟아 꾸준히 매진(邁進)하는 예(例)가 재주 있는 사람치고 제 재주에 치어 매우 드물다는 통계다. 그렇다면 결국 그 방면에 최후의 대가는 누가 될 것인가 소양이나 재주도 중요하지만 그보다는 한 평생을 한 눈 팔지 않고 그 업(業)에만 집착하는 끈기 있는 예술인이 바로 대성한다는 것이다.

가령 필자의 전공인 서예만 해도 그렇다. 전, 예, 해, 행, 초 오체(五體)가 있는 것이 상식이지만 이 오체(五體)도 각체마다 또 대가의 작품이나 명품이 따로 있다. 행서만 해도 왕희지가 있는가 하면 안진경이 있고, 그 밖에도 황산곡, 조맹부, 소동파 등 얼마든지 대가(大家)가 있다. 예서에도 예기비, 조전비, 사신비, 을영비, 광개토대왕비 등 너무나 많다. 따라서 오체(五體)에 평균 4가지 명품만 써 보려고 해도 20체가 된다. 적어도 서예를 하려면 이 20여체의 글씨를 우선 정성을 다하여 임서하고 섭렵할 필요가 있다.

그리고 나서 자신의 적성과 취향, 그리고 장래의 발전 가능성들을 참작하여 오체(五體) 중 한두 가지 서체를 집중적으로 연마해야 한다. 그 후에야 이를 바탕으로 창작의 세계에까지 정진해야 하는 것이다. 이렇게 어렵고 힘든 것이 예술의 세계인데 어찌 가벼운 잔재주만 가지고 도전이 가능할 것인가. 일생일업(一生一業)이란 말도 있고 우공이산(愚公移山)이란 말도 있다. 평생을 한 가지 예술에만 미련한 소처럼 덤벼드는 정열을 가진 예술인만이 영원한 예술가가 될 것이다.

◆◆◆

예술인과 고독

새삼스런 이야기일지 모르지만 인간은 고독한 존재다. 그것은 인간이 개별자적인 존재이기 때문이다. 다시 말하면 사람은 어느 누구와도 같지 않고 다 자기 나름대로의 개성과 특성을 지니고 있어서 그 자체가 유일무이(唯一無二)한 존재라는 의미와도 상통한다. 흔히 천상천하유아독존(天上天下唯我獨尊)이라는 표현도 부처님만이 오직 천하에 위대한 존재라는 의미보다는 누구나 자신의 치열한 수도정신(修道精神)

으로 깨달음의 경지에만 이를 수 있다면 또한 부처님 못지않게 위대한 개별자적인 존재가 될 수 있다는 뜻에 접근한 표현이라고 하겠다.

이렇게 본다면 종교인도 무한히 고독한 존재다.

이러한 종교인 못지않게 고독한 일군(一群)의 존재가 바로 예술인들이다. 다른 어떤 직업을 가진 사람들보다 예술가가 하는 직업이야말로 개별자적인 자기만의 직업이기 때문이다.

여러 사람이 모여서 정치도 할 수 있고 회사도 운영할 수 있으며 공사판 일도 다함께 해낼 수 있다. 그러나 예술창작 행위만은 오직 고독의 산물이다. 우리는 시(詩)나 소설을 여럿이 썼다든가, 그림을 여럿이 그렸다든가, 붓글씨나 조각을 여럿이 함께 했다는 이야기를 들어본 적이 없다. 혹 학문에는 공동 연구가 가능한 것으로 알지만 예술행위 만큼은 전혀 독창적인 고독한 작업이다.

따라서 그가 위대한 예술가라면 그는 누구보다도 고독한 상황에서 시간과 대결하면서 오로지 예술창작에만 몰두해 온 사람이라고 해도 좋을 것이다.

가령 우리나라의 위대한 서예가로 추사 김정희(秋史 金正喜)선생을 꼽는데 그의 생애만 보아도 그의 엄청난 고독을 우리는 쉽게 발견할 수 있다. 당시 안동 김씨(金氏)의 세도에 밀려 제주도로 10년간이나 귀양생활을 한 추사(秋史)선생이야 말로 그 외딴 섬에서 평범한 사람으로서는 상상도 할 수 없는 절대 고독을 짓씹으면서 독서와 서화(書畵)로 그의 학문과 예술을 이룩한 인물(人物)이 아닌가.

이렇게 본다면 예술인에게 있어 외적(外的)인 핍박이나 가난은 오히려 내적인 탐구와 정진을 불러일으키는 자극제가 되면서 그 심령의 고독에 위대한 예술의 경지를 창조하게 하는 원동력이 될 수 있다. 따라서 고독하지 못한 예술인이 생명 있는 예술작품을 창조하기란 거의 불가능하다.

나는 70평생이 넘도록 작품 활동을 벗어나 각종 행사들에 떠밀려 눈코 뜰 새 없이 많은 세월을 보냈다. 지금도 그런 생활 속에 살면서 고독한 작업에 몰두하는 시간과 공간들이 그저 그리움의 여백(餘白)으로 남아있다.

내 마음의 빨간 꽃신을 신고 고향적 공동체를 꿈꾼다

'고향'하면 나는 떠오르는 노래가 하나 있다. 한명희 작사 장일남 작곡의 가곡 '비목'이다. 요즘은 매스컴에서 우리 가곡을 들을 기회가 많지 않아서인지, 국경일이나 특별한 날에 가곡을 접하게 되면 유난히 진하고 복잡한 만감(萬感)이 폐부 깊숙이 파고들곤 한다. TV를 장식하는 신나는 아이 돌 그룹의 노래에서는 찾아보기 힘든 한국적 정서와 고단했던 역사가 배어있기 때문이리라.

'비목'은 전쟁의 포화 속에 스러져간 이름 없는 병사의 허물어져가는 묘비를 노래하며 한국전쟁의 참상을 애절하게 담고 있다. 먼 고향에 대한 그리움 마디마디 그리고 그 옛날 추억 속의 서러움, 알알이 이끼가 되고 돌이 되었다는 노랫말을 들으며, 피 흘리며 죽어가던 젊은 병사와 그의 눈앞에 환영처

럼 스쳐갔을 고향 풍경을 상상하면서 순간 가슴이 울컥하지 않는 이는 드물 것이다. 고향! 우리 한국인에게 고향이란 그렇게 '차마 꿈엔들 잊혀질 리' 없는 애절한 존재가 아닐까.

그러나 고향은 이렇게 서정적인 감성을 자극하는 대상으로 끝나지는 않는다. 때로는 고향이 엉뚱하게 부각 되고 지역감정의 원인이 되어 나라를 분열시키기도 하고, 혹은 반대로 고향에 얽매이는 것은 온라인 네트워크와 교통수단이 발달한 요즘 같은 시대에 뒤떨어진 구태(舊態)한 발상이라는 양 극단이 존재한다. 모든 사람들 저마다의 고향도 그 중간 어디쯤에 위치해 있을 것이다.

얼마 전 지인들과 대전의 주민구성에 대한 이야기를 나누면서 대전에서 독특하게 나타나는 고향의 특성이 무엇일까 생각해보게 되었다. 대개 사람들이 말하기를, 대전은 말 그대로 한밭인데 밭전(田)자로 충청도 토박이와 전라도, 경상도 이북5도 등 타 지역의 이방인이 각각 차지하고 있다고들 한다. 그런 탓에 타 지역 출신은 대전에 뿌리를 내렸어도 적극적인 애향심을 표현하지 못하는 반면, 오래 전부터 특정학교 출신 소수가 대전을 좌지우지한다는 볼멘소리가 들리곤 한다. 또 지역사회가 출신지역별로 제각각 분열되어 한 목소리를 내지 못하여 궁극적으로는 지역발전을 저해한다는 걱정도 들린다. 대전은 진정 대전시민의 고향 잣대 어디쯤에 위치해 있을까?

그런데 사람들이 그리워하고 잊지 못하는 고향은 단순히 어떤 물리적인 땅이나 지명이 아니라 그 땅에서 어우러져 살며 만들어낸 사람들의 히스토리이고 추억이라는 점이다. 우리가 기억하는 고향은 어릴 적 개구쟁이 친구들과 어깨동무하고 뛰놀던 놀이터이고, 부모님 몰래 군

것질하던 학교 앞 구멍가게이며, 자식들 뒷바라지에 힘겨운 줄 모르시던 어머님의 손때 묻은 집안이자, 결혼하고 자식 낳고 만원버스에 시달리며 출퇴근하면서도 신 바람나게 일했던 직장이다. 바로 이런 것들이 고향의 실체인 것이다. 그렇다면 대전에서 이런 히스토리와 추억을 쌓은 사람이라면 조상 묘를 어디에 모셨던 본관이 어디든 상관없이 대전을 고향이라 부를 수 있지 않을까!

대전은 사통팔달(四通八達)하는 독특한 지역성을 기반으로 성장한 도시다. 사방에서 여러 사람들이 모여들고 또 팔방으로 뻗어나갈 수 있는 지리적 특성 덕분에 당연히 여러 지역의 다양하고 새로운 문화와 지식이 자연스럽게 도입되고 융화되어 대전만의 독특한 개성으로 다시 태어나 다른 지역으로 퍼져나갈 수 있는 힘을 지녔다. 따라서 대전은 지리적으로 개방과 포용의 미덕을 바탕으로 역동적인 힘을 발휘할 수 있는 저력을 지닌 열린 도시라고 할 수 있다. 대전에서 나고 자란 토박이뿐만 아니라 타지에서 대전으로 옮겨온 사람들도 굳건히 뿌리내릴 수 있는 21세기 고향적 사회의 원형 같은 도시인 셈이다.

그러나 대전을 진정한 고향적 사회, 열린 도시로 만드는 것은 우리 대전 시민 각자에게 달렸다. 대전의 모든 어린이가 건강하게 자라고 양질의 교육을 받을 수 있도록, 사회에 첫발을 디딘 젊은이가 건전한 희망과 담대한 포부를 펼칠 수 있도록, 성실한 가장의 수고가 정당하게 평가되고 인정받을 수 있도록, 연장자들의 경험과 지혜를 살려나갈 수 있도록, 시민과 행정기관과 각 사회단체 모두가 마음을 합하고 노력하는 과정에서 고향이 만들어지는 것이 아닐까.

나는 대전의 밭전(田)자를 좋아한다. 각 지역출신의 분열을 뜻하는 밭이 아니라, 신뢰할 만한 든든하고 커다란 울타리의 보호 속에 각각의 영역에서 각자의 독특한 개성을 발휘하여 균형과 조화를 이룬 열린사회를 상징하는 잘 정돈된 밭을 좋아한다.

李重煥(1690~1752) 선생의 택리지(擇里志)에서 산불고수려 수불심청징(山不高秀麗 水不深淸澄)이라 '산은 비록 높지 않으나 아름답고 물은 깊지 않으나 맑다'하여 경향 각지의 사대부들이 몰려와 사는 곳이라 하였으며 대전 갑천(甲川) 일대는 사대부가 터를 골라 살기에 명당이라고 한 것은 바로 이런 대전의 개방적 특성을 꿰뚫어봤기 때문이리라.

나는 비록 대전에서 태어나지 않았으나, 고향 부여에서 이주해 와 지난 40여년을 대전에서 빨간 꽃신을 신고 자식 키우고 일하고 지역문화 발전을 위해 열정을 다해 봉사하고 정성을 쏟으며 살아온 대전토박이라고 자부한다. 나는 오늘도 여전히 '내 마음의 빨간 꽃신'을 신고 대전의 고향적 공동체를 꿈꾼다.

◆◆◆

마음 놓고 살 수 있는 사회를

지금부터 18년 전인 서기 2000년의 1인당 GNP가 1만 6천 달러를 넘어 지금의 영국 이탈리아 수준에 이르고 국민 대부분이 각종 연금혜택을 누리는 복지사회로 진입한다고 한국개발연구원은 내다보기도 했었다.

하지만 지금 우리나라의 경제전망은 여간 어두운 것이 아니다. 거기에다 온 사회는 각종 흉악범과 경제사범, 부정, 불신, 불안으로 뒤범벅

이 되고 계층 간 빈부 간의 위화(違和)와 갈등(葛藤)이 이미 위험수위에 와있는 느낌이다.

따라서 사회 일각에서 한결같이 인간성 회복, 도덕심 회복 등을 강조하고 나오는 것부터가 결코 우연한 일이 아니니다. 이것이 곧 민심(民心)이요, 천심(天心)인 것이다.

오래전에 실시한 "범죄와의 전쟁"은 이렇다 할 성과도 못 거둔 채 해마다 숙제로 이어져 왔는가하면 이제는 식수(食水)나 숨 쉴 공기마저 수준이하라 하여 도처에 푸념이 무성하다.

정치가 국민의 불신 속에 허우적대고 사회는 계층 간의 갈등이 심화되고, 심화된 빈부의 격차와 사회 부조리로 오염돼 있는 판에 민생치안(民生治安)인들 온전할 리가 없다. 여자들이 마음대로 걸어 다닐 수 없고 어린 생명이 하찮은 탐욕의 재물이 되는 사회는 아무리 물질적 풍요가 있다 해도 결코 우리가 이상(理想)으로 여기는 사회라 할 수 없다.

아니, 이대로 가다가는 사회공동체의 와해가 우려된다는 막말까지 나오고 있다. 정치권에 도덕성이 없고, 공직사회에 부패가 판을 치며 가진 자의 경제윤리, 거리의 교통질서 그리고 사소한 공중도덕에 이르기까지 가치와 규범이 실종돼가고 있는 것 또한 부인하기 어렵다.

크든 작든 범죄에 대한 공포를 평소에 느끼며 산다는 국민이 전체의 8할 이상 된다는 한 여론조사결과는 우리 모두에게 참 으로 섬뜩한 느낌을 준다. 잘못을 저지르고도 죄의식을 느끼기는커녕 "어차피 막판인데 뭘"하는 식의 자학(自虐)이 죄의식을 마비시키고 있는 것이다.

이른바 가진 자들이 공동체 속에서 더불어 살 생각을 안 하는 것부터가 문제다. 그동안 사정(司正)당국에서 여러 모로 메스를 가하곤 했지만 대기업의 부도덕한 경영과 호화 과소비풍조가 날로 더해가고 있는 것은 어찌된 까닭인가.

이런 사회 병리(病理) 못지않게 공해(公害)가 많은 국민의 목을 죄고 있는 것도 이제는 더 간과 못할 한계상황에 이르고 있다. 민생치안 다음으로 시급히 해결해야할 과제가 "환경보전"이라 할 만큼 전국이 미세먼지 등 공해에 찌들고 있으나 정부는 여전히 대책수립에만 급급하고 있는 모습이 역력하다.

그동안 환경부가 〈환경보전에 관한 국민의식조사〉를 한 결과 〈환경오염으로 심각한 피해를 받고 있다〉고 응답한 사람이 전체의 64. 4%에 달하는 것으로 발표한 적이 있다. 더욱 놀라운 것은 정부의 환경보전 노력이나 오염 수치발표 등에 대해 76%가 불신하는 대답을 하고 있다는 사실이다. 우리 사회가 안고 있는 병리(病理)현상을 이대로 방치할 수는 없다. 하기에 따라서는 영영 구제의 가망이 없는 것도 아니다.

제20대 국회출범과 함께 30여 년 동안 쌓여온 군사문화의 적폐를 씻어내고 〈밝은 사회〉를 약속하는 한 가닥의 희망을 가져본다. 진작부터 국민의 눈높이에 맡는 정치를 펼쳤더라면 정치의 간단없는 파행(跛行)과 관(官)의 부패, 이로 인한 민관(民官)의 이간(離間), 불신이 오늘에 이르지는 않았을 것이기 때문이다. 민생치안 또한 전쟁을 선포할 만큼 나락에 빠지지는 않았을 것이다.

뜻이 있는 곳에 길은 있게 마련이다. 권력의 도덕성을 회복하고 분배

정의(分配正義)를 과감히 실현하는 것도 시급한 일이다. 이에 덧붙여 집권(執權)으로 쌓인 갖가지 폐해를 가능하면 분권(分權)으로 풀어보는 것 또한 슬기일 수가 있는 것이다. 마음 놓고 살 수 있는 사회가 바로 민주사회가 아니겠는가.

◆ ◆ ◆

병속의 금방울을 꺼내려면

어릴 적 할아버지께서 해주신 옛날이야기가 있다. 어느 자손 귀한 가문에 뒤늦게 얻은 금쪽같은 어린 아들이 자기가 가장 좋아하는 금방울을 가지고 놀다가 그만 조상대대로 전해지던 가보(家寶)인 호리병에 빠뜨리고 만다. 아이는 호리병 속에 고사리 같은 손을 넣어 금방울을 잡고 꺼내려 하지만, 금방울을 움켜쥔 주먹이 병목에 걸려 빠지지 않자 고집스럽게 울기만 한다. 온 집안사람들이 금방울을 놓으라고 설득하면 할수록 아이는 더욱 자지러졌고, 보다 못한 아이 아버지는 어쩔 수 없이 귀한 골동품을 깨뜨리려고 한다. 이 때 마침, 출타 중이던 할아버지가 돌아와 어린 손자를 달래자 아이는 금방울을 놓고 병에서 손을 꺼낼 수 있었으며 마침내 금방울도 되찾고 집안의 보물인 호리병도 지킬 수 있었다.

이런 소소한 옛날이야기에도 현대의 갈등을 해결할 수 있는 실마리가 담겨있다. 집안의 보물을 깨지 않고도 금방울을 되찾을 수 있었던 지혜가 무엇이었을까? 그것은 움켜쥔 금방울을 놓아도 곧 다시 되찾을 수 있다는 믿음, 즉 할아버지에 대한 손자의 신뢰였다. 신뢰란 이렇게 사회 구성원 모두를 이롭게 하며 그 이익을 공유하고 상생할 수 있는 밑거름을 제공한다. 그러나 이런 신뢰는 하루아침에 그냥 쌓여지는 것이 아니다. 부단한 소통과 서로에 대한 이해의 노력을 통해서만 가능하다. 말이야 쉽지만 이를 실천하는 것은 고행과도 같은 일이다. 그럼에도 불구하고 사회 구성원이 신뢰를 쌓기 위한 노력을 외면할 수 없는 이유는 명확하다. 서로 신뢰하지 않는다면 우리 모두의 보물이 깨지고 금방울을 쥐었던 모두의 손에 생채기가 나는 것을 피할 수 없기 때문이다.

대전예총은 그동안의 우여곡절 끝에 회장 선거를 다시 치르게 되었다. 현재 절차상의 문제 등으로 내홍에 휩싸인 예총을 두고 깨질 위기에 처한 귀한 항아리를 바라보는 듯한 안타까움을 느끼는 것은 비단 필자만은 아닐 것이다. 대전이 문화 불모지라 불려졌던 지난 50년 동안 온갖 어려움 속에서도 대전의 척박한 문화 환경을 가꾸고 일궈온 예총은 우리 예술인들에게는 삶의 터전이요 울타리나 다름없다. 대전예총의 살림을 총괄하는 회장 자리가 빛나는 금방울이라면 예총을 이끌어갈 대들보인 두 후보 또한 우리 예술인들에게 소중하고 꼭 필요한 존재다. 그러기에 지금은 둘이 움켜쥐기만 했지 항아리 밖으로 꺼낼 수 없는 금방울을 우선은 놓고 처음으로 돌아갈 때다. 이대로는 우리의 귀한 항아리가 금가고 깨질 수밖에 없다. 또 전체 예술인 공동체가 돌이킬 수 없는 상처를 입게 된다.

서로 불신에 갇혀 자중지란 속에 공멸하는 파괴적인 어리석음을 이번 임시총회에서 막아야 한다. 우리 예술인들은 두 후보가 겸허하고 진지하게 예총회장은 어떤 자세로 무슨 역할을 수행하는 자리인지 다시 생각해 보기를 바란다. 또한 예총이라는 터전을 발전시키고 예술인의 권익을 신장시킬 방안에 대해서도 허심탄회하게 서로 소통하기를 희망한다. 그렇게 예술인 공동의 목표를 확인하는 과정에서 비로소 그동안 쌓여 온 오해와 앙금을 해소하고 신뢰의 첫걸음을 내디딜 수 있게 된다. 이러한 작은 신뢰들이 쌓여야 상생의 길을 도모하는 방법과 역량을 찾을 수 있다.

아직도 늦지 않았다. 그동안 소송사건 등 일련의 사태로 인해 50년 전통의 예총의 위상이 말이 아니다. 우리에게는 예총을 아끼고 사랑하며 무언의 지지와 끊임없는 성원을 보내고 묵묵히 실천하는 5,000여 회원이 있다. 두 후보는 이 5,000여 회원의 기대와 신뢰를 짊어지고

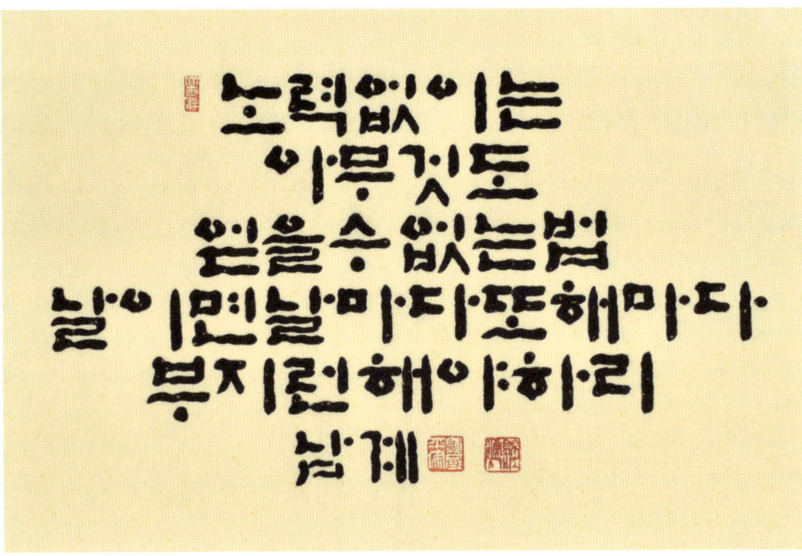

있다는 엄중한 책임을 직시하기 바란다. 예총에 대한 신뢰의 힘으로 5,000여 회원이 지금 두 후보를 달래고 있음을 상기하기 바란다. 우리 5,000여 회원은 두 후보가 서로를 이해하고 존중하는 노력을 기울이며, 선의의 경쟁을 펼치고 정정당당하게 결과를 수용하여 대전예총의 미래를 위해 진심으로 서로 협력할 것을 요구한다. 이번 임시총회에서 치러질 예총회장 재선거가 이러한 상생과 발전의 단단한 디딤돌이 되고 실추된 예총의 명예를 회복하고 화합하는 선거가 되기를 거듭 기대한다.

(2011. 04. 18. / 중도일보)

◆ ◆ ◆

오류동(五柳洞) 연가(戀歌) 1

뽕나무밭이 푸른 바다로 변했다는 고사성어를 우리는 상전벽해(桑田碧海)라고 한다. 이 말이 지닌 속뜻은 덧없이 흐르는 세월에 따라 산천(山川)뿐이겠느냐. 이 땅에 살아왔던 수많은 인걸들은 오늘날 어디 있으며, 그들이 남긴 자취 또한 어디에서 찾을 수 있단 말인가? 하지만, 이처럼 무상한 변화 속에서 한 올의 실오라기처럼 끊이지 않고 이어지는 것이 있으니, 그것이 바로 예로부터 입에서 입으로 전해져 오는 그

고장의 유래인 것이다.

내가 살고 있는 곳은 그 이름조차 낭만적인 오류동(五柳洞)이다. 중국 진(晉)나라 때 귀거래사(歸去來辭)를 짓고 벼슬길을 은퇴하여 고향 마을 집 앞에 다섯 그루의 버드나무를 심고 스스로 오류선생(五柳先生)이라 자처하면서 유유자적하게 만년을 보냈던 도연명(陶淵明) 선생의 고장을 연상시키는, 아니 어쩌면 그 고사(古事)에서 크게 암시 받아 명명(命名)한 듯한 우리 마을은 확실히 낭만적인 멋이 풍기는 이름의 고장임에 틀림없다.

그런데 이 낭만적인 마을 이름에 걸맞지 않게 지금 우리 마을은 고층아파트와 각종 건물들이 빼곡히 들어선 삭막하기 이를 데 없는 곳으로 변해가고 있다. 산업화로 치닫고 있는 사회의 도심권에 위치한 우리 마을이 이처럼 급변하게 된 것은 도시 발전에 따른 필연적인 추세라고 볼 수 있지만, 그러나 이 마을을 아끼는 많은 사람들의 가슴 언저리에는 한 가닥의 아쉬움과 향수가 남아 있음을 어찌하랴.

사실, 우리 오류동은 호남선이 놓이기 이전까지는 대전의 변두리 버드내, 상평, 중평, 하평 등에 이웃한 한적한 시골마을에 지나지 않았다. 지금은 복개되어 흔적조차 찾을 길이 없지만 보문산(寶文山)에서 발원한 한

줄기 도랑물이 한밭도서관이 들어선 앞에 자리한 과례 마을을 거치면서 제법 큰 시냇물을 이루고 오류시장과 서대전역을 거쳐 수침교 쪽으로 수정처럼 맑게 흐르는 과례천변, 지금의 오류시장 어름에 그 옛날 누군가가 다섯 그루의 버드나무를 심어놓았기에 어느 현자(賢者)가 이 마을을 오류라 한 데서 유래된 것으로 짐작할 수 있는 우리 마을의 이름은 마을의 형세가 크게 바뀐 지금도 사라지지 않고 많은 주민들의 사랑을 받으며 남겨져 있다.

그럴진대, 이 고장을 아끼는 우리는 옛날의 자취를 되새기는 뜻에서 이곳에 멋들어진 버드나무 다섯 그루를 다시 심고 그 유래비(由來碑)를 세워 후세에 전함도 좋은 일이 아니겠는가?

◆ ◆ ◆

오류동(五柳洞) 연가(戀歌) 2

대전시의 많은 지명 가운데 오류동이란 동명처럼 시적(詩的)이고 전원적(田園的)인 이름도 아주 드물 것이다.

글쎄, 과연 누가 오류 동(五柳洞)이란 이름으로 동네 이름을 지었는지는 몰라도 이는 그 때만 해도 오류동(五柳洞)어딘가에 버드나무가 냇가에 대여섯 그루 서 있었거나, 아니면 버드나무도 몇 그루 보였겠지만 그 이름을 지은 분이 특히 도연명(陶淵明)선생의 어떤 사상이나 정신을 너무 좋아해서 기왕(旣往) 오류동(五柳洞)이란 이름을 지은 것이 아닌가 한다.

그렇다면 우리는 도연명(陶淵明)선생에 대해서 대강 알아볼 필요가 있을 것이다.

진(晉)나라 말, 송(宋)나라 초의

전원시인인 선생은 한 때 현령(縣令) 벼슬을 살았으나 오두미(五斗米), 당시의 현령 봉급 때문에 소인배(上官)에게 허리를 굽히기가 싫다며 벼슬을 포기하고 고향으로 돌아갔다. 이 때 지은 것이 만고의 명문인 귀거리사(歸去來辭)이거니와, 선생은 고향에 돌아간 뒤에 청빈(淸貧) 속에서 자연을 벗 삼아 시(詩), 주(酒), 금(琴)을 즐기며 밭갈이하는 농부요, 전원시인으로 지내다가 63세를 일기로 일생을 마쳤다.

그의 저서 도연명집(陶淵明集)에 있는데 이 가운데 바로 오류선생전(五柳先生傳)이 나온다. 우리 마을의 동명은 이 오류선생전의 어떤 대목을 즐겨 읽은 분이 거기서 따다가 지은 것이 아닌가 싶다.

그러면 그 가운데 한 대목을 보자.

"조용하고 입이 무겁고 영리를 즐기지 않고 독서를 좋아하며 천착(穿鑿)을 좋아하지 않는다. 납득할 수 있으면 음식을 잊는다." 이런 대목이 그것인데 여기서 재미있는 것은 천착(穿鑿)이란 말이다. 한자에 천착(穿鑿)이라고 쓴 것으로 미루어 아무래도 성생활을 그리 표현한 것이 아닌가 한다.

선생은 노자(老子) 장자(莊子) 사상에 영향을 받은 바 크며 인생을 자연의 추이에 맡기고 살려는 자연복귀의 인생관이 기반이 되어 있다. 그러나 선생은 인생을 부정하거나 인간사회를 피해서 산으로 들어간 것이 아니고 전원의 농부와 함께 생활한 것이며 속악(俗惡)한 관계를 싫어한 분이다.

선생의 귀전원거(歸田園居)란 작품에도 버드나무가 나온다.

〈느릅나무 버드나무는 뒤란 처마를 덮었고, 복숭아 오얏은 집 앞에 늘어서 있다.〉

이러한 도연명 선생의 시 정신을 볼 때 우리 동네 동명을 지은 선비는 당시만 해도 대전에서도 변두리인 이곳이 웬만한 시골 못지않게 한적하고 전원적이어서 자신도 낙향한 기분으로 아마 오류선생 기분을 내겠다고 오류동이라 명명했을 것이다.

그러나 이제 우리가 사는 이 오류동에선 버드나무도 찾아보기 힘들고 전원의 풍치도 온데간데없다. 전원은 고사하고 오류동은 이제 대전의 중심부로 대형아파트가 즐비하고 백화점에다 각종 유흥 음식점까지 즐비하니 격세의 느낌이 그 어느 곳보다 현격한 마을이다.

하기야 이렇게 복잡한 아파트 단지에서 살수록 옛날의 전원풍경과 자연을 동경하며 도연명 선생을 흠모하는 오류동의 연가를 찾아보는 것도 뜻 깊은 일이 아닐 수 없다.

◆ ◆ ◆

정석모 장관과의 특별한 인연

1971년 12월, 박정희정권이 국가비상사태계엄령을 선포하자마자 나는 언론인 집단구속사건에 연루되어 옥고를 치렀다. 1972년 12월 8월, 형집행정지로 풀려난 후 고향을 떠나 삶의 터전을 대전으로 옮겼다. 대전시 선화동에 단칸방을 얻어 아내와 아이들을 데리고 낯선 대전에서 생활을 시작했다. 당시 대전은 요즘과 달리 문화공간 하나 제대로 갖춰진 곳이 없는 문화 불모지라 불리던 도시였다.

1974년 대전여중 앞에 작은 "남계화랑"을 열고 동네 사랑방처럼 운영하다 1977년 10월, 대전시청(현, 중구청) 정문 앞에 "남계화랑"을 개설했다. 당시 대전은 미술작품을 전시할 공간이 턱없이 부족하던 시절이어서 미술인들이 활용할 수 있는 전시 공간 "남계화랑"을 시작한 것이다. 화랑은 전시뿐만 아니라 예술인들을 비롯해 시민들이 문화를 공유하는 열린 공간 역할을 하는 곳이었다. 내 생각대로 많은 유력인사들이 사랑방처럼 "남계화랑"을 찾았다.

특히 고향 부여에서 20대에 JP를 지원하고 정당사무국 직원으로 정치활동을 했던 터여서 대전의 유력인사들과 쉽게 교류할 수 있었다.

당시는 충청권뿐만 아니라 전국의 유력인사들이 JP와 인연을 만들고 싶어 했던 시기였다. 그러던 중 충청남도 정석모(작고, 내무부장관)지사와의 인연을 쌓게 되었다. 당시 서천 출신 야당정치인 이연직씨가 가교역할을 하여 정석모 지사를 만날 수 있었다.

이연직씨는 친화적 성격의 소유자로 대전을 중심으로 정관계 인사들과 폭넓게 교류하고 있었다. 그는 나를 40대 유능한 서예가로 정석모 지사에게 소개하였고. 정 지사는 즉시 나에게 서예 개인지도를 부탁했다. 행사장이나 외국을 방문했을 때, 방명록을 자신 있게 쓸 수 있도록 지도해 달라고 했다. 이러한 연유로 정석모 지사와 지근에서 돈독한 관계를 유지하게 되었다.

1년 넘게 서예 개인지도를 하면서 정석모 지사의 훌륭한 모습을 발견하고 감동하게 되었다. 서예 지도를 받을 때 누구보다 진중하게 임했고, 소질도 있어 빠른 속도로 서예를 익혀갔다. 도지사라는 직함을 갖고 있었지만 소탈하고 누구라도 포용할 수 있는 넓은 아량을 보여주었다. 타고난 자질에 끊임없이 노력하여 쌓은 실력과 강력한 리더십까지 갖춰 누구라도 가까이 하고 싶은 인물이었다. 나는 정석모 지사가 JP의 뒤를 이어 한국정치를 이끌어 갈 유능한 행정가요 정치인이라고 판단하였다. 정석모 도지사는 JP와 더불어 내가 가장 존경하는 지역인사 중에 한 분이셨다.

정 지사와 거의 매일 독대를 한다는 사실이 알려지면서 도청 내 간부들 상당수가 나와 친하게 지내고 싶어 했고 자연스럽게 그들과도 가까워질 수 있었다. 그때 쌓은 도청의 간부들과 깊은 신뢰를 바탕으로 지금까지 수십 년 동안 가까이 지내고 있다. 당시 그들로부터 충남예총

과 대전 · 충남 예총활동에 많은 도움을 받았다. 그래서 전국 지방예총 가운데 예총활동이 제일 활발하게 이루어졌고 예술인들의 권위가 신장되던 시기였다. 정석모 도지사가 중앙무대로 올라간 후에도 충남도청 실 · 국장들과의 인연은 계속 돈독하게 이어졌다.

◆◆◆

코드 그린

나는 70평생 붓을 놓지 않았으니 김종헌 선생의 "붓에 살고 붓에 죽은 서예가들의 이야기"를 소개해도 좋을 것이다. 그러나 나는 오랜 기간 예총활동과 대전시의 의회활동을 하였었고 또 여전히 현장의 중소기업인으로서 조금은 "불편한 진실"을 이야기하고 싶다.

나는 다섯 살 때부터 할아버님 앞에 앉아 붓을 들고 천자문을 익혔었고 더듬더듬 신문을 읽어드리며 하루 일과를 시작하곤 했다. 지금 그때의 나보다 훌쩍 더 자란 손자들을 바라보며, 그 옛날 해방 전후의 혼란 속에서 나를 지켜보셨던 할아버님의 복잡한 마음을 조금이나마 헤아리곤 한다.

요즘처럼 어지럽게 변하는 세상은 칠순이 넘는 나를 초조하게 만든다. 귀한 어린 생명들이 살아갈 미래가 건강하고 안전하고 행복하기를 바라는 할아비의 눈에는 이 세상이 의심스럽기만 하다. 최근 몇 년 전 충청도 홍성, 보령 등지의 석면폐질환집단 발병에서도 보여지듯 오염된 공기와 물 그리고 전례 없는 이상기후와 자연재해, 온난화에 따른 전염병의 확산, 고갈되는 석유자원 등 매일 들려오는 위태로운 뉴스는 더 이상 손 놓고 있을 수는 없는 현실을 말해준다.

나는 시의회 활동 중에 특히 대전시 용담댐건설로 인한 대청댐 등 수질개선 문제에 많은 시간을 할애했었고 나름의 큰 성과를 이뤘다고 자부하고 있다. 또한 기업인으로서 에너지절약을 위한 여러 방안을 검토하면서 태양전지와 LED의 도입을 일찍부터 실천하며 신재생에너지에 대한 긍정적인 전망을 홍보하기도 했다. 그런 평소 나의 생각을 "코드그린" "뜨겁고 평평하고 붐비는 세계" (토머스 프리드먼 저, 21세기 Books, 2008) 에서 발견하고 반가웠다.

이 책은 지난 정부가 "녹색성장"이라는 핵심국가전략을 설정하는데 중요한 영향을 미쳤다고 전한다. 정부는 신재생에너지와 해양 바이오 에너지산업 등을 국가 신 성장 동력사업으로 적극 지원하겠다고 발표했다. 비록 지난정부의 정책을 전부 지지하는 것은 아니지만, 현재의 상황을 인식하고 "녹색성장"을 통해 문제를 해결하려는 의지를 담고 있는 점은 다행이라 생각한다.

“코드그린”은 지구온난화에 따른 뜨겁고(hot), 미국 중산층 소비생활의 세계화에 따른 평평하고(flat), 전 세계 인구증가에 따른 붐비는(crowded) 세계를 그대로 방치하면 대재앙이 온다고 주장한다. 따라서 인류는 청정에너지 개발과 에너지 절약 및 효율성 향상, 자연 보호를 통해 위기에 대처해야 하고, 이런 녹색혁명을 수행하는 국가와 기업만이 미래를 선도할 것이라고 역설한다.

마침 지난 정부가 시민들의 참여를 통한 에너지절약 실천방안으로 탄소포인트제를 실시한다. 전기, 수도, 가스를 절약하여 얻은 포인트로 현금, 쓰레기봉투, 교통카드, 주차권 등을 지급받을 수 있다고 한다. 비록 앞으로 여러 시행착오를 거치겠지만, 앞으로 정부는 이러한 작은 실천이 녹색혁명의 밑거름이라는 점을 잊지 말고 분발해주기 바란다. 그린은 선택이 아니라 운명이다.

토끼와 거북이

우리나라 전통동화인 '토끼와 거북이' 이야기가 새삼 떠오르는 때다. 대체로 토끼를 재치 있고 유능하지만 지나친 과시욕(誇示慾)이나 자기 만족에 빠져 경망스러운 짓을 잘하는 대상으로 보아 온 반면, 거북이는 느리고 둔하지만 쉬지 않고 꾸준히 노력하는 성실한 유형으로 대조시킨 것이 재미있다. 결국 전자보다는 후자가 성공을 하고 최후의 승리자가 될 수 있으니 바람직한 교훈이 아닐 수 없다.

그러나 이런 동화는 서양 사람들에게는 전혀 설득력이 없고 아무 감동을 주지 못한다고 한다. 그 가장 큰 이유는 뒤늦게 따라온 거북이가 잠자는 토끼를 보고도 깨울 생각을 하지 않고 그냥 자기 혼자만 경주를 해서 일등을 한 것이니, 그것은 경기의 기본적인 룰을 벗어나 파인플레이 정신에 어긋난다는 것이다.

그렇게 보면 서양 사람들의 지적도 일리는 있는 것 같다. 그야 어떻든 나는 굳이 우리의 전래동화를 무시하고 싶은 생각은 추호도 없다. 오히려 이 동화를 곰곰이 생각하다 보면 그것이 문득 우리나라 예술인의 어떤 성향이나 판도와도 일맥상통하는 면이 있는 것이 아닌가 하는 생각이 들 때도 있다. 가령 서울무대에서 민첩하게 활약하는, 그래서 자타가 우수하다고 평가하는 많은 예술인들이 토끼의 어떤 특성과 같다면, 지방에서 활동하는 다소 우직해 보이는 예술인들은 거북이의 어떤 이미지를 닮은 것이 아닌가하는 생각이 들기 때문이다.

이렇게 비유하고 보니 결국 언젠가는 지방예술인이 중앙예술인을 꼭 앞설 것이라는 암시가 될 수도 있어 내가 강조하고 싶은 것은 그런 승부의 결과에 있는 것이 아니라, 대체적인 예술창작과정이나 그 활동의 기본양상만을 비교해 본 것뿐이니 그 점에 오해 없기를 바랄 뿐이다.

아무리 중앙무대에서 예술적인 재능이나 역량을 인정받은 유능한 예술인이라할지라도 보다 겸허하고 자중자애(自重自愛)하는 자세를 보일 때 더욱 많은 성가(聲價)도 높아질 것은 자명한 일일 것이며, 비록 지방에서 활동하는 예술인일지라도 추호도 자격지심을 갖거나 피해의식을 갖지 말고 자신의 예술창작에 전념하고 부지런히 연구 노력한다면, 오히려 중앙무대의 예술인보다도 높게 인정을 받을 것은 당연한 귀결이니 말이다.

지방에 연고를 둔 우리 예술인들 모두 토끼처럼 뛰고 거북이의 집념처럼 정진한다면 무엇이든지 이루어 낼 수 있지 않을까하는 소이이다.

남계 조종국

예술혼(魂) 50년!

– 지역문예 진흥에 묻다 –

3부

정치가 문화에 정을!

◆◆◆

정치가 문화의 정을

역대 정권과 국회, 그리고 지방자치 단체는 문화에 대해 얼마나 관심과 열의를 가지고 있는지 궁금하다.

문화는 그 자체가 지닌 뜨거운 체온과는 달리 정치마당에서는 언제나 소외되게 마련이어서 역대 어느 정권에서도 일반인의 주목을 끌지 못하는 사각지대에 감추어져 왔다.

지금 우리나라에서 절실한 것은 정치가 문화에 정을 주는 일이다. 정치가 경제를 편애해오는 동안 국민의 문화교육과 문화의식이 비뚤어질 수밖에 없었다. 우리나라에서 '가장 필요하면서 가장 없는 것'이 옛날에는 돈이었다. 지금은 문화다. 정치적인 힘이 지금까지도 경제를 키워왔지만 벌써부터는 문화도 동반해 키워 왔어야 한다. 한 나라의 문화가 그 나라의 역사를 개척해 나갈 수 있는 슬기요,

잠재력이라면 문화는 곧 정치의 추진력도 된다.

정치더러 문화를 사랑하라고 하는 것은 문화만을 위해서가 아니라 정치자신을 위해서이기도 하다. 문화발전은 곧 정치발전이다.

옛 왕조시대에 우리의 정치가들은 모두 문화예술인이었다. 시를 쓰고 서화를 즐겼다. 문화발전이 정치발전이듯이 오늘의 시대에는 문화적 소양은 정치인의 자질을 높이는 일이다. 그리고 정치가가 극장에 가야하는 까닭은 또 있다.

당나라 시인 장열(張悅)의 시(詩)에는 송시문국정(誦詩聞國政)이라는 구절이 나온다. 옛날 중국의 조정에서는 각지에 채시관(採詩官)을 파견하여 민요를 수집했다. 천자는 이 민요를 듣고 백성들의 민심을 알았다.

프랑스에서도 파리의 쎄느강에 걸린 다리 중 가장 오래된 것이 퐁네프요, 중세 때 이 다리에는 전국 각지의 음유시인들이 모여 민정을 반영하는 노래를 불렀었다.

현대에는 시가 여러 예술형태로 다양화되었을 뿐이다. 모든 예술은 사회현실의 엑스다. X선 촬영의 사진이라고도 할 수 있다. 현실의 투시다. 정치가 귀를 기울여야 할 모든 목소리가 예술작품 속에 어떤 형태로든 다 들어있다. 예술은 귀 담지 않아도 괜찮을 소리를 노래하지 않는다. 예술은 현실의 모방에 그치는 것이 아니라 발견이기도 하다. 그리고 예술가는 사람들에게 세계를 바라보는 눈을 빌려준다.

정부와 국회, 지방자치단체가 선거 때만 되면 민의를 살피는 것과 마찬가지의 비중으로 정치인은 문학작품이나 무대를 통해 세상을 읽어야 한다. 이것은 곧 정치가 문화에 정을 주는 지름길이 되기도 한다.

◆◆◆

1971년 국가비상사태와 서울신문기자

1968년 부여엽연초생산조합의 안정된 직장을 버리고 1년 반 동안 백수노릇을 했다. 다행히 아내가 공무원이어서 가계를 이어갈 수 있었다. 그러던 중 1970년 봄, 서울신문 기자공채시험공고를 보고 시험에 응시해 합격의 관문을 통과했다. 모두 6명이 공채3기 기자로 최종 합

격의 영광을 안았다.

서울신문 본사에서 기본교육을 받은 다음 나는 서울본사발령을 고사하고 고향인 충남에서 취재활동을 할 수 있도록 간곡히 부탁했다. 당시 가정형편으로는 도저히 서울근무가 어려운 상황이었다. 선친께서 39세의 연세에 일찍 돌아가시고 홀어머니와 조부모님을 모시고 7남매의 장남으로 동생들과 아내와 딸까지 돌봐야 하는 형편이었기 때문에 도저히 고향을 떠날 수 없는 처지였다. 회사가 나의 사정을 받아들여 충남 부여, 서천, 보령, 홍성 지역을 담당하는 주재기자로 발령이 났다.

그래서 가족들이 있는 부여에 상주하면서 기자생활을 할 수 있었다. 당시 대중매체로 TV와 라디오 방송도 있었지만 신문이 여론을 주도하던 시절이었고, 기자는 말 그대로 무관의 제왕으로 막강한 사회적 영향력을 행사할 때였다. 나는 부여농지개량조합과 공화당 부여지구당 사무국, 그리고 부여엽연초생산조합에서 근무한 행정경험과 서예활동을 하는 남다른 기자로 인정을 받았다.

입사 이듬해인 1971년 부여에서 큰 사건이 터졌다. 오랜 세월이 흘렀지만 아직도 밝히는 것이 꺼려지는 사건이다. 당시 정비석의 '자유부인'이란 소설이 베스트셀러였던 때라 그런지 사회적으로 남녀 간 치정사건들이 빈발했다. 부여에서 22여명의 가정주부가 전라도 오동도에서 집단으로 바람피운 사건이 꼬리를 물고 확산되기 시작해 그 후유증이 일파만파로 커졌다. 사건을 취재한 나는 기사를 작성해 본사에 송고했다. 그 기사가 본사에서 발행하는 유명한 주간지 "선데이 서울"에 특종 톱기사로 실렸다. 그런데 시골 부여를 발칵 뒤집은 사건을 취재한 나에게 생각지도 못한 불똥이 튀었다.

당시 유신정치를 시도하던 박정희정권은 걸림돌이 되는 정치인과 언론인을 압박과 길들이기 대상으로 삼았다. 1971년 12월, 박정희정권은 국가비상사태 계엄령을 선포하고 내가 쓴 "선데이 서울" 기사를 크게 문제 삼았다. 그리고 사회불안요인을 제공했다는 이유를 들어 특별조치법인 폭력행위 등 처벌에 관한 법률위반 혐의로 나를 전격 구속했다. 너무 갑작스럽게 당한 사건이고 내용도 너무 황당해 달리 손을 쓸 수가 없었다.

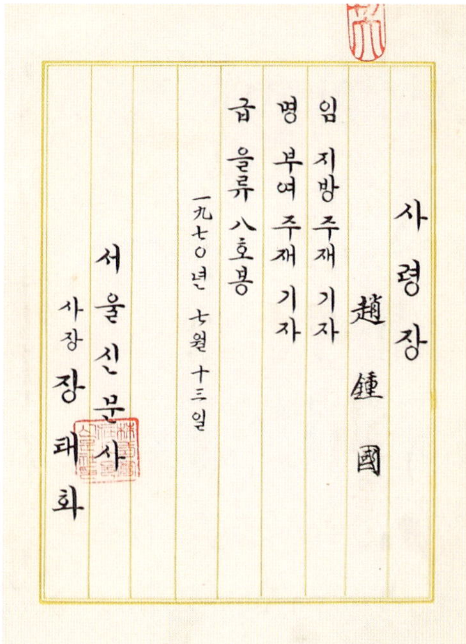

사령장

趙鍾國

임 지방주재 기자

명 부여주재 기자

급 을류 八호봉

一九七〇년 七월 十三일

서울신문사

사장 장태화

당시 사건은 대전지검 강경지청(현, 논산지청) 송종의(宋宗儀)검사 지휘 아래 수사가 진행됐다. 무려 8개월이 넘도록 억울한 옥살이를 해야 했다. 오랜 세월이 지나 사건을 담당했던 당시 송종의(宋宗儀)검사가 대전지검 검사장으로 부임했다. 대전예총회장을 맡고 있는 나는 그를 직접 방문해 검사장 취임을 축하했다. 송종의(宋宗儀)검사장은 1971년 국가비상사태 때 사건을 잊지 않고 회고하면서 나를 반갑게 맞아 줬다. 그리고 서예가로 예총활동을 하는 나를 많이 부러워했다. 송종의(宋宗儀)검사장은 대전지검장을 거쳐 후일 서울지검장과 법제처장을 역임했다.

낙선의 고백

1971년 박정희정권이 유신정치에 앞서 국가비상사태를 선포하고 정치적으로 걸림돌이 되는 정치인과 언론인을 구속하는 등 공포정치를 전개했다.

당시 나는 "언론인집단구속사건"에 연루되어 옥고를 치르던 중 1972년 8월 형집행정지로 출옥해 1972년 12월 정든 고향 부여에서 대전으로 삶의 터전을 옮겼다. 그 뒤 1977년 3월 "남계화랑"을 개설하여 3년간 예술 활동을 해오다 운영적자로 부득이 문을 닫았다.

그리고 대전 중구 은행동 레오파드 건물 3층에 "중도서예학원"을 개원했다. 학원이 예상보다 많은 수강생들이 몰려 월 평균 150명이 넘는 학원으로 발전하면서 차츰 안정적인 경제적 기반을 마련하게 되었다. 또한 1984년 서예가로서 영광스러운 국전초대작가로 지정되고 이어서 1986년 2월 충남 예총회장에 당선되었다.

예총회장의 직무를 수행하면서 문화 불모지라 불려온 대전의 문화환경을 비옥한 토양으로 일궈내는데 열정을 쏟았다. 1986년 이후 역대 어느 지역 예총회장과도 비교할 수 없을 만큼 크고 작은 예술행사와 예총활동의 많은 업적을 남겼다. 1992년 지방자치제가 시작되자, 시민들과 예술인들의 강력한 지지 속에 문화예술계를 대표해 대전 시의원선거에 출마하라는 요구를 받았다.

특히 예술계 중진인 고 박동규 중구문화원장을 비롯한 많은 문화계 인사들이 적극 권유했다. 당시 나는 예총회장을 6년째 역임하면서 지역문화발전에 관한 모든 일에 젊은 패기가 넘쳐 있었었다. 행정기관의 공직자로, 정당인으로, 언론인으로 쌓아 온 다채로운 경력을 많은 분들이 높이 평가하며 적극 추천하였기에 나는 더 자신감을 얻었다. 시의원의 역할이 주어지면 지역발전은 물론 지방의정발전에 헌신하리라 굳게 다짐했었다. 예총회장을 역임하면서 지역문화발전에 대한 열정에 비해 행정기관의 문화시책의 한계에 부딪히는 일도 많았기에, 시의원이 된다면 대전의 문화발전과 예술인의 권익향상을 위해 많은 일을 하고 싶었다. 정치적 차원에서 해결해야 할 일이 많다는 사실도 체험했기 때문에 선거에 임하는 데는 큰 고민이 없었다.

당시 중도서예학원의 운영이 잘되고 있었지만 지방선거 출마를 위해 선거구인 대전 중구 오류동으로 서실을 옮기고 "조종국 서실"로 이름을 바꿨다. 문화예술계에서야 "조종국"이란 이름이 널리 알려져 있었지만 많은 시민들에게 생소할 수 있다고 생각해 서실 이름을 정했다. 서실 운영은 제자들이 도맡아 수고를 했다. 나는 그저 간헐적으로 서실에 들러 중요한 업무를 확인하였으나 제자들이 주로 전반적인 운영을 맡았다. 예총을 이끌면서 행정경험과 언론활동, 사회단체, 체육단체 활동 등 많은 일들을 경험했기 때문에 어떤 일들이 맡겨진다 해도 두려움이 없었다. 시의원이 되면 누구보다 지역발전을 위해 큰 역할을 해낼 수 있다는 자신감으로 충만해 있었다.

1992년도 당시의 정치상황은 민주정의당, 통일민주당, 신민주공화당이 3당 합당으로 민주자유당(민자당)을 창당하고 거대여당을 조직했던 때다. 3당 합당 전 신민주공화당 소속 국회의원인 K씨가 대전 중구 지구당 위원장을 맡고 있었다. 문화계로부터 강력한 추천에 힘입어 K 위원장은 나에게 대전 중구 2선거구에서 출마를 준비하라고 했다. 그러나 그는 결국 K씨를 공천했고, 몹시 황당하고 당혹했던 나는 무소속 신분으로 선거에 나설 수밖에 없는 상황이 되었다.

당시 대전 중구 제2선거구는 후보자가 난립해 모두 7명이 출마했다. 결과는 민자당 공천을 받은 K씨가 당선되고 나는 근소한 표차로 차점 낙선했다. 선거에서 2등은 아무런 소용이 없다. 근소한 차이로 낙선한 나는 다시 선거구를 누비며 4년 뒤를 기약했다. 당시 신도시로 조성된 둔산 지역으로 선거구를 옮기라는 지인들이 많았지만 나는 꿋꿋하게 중구를 지켜왔다.

◆◆◆

제2대 대전시의원선거 전국 최다 득표 당선

1992년 4월, 대전 시의원선거에서 낙선의 고배를 마신 나는 4년간 선거구를 누비고 다졌다. 지역주민들의 민원을 해결하는 등 지역 주민복지를 위해 동분서주한 셈이다. 다시 제2대 지방선거가 찾아왔다. 제2대 지방의원의 임기는 '지방의회의원 및 지방자치단체의 장 임기에 관한 특별조치법'에 따라 3년 임기였다. 대게 선출직의 경우 임기는 4년이지만 제2대 지방자치단체장과 지방의원은 임기는 특별조치법에 따라 3년 임기였다.

당시 국내정치상황은 3당 통합으로 대통령에 당선된 김영삼(YS)대통령과의 불협화음으로 JP가 신한국당을 탈당하고 자유민주연합(자민련)을 창당해 치르게 된 첫 선거였다. 당시 국내정치상황은 무척 혼란스러웠다. JP를 일생의 정치 지도자로 모셔온 나는 향후 정치상황을 예측할 겨를도 없이 자유민주연합(지민련)에 당적을 두는 것이 너무도 자연스러운 일이었다.

당시 자민련 대전 중구지구당위원장은 이성근 박사(당시 배재대총장)가 맡았다. 비례대표로 국회의원을 지낸 이 위원장은 JP의 신뢰를

바탕으로 대전 중구지구당위원장을 맡아 지방선거 공천권을 행사했다. 이성근 위원장은 지금껏 만난 수많은 정치인 가운데 가장 양심적이고 깨끗한 정치인이었다. 학자로서 훌륭한 인격과 인품을 갖춘 분이었다. 이 위원장은 한 치의 부끄러움 없이 공정하게 공천권을 행사했다. 정치권에서 흔히 말썽이 되고 있는 공천헌금 같은 그 어떤 대가를 바라지도 않은 분이었다.

나는 대전 중구 제2선거구 광역의원후보로 공천장을 받았다. 지난 선거에서 나와 경쟁하여 당선된 김두형씨와 이번에도 같은 선거구에서 다시 맞붙게 되었다. 그러나 1995년 6월, 선거 날이 가까워오면서 무슨 이유에서인지 김두형 씨가 출마를 포기했다. 당시 자유민주연합(자민련)이 우세했던 분위기도 있었고, 결국 전국 전체 지방의원선거구에서 나는 최다득표로 시의원에 당선되는 영광을 얻었다. 그리고 제

2대 대전시의회 원구성에서 초선으로 부의장에 당선됐다.

앞서 밝힌 대로 이성근 위원장(전, 배재대총장)은 바르고 훌륭한 학자이자 정치인이었다. 비례대표로 국회의원을 지낸 그는 제2대 지방선거 이후 국회의원지역구 선거를 통해 국회입성을 준비하고 있었다. 그러나 당시 정치상황이 요동을 쳐 변수가 생겼다. 무소속의 현역 국회의원이던 강창희 의원이 자민련에 입당한 것이다. 현역 지역구 의원의 입당으로 이성근 위원장은 지구당위원장 자리를 내줘야 하는 것은 물론 총선 출마의 꿈도 접어야 했다. 1998년 제3대 지방의원선거 때 나는 지구당 위원장인 강창희 의원으로부터 공천장을 받아 3대 시의원에 당선됐다.

◆◆◆

제2대 대전시의회 의장선거 1표차 낙선

제2대 대전시의회의는 L의원(작고), K의원(작고), N의원(작고)등 6명의 재선의원과 19명의 초선의원들로 구성되었고 소속 정당은 자민련이 절대 다수를 차지했다.

초등학교 선배이자 정치적인 스승인 자민련 김종필 총재와 각별한 친분이 있는데다 예술단체를 중심으로 다양한 사회경력을 지니고 있는 나는 자연스럽게 자민련소속 의원들 가운데 남다른 역할을 하게 됐다. 그래서 초선 신분이었지만 자연스럽게 전반기 부의장을 맡게 되고 의장은 재선인 L의원이 맡게 됐다. 지방 의회에 첫발을 디디면서 부의장이란 중책을 맡게 돼 의정활동을 활발하게 펼칠 수 있었다.

그러나 이듬해 L의장(작고)이 건축법위반으로 의원직을 상실하는 사태가 벌어졌다. 졸지에 대전시의회는 의장이 없는 의회가 되었고, 나와 함께 부의장직에 있던 L의원도 선거법위반 혐의로 구속된 상태였다. 의장도 궐석 중이고 부의장 한사람도 없는 절박한 상황에서 다시 의장선거를 치르게 됐다. 이런 상황에서 가장 먼저 의장후보로 나선 재선의 L의원이 있었지만 그가 이 고장 출신이 아닌 이유로 자민련소속 현역국회의원의 지원을 받지 못하고 나의 지원을 받은 N의원(작고)이 전반기 잔여 임기의 의장으로 선출되었다.

2대 시의회 재임기간 3년 중 1년 반 전반기 의정이 마무리될 무렵, 후반기 의장선거 분위기가 시작됐다. 대부분의 의원들로부터 두터운 신임을 받고 있던 나는 무난하게 후반기 의장에 선출될 것으로 보는 시각이 지배적이었다. 그런데 전반기 잔여임기 의장을 지낸 N의원(작고)이 후반기 의장에 나를 지지하기로 굳게 약속을 해놓고 후반기 의장에 욕심을 부리기 시작했다. 그는 의원들을 상대로 물밑 작업을 벌여 득표활동을 했다. 철석같이 믿고 있던 나는 그에게 1표 차로 의장직을 내주고 말았다.

당시의 의장 선거는 소위 말하는 교황 선출방식이었다. 누가 특별히 출마를 하는 것도 아니고 원구성 첫날 지지하는 의원들이 의장후보의 이름을 적어내 다수 득표자를 선출하는 방식으로 다수 의원의 지지를 받으면 당선되는 상황이었다. 후반기 의장에 당선된 N의장(작고)은 재임 중 사회적인 비리에 연루되어 수사를 받아오던 상황에 임기 4개월을 남겨 놓고 돌연 의장직을 사퇴했다. 그로 인해 대전시의회는 다시 의장 없는 의회가 됐고, 잔여임기 4개월을 남겨놓고 의장선거를 다시 치르게 됐다. 나는 임기 4개월 의장선거에 관심이 없었으나 교황 선출방식에 따라, 내 의사와는 무관하게 각 의원들이 내 이름을 적어 내었다. 이때도 대덕구 출신 S의원(작고)에게 단 1표 차로 의장에 낙선하고 말았다.

◆ ◆ ◆

제3대 대전시의회 의장선거 만장일치 당선

1995년 제2대 시의원선거에서 자유민주연합 공천후보로 도전하여 전국 최다 득표로 당선되고, 제2대 시의회의 전반기 부의장으로 임명되었다. 당시 의장이었던 대전 중구 L의원(작고)이 임기 1년을 남겨 놓고 건축법위반으로 의원직을 상실하자, 부의장이었던 나는 대전 중구 재선의원이었던 N의원(작고)을 옹립해 의장에 당선시켰다. 이에 N의

원은 후반기 의장선거에서 나를 지지하기로 약속했었다.

그러나 후반기 의회 원 구성 10일을 앞두고 N의원은 태도를 바꿨다. 교황 선출방식으로 의장을 선출하던 당시 나는 의장선거에서 1표차로 낙선하는 아픔을 경험했다. 한편 후반기 의장으로 다시 당선된 N의원은 의장 잔여임기 4개월을 남겨놓고 비리에 연루돼 사법당국의 단죄를 받았다. 4개월 잔여임기를 위한 의장보궐선거에서 출마의사가 없던 나에게 동료의원들이 투표로서 지지의사를 표했다. 그러나 또다시 1표차로 낙선하고 말았다.

안타깝게도 1표차 의장선거의 낙선은 3대 의회에서도 이어졌다. 당시 자민련의 당 공천을 받아 큰 어려움 없이 당선돼 3대 의회에 입성하였다. 나는 의회 다수를 점하던 자민련 소속 시의원들의 강력한 지지를 받고 있던 터라, 여론은 내가 무난히 의장에 당선될 것으로 관측하였다. 그런데 그 무렵은 충청은행이 퇴출되면서 지역 민심이 날카로운 때였고, 충청은행을 지켜내지 못했다는 이유로 자민련에 대한 여론이 싸늘해진 시기였다. 이에 중앙당에서는 지방의회가 자리다툼 하는 모습을 절대로 보여서는 안 된다는 특명을 하달하였다. 나는 당의 지시에 따라 선거운동을 최소화하며 선거에 임했다.

그러나 3선이었던 대전 서구 K의원(작고)은 중앙당의 지시에도 아랑곳하지 않고 적극적인 의장 선거운동을 펼쳤다. 엎친 데 덮친 격으로, 선거일을 하루 앞둔 자민련 소속의원 회동에서 나를 적극 지지하던 시의원들 간에 말실수가 화근이 되어 이탈 표가 발생하였다. 결국 나는 또 1표 차이로 낙선하고 말았다. 이렇게 3차례에 걸쳐 의장선거에서 1표차로 낙선을 하였다.

그러나 제3대 시의회 후반기 의장선거에서 재적의원 19명 전원의 만장일치로 의장에 당선되었다. 참으로 어려운 길을 돌고 돌아 의장자리에 앉은 것이다. 당시 전국에서 만장일치로 의장에 당선된 사람은 내가 유일하였다. 나는 열과 성을 다해 동료의원들과 함께 의정활동을 이끌었다. 중국남경(南京)시, 일본 오오다(大田)시와의 의정교류협정을 성사시키고 문예 진흥기금 45억 원을 적립하는 쾌거를 이뤄내어 대전시의회의 권위와 위상을 높였다. 이에 대전시의회 출범 이후 가장 모범적인 의회였다는 평가를 받게 되었다. 특히 당시 문화예술분야는 나의 의정활동 주도하에 각 시의원의 전폭적인 지지를 받으며 획기적인 발전의 계기를 마련할 수 있었다.

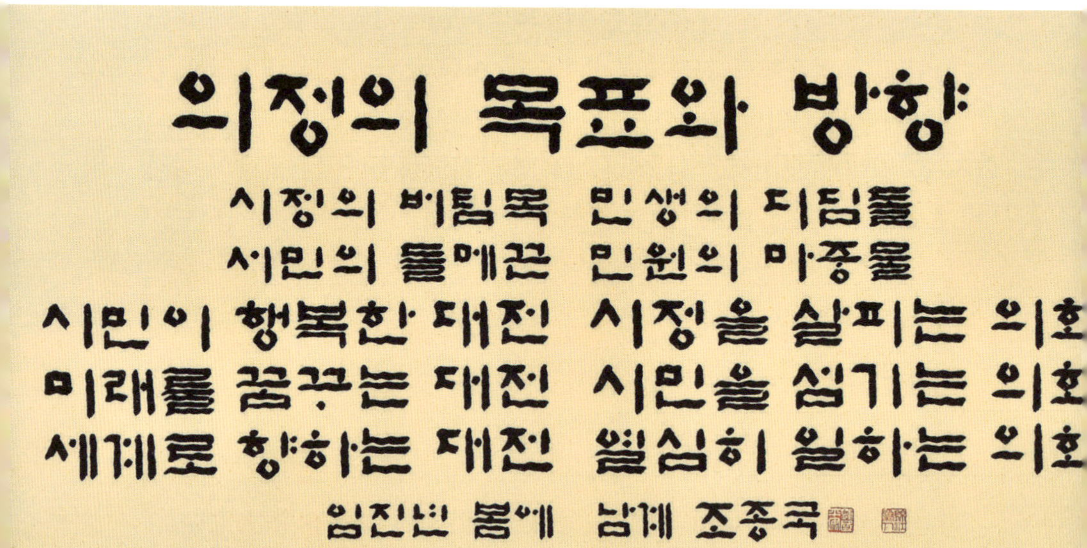

◆◆◆

강창희 의원 떠난 자리

대전 중구에 지역구를 둔 강창희 국회의원이 자민련에서 제명을 당해 대전 중구 지구당위원장이 공석이 됐다.

자민련 김종필 총재는 공석이 된 지구당위원장 자리를 나에게 맡겼다. 그래서 2004년 국회의원 선거에 출마를 준비하게 됐다. 돌이켜 생각해 보면 내가 하고자 했던 일들은 모두 이루어졌다. 그러나 많은 일

자리를 가져봤지만 단 두 가지 못해본 것이 있다면 그것은 한국예총 회장과 국회의원 자리였다. 한국예총 회장은 선거를 통해 선출하지만 비합리적인 중앙선거 대의원조직으로 지방에서 활동하는 예술인이 예총 회장에 당선될 확률은 전혀 없다고 해도 과언이 아니다. 사실 전국 지방예총의 전폭적인 지지를 받았었지만 한국 예총회장선거의 구조적 한계를 극복할 길이 없었다. 그래서 지방예총에 주어진 한자리 수석부회장을 무려 16년간 맡을 수밖에 없었다.

한국예총회장과 못 가져본 자리가 바로 국회의원이었다. 그러던 중 강창희 의원이 자민련에서 제명을 당해 나는 지구당위원장으로 국회의원 선거에 도전할 기회가 찾아왔다. 당시 정치적인 환경은 국회의원 교섭단체를 다른 당 의원을 꿔다 구성해야 하는 정당으로 전락해 자민련의 위상이 크게 떨어졌고, 실상 총선에서 승리하기에는 안팎의 정치상황이 매우 어려웠다. 때마침 2004년 총선은 노무현 대통령의 탄핵사건의 후폭풍으로 열린 우리당이 엄청나게 바람몰이를 할 때였다. 대전 중구는 대전부시장을 역임한 권선택 후보가 열린 우리당의 당적으로 총선을 준비하고 자민련에서 제명당한 강창희 의원은 신한국당으로 당적을 옮겨 총선을 준비했다. 그래서 자민련 당적을 가진 나와 더불어 신한국당 강창희 후보, 열린 우리당 권선택 후보가 맞붙어 총선을 치러야 하는 형국이 됐다.

자민련 중구 지역위원장과 더불어 JP 정치특보로 임명된 나는 후보등록을 하고 선거운동에 온 힘을 다 쏟고 있던 중에 가히 짐작이 가는 정치인에 의한 정치공작의 흑색 언론보도로 뜻하지 않은 사건이 발생했다. 대전의 C일간지가 나에 대해 악의적 기사를 실어 선거 판세를 흔들었다. 내가 학력을 허위로 기재하고 박정희 정권이 1971년 12월, 유

신을 앞두고 선포한 국가비상사태 때 언론인집단구속사건에 연루되어 옥고를 치른 사건의 내용을 정반대로 호도하는 정치공작의 기사가 실린 것이다. 너무도 황당하기 짝이 없는 기사내용으로 총선출마를 떠나 도저히 받아들일 수 없는 내용의 기사였다. 이런 상황에서는 도저히 선거를 치를 수 없다고 판단, 국회의원후보를 사퇴하고 해당 C일간지와 기자를 검찰과 법원에 제소하고 자연인 신분으로 사태를 수습했다.

총선출마 여부를 떠나 한평생 지역문에 진흥과 지역발전을 위해 헌신해 온 내 삶이 짓밟히고 모욕을 당했다 생각하니 그냥 넘어갈 수가 없었다. 사실을 호도한 기사를 작성 보도한 해당 C언론사와 기자를 출판물에 의한 허위 보도와 명예훼손으로 법원, 검찰에 제소했다. 사건이 착수되자 해당 C언론사의 B회장을 비롯한 간부들이 번갈아 내게 찾

아와 소송 취하를 간곡히 빌면서 사정했다. 하지만 이를 도저히 용납할 수 없어 계속 진행시켜 법원과 검찰에서 완벽하게 승소판결을 거두고 C언론사에 판결된 명예훼손의 배상금은 지역 언론의 어려운 사정을 감안 숙고 끝에 지역사회에서 명예를 회복한 것으로 확신하고 한 푼도 받지 않고 배상금 소를 취하해 사건을 매듭졌다. 당시 국회의원 선거는 열린 우리당 권선택 후보가 나를 지지해 온 유권자들의 절대적인 지지를 받아 5선의 강창희 후보를 물리치고 국회의원에 당선되었다. 나는 이 순간부터 총선을 향한 도전은 종지부를 찍었다.

◆ ◆ ◆

노무현 대통령후보 지지 선언문

저 조종국, 자민련 대전 중구지구당 위원장은 2002년 대통령 선거에서 민주당 노무현 후보를 적극 지지할 것을 밝히는 바입니다.

이번 대통령 선거는 대한민국 건국 이래 민족의 장래를 결정하는 가장 중요한 갈림길이라고 해도 과언이 아니라 생각합니다.

이런 중차대한 시기에 오랫동안 대전시의 민주적 시정운영과 시민의 권익을 위해 고민하고 노력했었던 한 사람으로서, 나아가 정당 활동을 하는 정치인으로서 용기 있는 결단이 필요하다는 깨달음에 이렇게 노무현 후보 지지선언을 하게 되었습니다.

물론 저는 자민련 당원의 한 사람입니다. 그리고 지난 30여 년간 우리 고장의 정치지도자이신 김종필 총재님을 한편으로는 아버님처럼 한편으로

는 우리 민족의 지도자로 존경하면서 지금까지 걸어 왔습니다. 근자에 이르러 김 총재님에 대한 정치적 비판을 알고 있습니다만 이 나라의 앞날을 걱정하고 땀흘려 길을 밝혀 오셨던 그 분의 단심을 우리는 저버려서는 안될 것입니다.

제가 충청도 토박이로서 고리타분하게 들릴지는 몰라도 '선비정신'을 저는 인생철학으로 삼고 살아왔습니다. 그래서 어떤 분들은 저를 골수 보수주의자라고 보면서 의아해 할지도 모르겠습니다. 그럼에도 불구하고 노무현 대통령 후보 지지를 선언하는 것은 저의 60년 인생에 부여한 하늘의 소명이라고 확신하기 때문입니다.

공자께서도 말씀하시기를, 나이가 60이면 천지만물의 이치에 통달하였으니 어떤 일을 들어도 이해할 수 있다하여 이순(耳順)이라고 했습니다. 이제는 세상의 이치와 사람의 됨됨이가 굳이 보려하지 않아도 보이며 아무리 복잡하게 꼬아놓고 미사여구(美辭麗句)를 붙여도 60년을 갈고 닦은 마음의 귀로 들으니 올바른 이치가 보입니다.

세상이 많이 변했습니다. 지금의 1년은 6-70년대의 10년과 맞먹는 속도로 급변하고 있습니다.

수입개방은 피해갈 수 없는 현실입니다. 분단이라는 무거운 멍에도 짊어지고 있습니다. 지역감정과 학벌주의, 권위주의가 나라를 좀먹고 있습니다. 빈부격차와 실업문제는 점점 심해지고 있습니다.

우리에겐 이런 상황을 장기적인 안목과 올바른 원칙을 가지고 지혜롭게 능동적으로 대처해 나갈 지도자가 절대적으로 필요합니다.

저는 노무현 후보에게서 어떤 속도에도 중심을 잃지 않으면서 기민하게 대처하는 항상심(恒常心)과 순발력을 발견했습니다.

직접 주식을 하며 경제의 근본부터 철저하게 분석하는 노무현 후보에게서 이 나라의 자존심과 이익을 지키면서 외국과 당당히 어깨를 겨루고 협상하는 자랑스런 최고경영자의 모습을 봅니다.

사상적으로 불온하다는 색깔론 등 어떤 비방에도 뜻을 굽히지 않고, 합리적인 방안과 인내, 뜨거운 애정으로 한반도의 평화와 안정을 이뤄낼 민족지도자의 모습을 봅니다. 또한 노무현 후보에게서 지역감정, 학벌주의, 권위주의를 청산하는 살아있는 증거를 찾았습니다.

그의 민주당 당원으로 부산 출마가 그렇고, 상고출신으로 주류사회를 이끄는 것이 그렇고, 겉치레하지 않은 국회의원과 장관 활동이 그랬다는 것은 누구나 다 잘 압니다. 법의 정의 실현을 위해 노동자와 빈곤층을 변호했던 그의 경험은 빈부격차와 실업문제를 진지하게 해결할 힘이 될 것입니다.

또한 행정수도 이전이 논란이 되고 있습니다만, 경제동향과 도시개발을 연구-분석하시는 석학 여러분들은 행정수도 이전만이 서울도 살고 지방도 사는 유일한 길임을 누구보다도 잘 알고 계실 것입니다.

우리가 식민통치와 전쟁의 잿더미에서 한강의 기적이라는 경제성장을 이뤘다면, 지역감정과 빈부격차로 만신창이가 된 지금 행정수도 이전과 지역의 균등한 발전만이 대한민국의 제2의 도약을 가능케 할 것입니다.

노무현 후보는 지금까지의 정치인과는 다른 사람임을 확신합니다. 저는 노무현 후보에게서 민주당이나 김대중 대통령이 연상되지를 않습니다.

소속 정당은 다르지만 인간적으로, 또 같은 남자로서 노무현에게 반했고 대한민국의 미래를 맡길 만한 믿음직스런 사나이라고 생각됩니다. 역사의 바퀴는 노무현 후보처럼 소신과 원칙을 지켜온 사람들에 의해 굴러갑니다.

자기 손으로 꽉 막힌 도로를 운전 한번 안한 사람, 자식을 군대도 보내보지 않은 아버지, 제왕적 대통령이라는 구시대적 발상에서 벗어나지 못하는 권위적인 정치인과는 근본적으로 자질이 다릅니다.

저에게는 어린 손자 넷이 있습니다. 노무현 대통령 후보에게 손자 네 놈의 희망을 걸려고 합니다. 그 아이들에게 보다 나은 미래를 주고 싶습니다. 그 아이들이 조국을 자랑스러워하며 살아가길 소망합니다.

그래서 자민련 대전 중구지구당 위원장, 저 조종국은 60년 인생을 걸고 새로운 정치, 꿈과 희망이 보이는 국민후보, 노무현 대통령 후보를 절대 지지합니다.

2002년 12월 16일

자유민주연합 대전 중구 지구당

위 원 장 조 종 국

한국예술문화단체 총 연합회 부회장(현)
대전광역시 예총 회장
대한민국서예대전 초대작가(현)
제3대 대전광역시 의회 의장 역임

◆◆◆

'죽어야만 산다'
자민련 조종국 위원장 제언 파문

자민련 조종국 대전 중구지구당 위원장이 당 발전쇄신특위에 제안한 내용 때문에 당 안팎에 파문이 일고 있다.

대전시의회 의장을 지낸 조 위원장은 쇄신특위에 〈죽어야만 산다.〉는 제목으로 제안한 내용을 지난 8일 자민련 홈페이지 게시판에 그대로 올려놓으면서 이를 보고 당원들 사이 적지 않은 반향을 불러일으키고 있다.

조 위원장은 제언에서 냉철한 자기비판이 필요하다는 전제 아래 〈대선에서 보여준 김종필 명예총재의 중립선언은 자민련의 몰락을 늦추었을 뿐 그 방향 자체를 바꾸기에는 역부족이다.

자민련의 텃밭인 충청도에서 명예총재에 대한 반감이 적지 않고 국민 대다수는 이미 명예총재에게서 정치적 전망을 발견하지 못하고 있

다〉고 지적했다.

그는 또 〈이인제 대행 역시 정치적으로 긍정적인 이미지 창출에는 실패했다〉며 〈철새 정치인, 정치 철학의 부재라는 낙인을 지울 수 없는 지경에 이르렀고 여론은 이미 그의 정치적 도덕성 회복과 재기 가능성이 희박하다는 우려의 목소리가 높다〉고 주장했다.

특히 "이번 대선에서 이 대행의 한나라당 이회창 후보 지지는 대행 자신에게는 물론이고 자민련에도 치명적인 상처를 안겼다고 할 수 있다."고 꼬집었다.

그는 이어 〈이러한 최악의 상황에서 우선적으로 해야 할 일은 객관적이고 냉철한 자기 분석〉이라며 〈김종필 총재의 명예로운 정치적 결단(?)에 대한 예우와 이인제 대행이 살신성인하는 일〉이라고 강조했다.

그는 이 밖에 〈자민련에는 감동적인 정치 이념은커녕 감동적인 인물(대표 브랜드)조차 없다〉는 비판을 가했는가 하면 〈중앙당의 대전 이전〉 〈수평적 의사결정〉등의 의견을 제시하기도 했다.

이 글이 게시판에 올라오자 당원들은 댓글을 통해 〈민주당으로 가라〉 〈민주당 당직자냐〉 〈왜 자민련에 남아 있느냐〉 〈중앙당을 대전으로 옮기자는 데 황당함을 감출 수 없다〉는 등의 비난 글이 줄을 잇고 있다.

조 위원장은 〈지금 당장 명예총재와 대행의 처신을 요구한 것이 아니라 당의 쇄신과 개혁을 위한 한 방향을 제시했을 뿐〉이라며 〈비난도 있지만 개인적으로 속 시원한 이야기를 했다는 격려도 적지 않다〉고 말했다.

한편 조 위원장은 지난 대선 기간에 대전 지역 지구당 위원장 가운데 유일하게 민주당 노무현 후보를 지지하는 선언을 했다.

(대전/연합뉴스)

지역공동체운동 선봉 한화이글스후원회 창설

나는 1991년 지역 공동체운동의 일환으로 충청지역에 연고를 둔 프로야구 '한화이글스 후원회'를 창설했다. 그리고 창설 때부터 2011년까지 20년 동안 후원회장을 맡아오면서 경기 시즌에는 회원들과 함께 버스를 전세 내어 서울, 인천, 부산, 대구 광주 구장 등을 찾아 원정경기를 응원했다. 1994년에는 대전 시민회관에서 '김덕수풍물단'을 초청하

여 1천여 시민들과 함께 우승기원제를 지내고, 선수단격려, MVP시상, 월간우수선수, 연간 우수선수 시상, 연말납폐식 등을 주관하며 열렬하

게 후원활동을 펼쳤다. 이런 후원에 보답하듯 급기야 1999년 '한화이글스'가 전국을 제패하고 우승하는 영광과 감동도 맛보았다.

그밖에도 1989년 대전광역시 카누협회 회장, 1996년부터 2001년까지 대전광역시 야구협회장까지 맡아 지역의 체육발전에도 기여하는 등, 경제인도 아닌 예술인으로서 지역사회 공동체운동에 한몫을 담당하였다.

◆◆◆

사드문제 이후
한 · 중 우호관계의 중요성

1994년 대전광역시와 중국 강소성(江蘇省) 남경(南京)시 인민정부 간의 자매결연을 체결할 당시, 나는 대전예총회장과 사단법인 충청예술문화진흥회(현, 한국예술문화진흥회)의 이사장 자격으로 대표단에 합류하여 남경시를 방문했다. 당시는 세계 각국과의 문화교류가 중

앙정부에서 지방정부로 옮겨가는 추세였다. 나는 이러한 시대적 흐름에 부응하여, 남경 시 인민정부 서화원 주도평(朱道平)원장과 긴밀한 협상을 통해 대전 · 남경 양 도시 간 우호증진을 위해 문화교류행사로 한 · 중(대전 · 남경)서화교류전을 개최하기로 합의했다.

그리고 이듬해 1995년 11월, 대전에서 (사)충청문화예술 진흥회의 한 · 중문화교류회 주최로 제1차 한 · 중(대전 · 남경)서화교류전을 시작한 후, 문화적 정서적으로 많은 어려움이 있었음에도 불구하고, 지금까지 23년 동안 한해도 쉬지 않고 서화교류전을 성대하게 개최하여 대전의 명예와 이미지 선양(宣揚)에 힘썼다.

한 · 중(대전 · 남경)서화교류전은 양국 간 상호주의 원칙 아래 서화예술인들이 해마다 상대 도시를 방문, 대규모로 교류전을 성공적으로 개최해왔다. 이처럼 오랜 기간 신뢰를 바탕으오 구축해 온 관계에 힘입어, 2008년 남경 시는 국제적인 예술행사의 개 · 폐막식에 대전시의 전통풍물단을 공식 초청하였다. 남경시가 주최한 세계역사문화명성도시엑스포와 민간예술절 등 문화행사에 초청돼 공연을 통해 우리 고유의 전통예술문화의 우수성을 세계에 널리 알린 일은 큰 자부심과 보람으로 여기고 있다.

이처럼 남경시와 오랜 기간 깊은 신뢰를 바탕으로 지속해온 서화교류전에 대한 긍정적인 여론이 중국 각 도시로 확산돼 안휘성 합비(合肥)시, 호북성 우한(武漢)시, 강소성 소주(蘇州)시, 사천성 성도(成都)시 등 많은 도시가 대전과 교류를 희망해 오고 있는 현실이다.

이렇게 한 · 중 서화예술 교류를 통한 정서적인 교감 형성이 양국 간의 활발한 경제, 과학, 체육교류의 물꼬를 트는 데 크게 기여한 바가 있다. 이는 우리 기업들의 중국 진출에 한 걸음의 디딤돌이 되었고, 한·중 FTA 타결 등 외교적인 현안들을 순조롭게 풀어 가는데 훈훈한 분위기를 제공하였다.

예를 들어, 강소성은 한국의 4대 재벌기업을 포함해 우리 기업 상당수가 생산 거점을 두고 있다. 강소 성의 높은 경제 전략적 가치로 인해, 강소성 인민정부 스타이펑 성장(省長)이 2016년 한국을 방문했을 때는, 그가 국가주석이나 총리가 아님에도 불구하고, 국내 4대 그룹 회장들이 연휴를 마다하고 그를 영접하는데 총출동하기도 했다.

대전시가 1994년 지방자치단체로는 제일 먼저 강소성의 성도(省都) 남경시와 자매도시를 결연하고 서화교류를 통해 쌓아온 친밀한 관계가 이러한 경제적 결실로 나타났다고 평가할 수 있다. 또한 민간단위의 감성적인 문화교류가 양국 간의 정치, 경제, 사회 등 총체적인 난제를 풀어가는 공감대 형성에 기여하고 있음을 보여준다.

그러나 현재 우리의 현실과 여건은 이러한 교류를 적극적으로 추진하기 어려운 상황이다. 사드문제와 같이 시기적으로 중국과의 갈등이 불거질 경우, 민간예술단체가 아무리 친밀한 우호관계를 유지했다 하더라도 활발한 교류를 하기는 녹록치 않다. 더구나 항시적인 재정적 곤란을 겪고 있는 민간예술단체의 각종 국제 문화교류 사업은 곤경에 빠지기 쉽다. 이럴 때일수록 민간예술단체에 대한 정부와 지방자치단체의 적극적인 뒷받침이 더욱 절실하다.

◆◆◆

이상적(理想的)인 지도자

노자(老子)는 이상적인 지도자를 가리켜 '맛에 깊이가 있고, 그 깊이가 한량없는 인물이어야 한다.' 라고 했다. 구체적으론 얼음이 깔린 강을 건너듯이 신중하고, 사방의 적에 대비하고 있듯이 조심스럽고, 남의 집에 손님으로 초대되어간 것처럼 항상 단정하고, 얼음이 녹아 가듯이 구애됨이 없고, 손보지 않은 원목(原木)처럼 꾸밈이 없고, 탁한 물처럼 포용력이 있고, 대자연의 골짜기처럼 광활해야 한다고 일곱 가지를 들었다. 한마디로 겉으론 뚝배기의 된장맛처럼 텁텁하고 대범하고 소박한 듯이 보이나 그러면서도 전혀 빈틈이 없는 인물을 말했다.

이런 인물은 대체로 아는 체하지 않고 일도 하는지 안 하는지 능력이 있는지 없는지 잘 모르지만 어떻든 사람들에게

믿음직하게 보인다. 그러나 이런 인물을 요즘 사회에서 바라기는 매우 어렵다. 성급한 사람들은 당장에 눈에 보이는 업적을 바란다. 그렇지 않을 때에는 무능으로 몰리기가 십중팔구일 것이다. 그러면서도 자기 변명을 일체 하지 않을 만큼 통이 큰 사람을 바라기는 어렵다.

관자(管子)는 노자보다 더 구체적으로 평가기준을 들었다. 곧 지도자의 자리에 오를 만큼 인격이 뛰어난가. 명예를 누릴 만한 실적을 쌓았는가. 일을 맡기에 어울릴 만한 능력을 가지고 있느냐의 세 가지를 들었다. 이것 역시 말처럼 쉬운 게 아니다. 이보다 좀 더 구체적인 기준을 오자(吳子)는 다음과 같이 들고 있다.

곧 지도자의 요건에서 제일 중요한 것은 위(威)와 덕(德), 그리고 인(仁)과 용(勇)의 넷이다.

위엄이랄까 인품이 뛰어나서 그 사람이 윗자리에 앉으면 사람들이 자연 그의 의견을 경청(敬聽)하게 되고, 조직을 은연중에 위압할 수 있는 게 威다.

지도자는 또 인품이 겸허하고 너그럽고, 믿음직한 데가 있어 밑의 사람들이 모두 '저분을 위해서라면'하는 마음을 갖고 따르게 만드는 게 바로 덕(德)이다. 인(仁)이란 부하나 국민의 고초를 미리 헤아리고, 항상 국민의 입장에 서서 생각하는 것을 말한다.

마지막의 용(勇)은 단순한 용기가 아니다. 결단력을 뜻한다. 특히나 현대의 지도자에게 가장 중요한 것은 우유부단하지 않고 결단해야 할 때 단호하게 올바른 결단을 내릴 수 있어야 한다는 점이다.

용(勇)은 태공망(太公望)도 지도자의 조건 다섯 가지 중의 하나로 꼽았다. 그가 덧붙인 것은 지(智)였다.

아무리 결단력이 있어도 그릇된 판단에 의한 것이라면 큰일이라고 봤기 때문이다. 내킨 김에 말하지만 태공망(太公望)은 또 이런 사람은 지도자가 될 수 없다면서 조건을 열 가지나 들었다.

그 중에서 다른 사람들이 말하지 않은 것은 너무 자기의 청렴결백을 내세우는 편협한 인물이어서는 안 된다는 것이다. 또 하나는 너무 자신에 넘쳐 남에게 일을 맡기지 않으려 하거나 반대로 자신이 없어 모든 걸 아랫사람들에게 맡겨버리는 인물이다.

이밖에도 옛 중국 사람들이 지도자의 조건으로 내세운 것들은 많다.

주자(朱子)도 근사록(近思錄)에서 장황하게 9가지 조건을 들도 있다. 이런 조건을 그 절반만이라도 갖춘 사람을 오늘의 우리네 사회에서 찾는다는 것은 불가능한 일이다. 어쩌면 시대착오적이라 할 수도 있을 것이다. 요즘 연일 붉어지고 있는 '미투' 사건과 오는 6월 지방선거를 앞두고 시사(示唆)하는 바가 크다.

스크린쿼터 사수

대전 예총회장으로 재임 중이던 2006년도의 일이다. 지금 우리나라의 영화산업은 세계시장에서도 높이 평가받으며 크게 성장하였지만, 당시 우리 영화가 거대자본으로 무장한 할리우드 영화와 동등한 조건에서 경쟁하기에는 여전히 힘에 부치는 상황이었다. 스크린쿼터는 그나마 우리 영화를 육성하고 지원하는 소극적인 정책 수단에 지나지 않았다. 그런데 할리우드가 한국 영화시장에 미국영화의 상영시간을 확

대시켜 줄 것을 강력히 요구했고, 한국과 미국이 스크린쿼터제를 두고 협상을 벌였다.

우리 영화업계는 국내영화산업의 보호를 위해 스크린쿼터 축소 결사 반대의 목소리를 높였다. 서울 시내곳곳에서 유명 영화배우들이 릴레이로 1인 시위를 하고 스크린쿼터 절대사수를 위한 집단적 투쟁을 외치던 때였다. 영화인들에게 스크린쿼터 사수는 생존을 위한 처절한 몸부림이었다. 그러나 대개의 지방 사람들에게, 스크린쿼터 축소에 대한 영화계의 거대한 위기감은 서울에 거주하는 영화인들만의 일에 지나지 않았다.

나는 2006년 2월 19일 오후 3시, 영하의 날씨에도 무릅쓰고 대전 젊은이들 거리인 은행동에서 당당하게 스크린쿼터 축소 반대를 외치며 비장하게 섰다. 급속도로 진행되는 정부의 스크린쿼터축소 논의를 손 놓고 지켜볼 수만 없었고, 미국이 한국의 영화시장을 독점하려는 술책을 강력히 반대한다는 의지를 보이고자 하였다. 그래서 피켓을 들고 젊은이들이 많이 몰리는 은행동 거리를 택해 시위를 벌였다. 당시 대전의 은행동은 서울로 치면 광화문이나 명동과 같은 넓은 번화가였다.

나는 유명인이 아니었지만 대전예총회장의 직분으로, 한 사람의 예술인 자격으로 한국의 자존심을 지키고 예술인들의 생존권을 지키려는 스크린쿼터 사수 투쟁에 적극 동참하고자 했다. 나는 "영화산업은 앞으로 우리 젊은이들이 주도적으로 이끌어가는 산업"이라 강조하며 "스크린쿼터 문화주권사수"를 외쳤다. "미국은 막대한 자금력과 영화기술에다, 힘으로 우리의 영화시장을 독점하려한다. 정부가 FTA 협상과는 별개라는 빌미로 스크린쿼터 축소 방침을 세운 것은 미국의 힘에 굴복한 것"이라고 항변했었다. 지역의 일간지와 인터넷 매체가 이러한 나의 1인 시위를 보도하였다.

서울 광화문에서도 같은 날 배우 안성기를 시작으로 박중훈, 장동건, 최민식, 전도연, 김주역, 이준기씨 등이 스크린쿼터축소 반대 1인시위에 참여했었다. 또 영화감독 정윤철, 이준익, 송일권, 박찬욱 감독이 나섰으며 영화배우 방은진 씨도 14번째로 1인 시위를 벌였었다. 당시 나는 스크린쿼터와 관련한 최고령의 1인 시위자로 기록을 남겼다. 당시 언론과의 인터뷰에서 "나이는 비록 60대지만 마음은 20대다."라고 소리쳐 말했던 순간들이 새롭게 상기되고 있다. 당시 대전예총에서는 유성 로얄관광호텔에서 정기총회를 열고 10개 회원단체 53명의 대의원들과 "스크린쿼터축소 결사반대 결의문"을 만장일치로 채택하면서, 전국에서 제일 먼저 대전예술인들이 스크린쿼터축소 결사반대에 동참했다. 이날 참석한 10개 회원단체 대의원들은 한결같이 "한국영화 죽이기를 즉각 중단하라."고 외쳤고 "한국영화와 문화주권을 지켜내기 위해 전면적이고 광범위한 투쟁을 벌여나갈 것"을 선언했다. 이러한 투쟁의 힘으로 한국영화는 어렵게 스크린쿼터를 지켜낼 수 있었다.

어렵게 자활의 토대를 마련한 한국영화는 이후 세계 어느 나라에서도 유래를 찾을 수 없을 만큼 급성장해 매년 천만 관객을 돌파하는 호황을 누리고 우수한 영화를 계속 만들어내고 있다. 〈태극기 휘날리며〉〈해운대〉〈괴물〉〈변호인〉〈국제시장〉〈설국열차〉〈암살〉〈베테랑〉〈관상〉〈7번방의 선물〉 등 천만 관객을 돌파하는 영화시장은 공짜로 얻어진 것이 아니다. 예술인들이 힘을 모아 생존권 사수를 위해 처절하게 싸워 지켜낸 값진 결과물이다. 나 또한 예술인의 한 사람으로서 너무도 자랑스럽다.

알아주는 사람 하나 없는 길거리에서 홀로 영하의 찬바람을 맞으며 1인 시위를 했던 기억이 지금도 새롭다. 나의 작은 한걸음이 오늘의 한국영화 천만 관중시대를 여는데 미력하나마 일조하였다는 자부심으로 가슴이 벅차오르곤 한다.

◆◆◆

예술인 복지법과 협동조합

작년 최고은 작가의 안타까운 죽음이 계기가 되어 국회에서 〈예술인 복지법〉이 통과되었고, 올 11월 시행을 앞두고 있다. 우선은 문화체육관광부 장관이 정하는 예술분야에 표준계약서가 개발 · 보급되고 예술인 경력증명에 관한 조치가 마련되며 예술인 복지재단도 설립될 예정으로, 기본적인 생계마저 위협받는 예술인의 직업적 권리보호 및 복지지원 등이 강화될 전망이다.

그러나 각 부처 간에 시행령을 조율하는 과정에서 산재보험의 적용 등과 관련하여 진통을 겪고 있는 것으로 전한다. 현재 예술인은 특수고용노동자로 분류되어 산재보험이 적용되지 않는데, 〈예술인 복지법〉은 산재 보상과 관련된 규정이 단지 선언적인 의미로 담겨 있을 뿐이고, 영화나 공연 스태프처럼 현장인력의 산재보험에 머무르는 수준이어서 알맹이가 없다는 지적이다. 이는 예술인이라는 직업을 어떤 근로형태로 규정할 것인가 하는 가장 원론적인 부분부터 보편적인 합의가 이뤄지지 않았기 때문일 것이다. 그러나 OECD 국가들이 근로자의 정의를 따지기보다 사회보장 차원에서 특수고용노동자에게 산재보험을 확대 적용하는 추세라는 사실을 정부가 주목해야 할 것이다.

한편 예술인복지재단 설립 등에 책정된 예산이 고작 10억 원 남짓에 불과한 사실도 드러났다. 그마저도 행정부의 재정지원이 법적인 강제규정이 아닌 임의규정 형태이기에 안정적인 재정을 뒷받침하기 어려운 현실이다. 또한 정부 및 공공기관의 부채증가와 재정악화, 정략적 정책 사업을 위한 비효율적 예산책정 등으로 인해 정작 필요한 복지사업의 재원 마련도 요원하다. 이런 상황에서 예술인을 위한 고용보험 등 4보험 적용이나 국민연금 가입 등의 복지혜택 확대 가능성은 어둡다고 할 수 있다.

그렇다면 〈예술인 복지법〉 시행을 앞두고 예술인이 취할 수 있는 방안은 무엇인가? 물론 예술인들이 창작에 전념할 수 있는 제도적 환경과 장치를 마련하기 위해 홍보와 여론형성 및 적극적인 정치활동 등이 필요할 것이다. 그러나 다른 한편으로는 예술인이 경제활동의 한 구성원이자 직업인으로 자립하기 위한 특화된 자구책을 스스로 개발하고 주도해야 할 시점에 이르렀다. 마침 오는 12월 시행되는 〈협동조합 기본법〉에 의해, 기존의 조합설립의 족쇄가 제거되어 5인 이상만 모이면 다양한 형태의 협동조합 설립이 가능해진다. 이 조합 설립을 통해 예술인 자립을 향한 경제활동이 탄력을 받을 전망이다.

협동조합은 이윤극대화를 목표로 하는 기업과는 달리 조합원이 주인이 되어 조합원의 이익과 복지를 추구하는 민주적 · 비독점적 시스템이기 때문에, 안정적 경제성장을 가능케 하는 건강한 사회적 기업으로 평가된다. 뜻이 맞는 엄마들이 만든 공동육아나 방과 후 학교, 먹 거리 산지직거래 협동조합 등은 이미 성공적으로 운영되고 있는 사례들이 있다. 현재 예술계 또한 젊은 작가들 중심으로 각 분야별 특성에 입각한 협동조합 준비를 활발하게 논의하고 있다고 들었다. 예를 들어, 독립 음악가들이 만든 '자립음악생산조합'의 경우, 조합원이 공연장과 장비, 기획자, 스텝을 공유하고 조합원의 음반 제작비를 지원하며, 저렴한 가격의 장비대여나 합동공연 수익으로 운영비를 마련한다고 한다. 시각예술 분야 또한 협동조합을 통해 예술인과 기업을 직접 연결하고, 창작준비 단계부터 홍보마케팅, 공정거래를 위한 계약서 작성과 객관적 인건비 산출 등 실무를 공동으로 처리하며 이익을 함께 나눌 수 있을 것이다.

그러나 협동조합의 장점과 다양한 발전가능성에도 불구하고 한편으로는 우려 또한 공존하고 있다. 충분한 준비 없이 문화예술 협동조합 설립할 경우 출자비용을 낭비하거나, 영리만을 앞세우다 오히려 기존 문화예술 활동의 근본이나 미약한 자생력마저 와해시킬 수 있다는 지적도 있다. 사실 협동조합의 성패는 조합의 주인인 조합원에 달려있기 때문에, 조합원 교육을 통한 조합 설립철학의 공유와 네트워크 관리가 관건일 것이다. 비록 지금은 걸음마 단계이지만 젊은 예술가의 참신한 아이디어와 추진력 그리고 중견예술인의 경험이 어우러진다면, 협동조합을 통해 예술이라는 특수한 경제활동을 펼치는 직업인으로 거듭날 수 있으리라 기대해본다.

〈예술인 복지법〉은 예술을 직업으로 삼은 근로자 즉, 예술인의 권리와 복지를 제도적으로 지원하는 첫걸음에 불과하다. 현재 노정된 미비한 부분은 예술인이 스스로 보완해나가야 할 것이다. 또한 예술인이 경제적 자생을 통해 힘을 길렀을 때 비로소 진정한 〈예술인 복지법〉을 완성할 수 있을 것이다. 이러한 문화예술인의 경제활동과 밀접한 협동조합의 활성화를 위해 정부 또한 홍보 및 교육, 세제혜택, 행정적 지원 등에 적극 나서야 할 것이다.

(2012. 8. 23 / 중도일보)

◆◆◆

텃세 考

몇 십 년 전까지만 해도 농경사회의 구조 속에서 살아온 우리 민족에게는 대체로 개방성보다는 폐쇄성이 강하기 마련인 것은 너무나 당연한 특성이라고 하겠다.

더구나 그 농경사회의 기본 틀이 대개 집성촌의 동성동본들끼리 살아온 형태이거나 몇 가지가 오밀조밀 모인 취락구조의 특성이 그대로 남아서 배타성을 조장시켜온 것도 사실이다.

더 구체적으로 본다면 들보다는 산이 많은(70% 이상) 우리나라에서는 산 너머 저쪽 마을이 늘 생소하기만 하고 두렵기만 했다. 생소하고 두려운 것은 적대시하게 마련이고 적대시하다 보니 이쪽에서 그 쪽에 가기도 싫고 그쪽에서 이쪽에 찾아오는 것도 전혀 반갑지 않다. 이러한 산간취락 형태는 결국 오늘날에까지도 지역감정 형성을 조장해 왔으며 이는 최근 민주화의 열기와 병행해서도 큰 문제점으로 지적되고 있다.

비근한 예로 우리 충남이나 대전도 이러한 폐쇄성과 배타성이 비교적 강하다는 점에서는 예외일 수가 없지 않은가 한다. 더구나 충남은 좋은 의미로 보면 양반의 고장, 선비의 고향으로 그 전통성이나 역사성이 크게 부각되고 있는 고장이요, 나쁜 의미로 보면 쓸데없는 아집과 보수적인 배타성이 아직도 엄존하고 있는 지방이라 하겠다. 이러한 폐쇄성 내지 배타성은 그 반작용이 자신들끼리만의 밀착성 내지 편애성을 낳게 되고 이는 어느 지방 어느 고장 할 것 없이 소위 '텃세'라는 기형적 자기애와 이질적 대상에 대한 배신감을 나타낸 것이라 하겠다.

이와 같은 편파성은 우리나라 국민 전반의 의식구조에서도 엿볼 수 있다. 그것은 우선 우리 민족이 소위 한민족이라고 하는 단일혈통의 민족인 점에서도 심한 편파성 내지 편애성을 나타낼 수밖에 없다. 그러나 우리는 배달민족이니 백의민족이니 해가면서 민족전체의 순수성과 단일성을 자랑하다 보니 알게 모르게 배타와 반외세니 하는 구호를 많이 내세우는 것도 결코 우연일 수만은 없다고 본다.

따라서 우리는 알게 모르게 동족애, 동포애, 동향애, 동지애 등의 의식에 투철하고, 이는 지방의 향토애, 도시농촌의 텃세 등으로 발전(?)하게 마련이다. 그리고 이러한 성향은 소위 동일집단의 편애 내지 과보호의 결과를 낳아 흔히 말하는 그룹 파~워 형태로도 나타나게 된다. 그 단적인 예가 지연, 학연, 혈연 등이고 그밖에도 같은 사업, 같은 학문, 같은 예술에 종사하는 이들에게도 이러한 그룹파워가 위세를 떨치기 마련이다. 행이든 불행이든 필자가 문화예술계에 몸담고 있다 보니 이러한 텃세 내지 그룹파워는 문화예술계에도 전반적으로 나타나고 있고 타지방 시 · 도는 말할 것도 없지만 필자의 활동 무대인 대전이나 충남에서도 문화예술인들의 텃세나 배타성도 무시 못 할 만큼 내재되어 있다고 해도 과언이 아닐 것이다.

그렇다고 해서 필자가 이러한 동향애(同鄕愛) 내지 텃세가 무조건 나쁘다는 이야기는 아니다. 자기 고향을 사랑하고 자기 고향 특유의 문화예술인 내지 자신들과의 학연, 혹은 인연 등이 다른 문화예술인에 대해 의도적으로 배타하고 백안시하려고 하는 경향은 결코 바람직하지 못한 일이 아닌가 한다. 하물며 개인적으로 누구를 가깝게, 혹은 멀게 대하는 것이야 흔히 있을 수 있는 일이지만 집단적으로 다시 말하면 그룹 파~워를 이용해 특정인을 매도하거나 비방하는 사례는 더욱 딱한 텃세의 횡포가 아닌가 한다.

예술은 오로지 개인적 창조 작업이요, 개인의 재기와 역량으로 표출되는 창작행위다. 백사람이 똘똘 뭉쳐도 어느 위대한 예술가 한 사람의 창작세계를 무시하거나 폄하할 수는 없는 노릇이다. 예술은 작품 그 자체의 우열로 그 가치가 판단되기 때문이다. 우리 충남이나 대전에서도 지방색도 좋고 지방에서 오랜 인연을 맺은 분들의 그룹 파~워도 좋지만 이제는 다른 어느 분야보다도 문화예술 분야에서부터 폐쇄적이거나 배타적인 성향을 지양해 나아가야 할 때가 온 줄로 안다.

문화예술은 국가 민족도 초월하여 범세계적으로 초국가적으로 발전해 나가고 있기 때문이다. 따라서 보다 폭넓은 인간애와 예술애(藝術愛)를 갖고 사소한 텃세에 안주하기보다는 진정한 예술창작을 위해 우리지방 문화예술인들부터 확 트인 예술관을 보여주었으면 하는 마음 간절하다.

(2012.09.27. / 중도일보)

◆◆◆

중국 · 일본과 의정활동 넓히다!
남경(南京)시 인민대회와 의정교류

대전시의회 의정 활동 중 2000년 제3대 후반기 의장을 맡으면서 중국 남경(南京)시, 일본 오오다(大田)시와 의정교류를 체결한 것이 가장 기억에 남는다. 지바의회가 외국 도시의 의회와 교류협정을 체결해 운영하는 것은 우리 대전이 처음인 것으로 안다.

중국 남경과는 1994년 자매결연하고 이듬해 1995년부터 한 · 중 문화교류와 우호증진을 위해 양 도시를 오가며 '한 · 중(대전 · 남경)서화교류전'을 대규모로 개최해왔다. 대전은 사단법인 한국예술문화진흥회의 한 · 중 문화교류회 이사장인 내가 단장을 맡았고, 남경은 1995년부터 2005년까지 남경(南京)서화원장 주도평(朱道平)주석이 단장을 맡았다. 2006년부터 2016년까지는 공산당 선전부 산하 남경시 문학예술계연합회에서 교류행사를 주관하였다.

오랜 기간 "한 · 중(대전 · 남경)서화교류전"을 이어가며 나와 남경시 왕무룡(王武龍) 시장은 무척 가까운 사이가 되었다. 나와 동갑나이로 호탕한 성격의 소유자였던 그는 내가 남경을 방문하면 귀빈대우로 환대해 주었다. 2001년 그가 공산당 남경시 인민대표자대회 주임(議長)

으로 영전하고 나는 대전시의회 의장에 당선되어 양도시 간 의정교류 협정을 순조롭게 체결할 수 있었다. 민간단체의 지속적인 '한 · 중(대전 · 남경)서화교류전'이 연원이 되어 결과적으로 의정교류로 발전한 모범적인 사례로 남는다.

내가 대전시의회 의장 임기를 마치고 난 2003년 왕무룡 주임은 부정혐의로 구속돼 옥고를 치르는 등 험난한 인생을 맞았다. 그가 계속 남경에서 실세로 남아있었다면 개인적으로나 대전시 입장에서도 양 도시 우호관계가 더욱 발전되었을 것이다. 남경시 정부는 문화교류와 의정교류를 지속적으로 추진해 온 공로를 높이 인정해, 나를 2008년 '세계역사문화명성도시엑스포'에서 세계석학 초청세미나에 나를 초청했다. 나는 세계 각국에서 참석한 500여명의 석학들 앞에서 '한국의 민속'을 주제로 발표했다. 이는 70평생 삶에 가장 의미 있고 보람 있는 일이었다.

일본오오다(大田)시 의회와 의정교류

오오다(大田)시는 일본 혼슈우 섬 북쪽 중간지점에 자리 잡은 작은 도시이다. 일본어 발음으로는 '오오다'지만 한자로 표기하면 우리 대전과 같이 '큰대 자'에 '밭전 자'를 쓰는 도시이다.

도시 규모를 놓고 보면 대전과는 비교할 수 없는 작은 도시지만 일본에서 지방자치가 제일 발전된 청정도시로 유명한데다 지명까지 우리 대전과 같아 소중한 인연이 될 수 있다고 판단했다. 그래서 대전시의회 3대 의장으로 재임할 당시 나는 일본 오오다시의회에 상호의정교류협정을 제안했고 오오다시도 나의 제의를 흔쾌히 수용했다. 그래서 양 도시의 의정교류가 시작돼 지금까지 이어져 오고 있다.

일본 오오다 시는 인구가 5만 안팎인 작은 도시로 소문난 청정도시다. 일본에서 지방자치가 제일 발전되고 지방의회의 의정활동이 제일 성숙된 도시로 알려져 있다. 처음 교류협정을 제안, 체결할 때만해도 도시의 규모와 시세(市勢)가 너무 차이가 나 큰 기대를 하지 않았던 것이 사실이다. 그러나 막상 오오다시를 방문하고 사회간접자본과 지방행정, 교육제도, 사회복지, 문화예술, 도시환경 등 각 분야의 발전상과

오오다시의회의 의정활동을 돌아보고 깜짝 놀랐으며 정말 배울 점이 많은 선진도시였다.

대전시의회 의장으로 재임할 당시 나는 우리와 가장 가까운 이웃인 중국과 일본, 양국과의 우호관계의 중요성을 깊이 인식하고 지방자치 발전과 공동번영을 위해 긴밀한 교류가 이루어져야 한다고 판단해 중국 남경(南京)과 일본 오오다(大田)시와의 의정교류협정을 체결했다.

대전시의회와 의정교류가 이어져 오고 있는 도시는 현재 이들 두 곳 뿐이다.

◆◆◆

국제 문화교류지원 사업 이대로는 안 된다

1994년 한 · 중 국교 정상화 이후, (사)한국예술문화진흥회(이사장 조종국)와 대전의 서화예술인들이 지난 20여 년 동안 한 · 중 양국 간 문화교류행사로, 한 · 중(대전 · 남경)서화교류전, 한 · 중(대전 · 남경 · 합비)서화교류전, 한 · 중(대전 · 소주 · 성도)당대서화명가전, 그리고 한 · 중(대전 · 우한)서화교류전을 꾸준히 개최해 왔다.

당시 대전 · 남경 자매도시결연에 발맞춰 충청예술문화진흥회(현 : 한국예술문화진흥회)의 주도로 '남경서화원'과 '남경시문학예술계연합회' 등의 서화예술인과 함께 상호방문 교류전을 갖고 서로의 문화적 정서적 차이를 서화를 매개로 극복하며 오랜 기간 신뢰와 우정을 쌓아왔다. 그 덕분에 남경뿐만 아니라 합비, 소주, 성도, 우한 등과도 상호 교류를 넓혀왔고, 다른 지역의 도시에서도 대전과의 서화교류를 희망하는 분위기가 확산되고 있다. 이러한 문화교류는 한 · 중 양국 간에 얽히고설킨 정치, 외교, 경제의 복잡한 실타래를 원만하게 풀어가는 분위기를 만드는데 크게 기여해왔다.

한국과 중국은 지리적으로도 밀접하고 역사적으로도 유교와 불교,

韓國藝術文化振興會
Korea Arts and Culture Association

한자를 공유하는 등 공통점이 많지만, 다른 한편으로 서로 간의 문화적 차이가 큰 것도 사실이다. 사회주의를 고수하고 있는 중국과의 정치 사회 경제적 차이는 둘째 치고, 문화적 측면에서 중국은 국가가 직접 개인의 예술 활동과 국제문화교류를 적극 지원하는데 반해, 자유민주주의 경쟁체제인 한국은 개인과 민간이 주체가 되어 예술 활동을 전개해 왔다. 특히 한국에서 민간이 국제문화교류행사를 추진할 경우, 정부나 자방자치단체의 예산지원을 받는 것은 하늘의 별따기다.

예를 들어 2015년, 2016년 제2차와 3차 한중(대전 · 소주 · 성도) 당대서화명가전은 대전문화재단의 국제 문화 교류지원 사업에서 제외돼 전시경비와 대전을 방문하는 22명 중국대표단의 체재경비와 기타 전시경비 등 큰 차질을 빚었었다.

대전시와 대전문화재단의 예산지원 한 푼 없는 상황에서, 다행히 지역문화발전에 기여해 온 대전서화예술인들이 뜨거운 열정을 모아 사비를 출연해 제3차 한중(대전 · 소주 · 성도) 당대서화명가전을 성대하게 개최하고 한국의 명예와 대전의 이미지를 널리 선양했다. 국가 간의 문화교류 트렌드가 중앙 정부에서 각 자치단체로 이동하고 있는 현실에서 지역의 순수 예술단체가 추진하고 개최하는 이와 같은 국제 문화교류 사업은 대전시의 위상에 걸맞게 대전시와 대전문화재단의 전향적이고 과감한 예산지원이 뒤따라야 할 것이다.

4부

타인의 시선

우한(wǔhàn:武漢)을 아십니까?

– 대전 · 우한 서화 교류전을 다녀와서 –

윤학상(서예학 박사)

한 · 중(대전 · 우한) 서화교류전 대표단 일행이 2018년 5월 28일부터 6월 1일까지 4박 5일 일정으로 중국 우한에 다녀왔다. 4박 5일 동안 우리와 동행하며 통역과 안내를 맡았던 조선족 출신 현지 관계자에 따르면 우한은 인구 약 1100만 명, 대학 89개, 대학생 수 126만 명으로 단일 도시로는 세계에서 대학 수가 가장 많은 도시이며 중국에서 현재 개발속도가 가장 빠른 도시로 타지에 나갔다가 1년 후에 돌아오면 자기 집을 못 찾아갈 정도라고 했다. 관계자의 말을 입증이라도 하듯이 실제로 산이 보이지 않는 광활한 평원에 끝이 보이지 않는 건물들이 계속 들어서고 있었다. 도시 전체가 공사 중이라는 말이 딱 들어맞을 정도였다. 또한 우한은 호수의 도시이기도하다. 장강이 도시 중앙을 가로질러 흐르고 중국에서 세 번째로 크다는 동호(東湖)를 비롯하여 수많은 호수가 있는데 비행기에서 내려다 본 우한은 그야말로 땅보다 물이 많아 보일 정도였다.

우한(wǔhàn)은 우리식 발음으로는 무한이다. 중국어 정체 자는 무한(武漢), 간체자는 우한(武汉)이다.

이곳은 중국의 중앙에서 약간 남쪽에 위치한 지역으로 은, 상, 주대(殷, 商, 周代) 유물이 출토되었고, 춘추전국시대 열국의 격전장이었으며 삼국지에 나오는 무대의 중심지였다. 장강(長江)이 도시 한복판을 가로질러 흐르는 적벽대전의 역사를 간직한 곳이며 손권이 사망한 곳이기도 하다. 1911년 신해혁명의 발상지도 우한이다. 현재는 후베이성(湖北省)의 성도이며 후베이성의 정치, 경제, 문화, 교육, 교통의 중심지이다.

우리는 28일 월요일 아침 8시 서대전 사거리 센트리아 오피스텔 앞에서 인천공항으로 가는 버스에 몸을 싣고 기대와 설렘으로 우한 여행의 첫 여정을 시작했다. 중국 우한 공항에 도착한 시각은 오후 4시 30분. 우리는 입국 수속을 마치고 우한 주최 측에서 마중 나온 버스를 타고 호텔에 도착하여 짐을 푼 후에 시내의 한 건물 안으로 들어갔다. 그곳은 우한시 지도자 중심(中心) 건물의 식당이었는데 그곳에 우리 일행을 환영하는 만찬이 준비되어 있었다.

왕개학(王开学) 우한시 문학예술계 연합회 부주석의 환영인사와 조종국 한국문화예술 진흥회 이사장의 답사 의례를 거친 후에 환영공연과 만찬이 시작되었다. 무대에서는 재즈댄스, 노래, 악기연주, 마술 등이 이어졌다. 그 중에서도 가장 돋보이는 젊은 한 테너 가수가 있었다. 그는 소탈한 차림으로 격식을 깨고 무대와 식탁 사이를 오가며 열정적인 노래를 불렀는데 우리들로부터 앵-콜을 받을 정도로 열렬한 찬사를 받았다. 이 가수는 우리의 마지막 날 만찬에도 참석해서 분위기를 돋우었으며 멋진 가수로 나의 뇌리에 각인되었다. 그는 중국국가 1급 테너 성악가로 위웨이라는 사람이었다.

첫 날 만찬에서 잊을 수 없는 한 가지가 있었는데 그것은 그 날 제공되었던 술 백운변(白云边)이다. 이 술병의 표지에는 이태백의 얼굴이 그려져 있었고, 이태백에 얽힌 이야기와 시(詩)가 소개되어 있었다. 내용은 어느 가을 밤 이태백이 한 포구에 머물면서 시를 지었는데 그 시의 마지막 구절에 나오는 백운변(白云边)이라는 세 글자를 술 이름으로 지었다는 것이다. 이태백이 당시 머물렀던 지역이 현재의 후베이성(湖北省) 송자시(松滋市)인데 백운변(白云边)은 송자시(松滋市)에서 주조되는 후베이성 4대 명주 중의 하나이다. 이 백운변의 표지에 붙어있던 이백의 시는 다음과 같다.

南湖秋水夜無煙　남호의 가을 물결 달밤에 안개 없이 맑네
耐可乘流直上天　배타고 곧바로 하늘로 올라갈 수 없을까
且就洞庭賒月色　동정호에 가서 달빛을 얻고
將船買酒白雲邊　배타고 나가 흰구름 가에서 술을 사와야겠구나

이 시는 이백의 유동정 오수(游洞庭 五首) 중 이수(二首)인데 마지막 구절에서 백운변이라는 술 이름이 나왔음을 알 수 있다. 우한에서의 첫날밤은 열렬한 환영공연과 만찬, 그리고 시(詩)가 있는 백운변의 향기 덕분에 다음날의 여정에 대한 기대를 한껏 부풀게 했다.

28일 개막식은 우한미술관(武漢美術館)에서 있었다. 우한미술관은 우리로 치면 대전 시립미술관인 셈이다. 도록에 실린 작가와 작품 기준으로 이번에 출품한 대전 작가는 서예, 문인화, 한국화, 수채화, 양화, 판화 등 총 114명이었고 중국작가는 서예, 중국화, 문인화 등 총 119명이었다. 개막식에는 우리측 조종국 이사장님을 비롯한 38명과 담인걸(譚仁杰) 우한시대외정치협상회의 부주석(武漢市政協副主席), 유봉(喩峰) 우한시 인민정부 외사주임, 왕개학(王开学)우한시 문학예술계 연합회 부주석, 구충모(瞿忠謀) 우한 미술가협회 비서장, 진군생(陳軍生) 우한시 도자미술가협회 주석 겸 우한시 대외문화교류 중심이사 등 주요인사와 출품회원 등 수백여 명이 참석하였다. 개막식 후에는 담인걸(譚仁杰) 우한시 대외정치협상회의 부주석과 조종국 이사장이 함께 담소를 나누면서 전시장 순회관람이 이루어졌다. 특히 눈에 띄는 것은 작년에 대전 전시에서 볼 수 없었던 우한 작가들의 대형작품들이었다. 작년 대전에 보냈던 작품들은 소품 위주였는데 이번에 우한에 출품한 작품들은 대작들이 많았고 서예, 문인화에서 좋은 작품들도 눈에 띄었다.

이번 전시를 보면서 계속 머릿속에 맴돌았던 생각은 '내년 대전에서의 교류전은 대전 시립 미술관에서 한다면 좋을 텐데' 라는 것이었다. 우한미술관은 넓고 동선(動線)이 아주 편리하게 되어있었다. 작년의 대전시청전시실에서의 전시는 공간이 협소하여 너무 빽빽하게 작품을 걸었던 기억이 있다. 우한도 시립미술관에서 전시했으니 이제 우리도 대전-우한 교류전은 양 도시의 격에 맞게 대전시립미술관에서 전시하는 것을 정례화하면 좋겠다는 생각이 들었다.

개막식과 전시장 관람을 마치고 정상예술공간(頂上藝術空間)이라는 곳으로 이동했다. 6층 건물인 이곳에는 진군생(陳軍生) 우한시 도자미술가협회 주석의 작업실과 전시실이 별도로 있고, 다른 전시실에는 우한시의 정상급(頂上級) 예술가 5인의 작품이 전시되어 있었다. 이 5인은 모두 이번 교류전에도 출품한 작가들이었다. 진군생(陳軍生)선생은 서 · 화 · 도자기에 모두 뛰어난 작가로서 서예, 문인화, 산수화에 능했다. 도자기에 그림과 글씨를 입힌 작품을 상설전시, 판매하고 그 건물전체를 운영한다고 했다. 우리 모두는 진군생(陳軍生)선생의 작업실과 전시실에 감탄하고 부러워했다. 그는 우리에게 5인의 작품집 『도법자연(道法自然)』과 자신의 작품 카탈로그를 선물로 전해주었다.

오후에는 우한시에서 가장 유명한 명승지 황학루(黃鶴樓)에 올랐다. 황학

루는 중국 국가 5A급 명승지구로 지정되어 있고 악양루(岳陽樓), 등왕각(滕王閣)과 함께 강남 3大 명루라고 한다. 황학루는 오(吳)나라 시기(223년)에 손권(孫權)이 군사적 목적으로 지은 망루였으나, 당나라의 시인 최호(崔顥)의 시 황학루(黃鶴樓)와 이태백의 시 황학루송맹호연지광능(黃鶴樓送孟浩然之廣陵)으로 더욱 유명하게 되었다. 이후 많은 시인 묵객의 이야기와 황학의 전설을 간직한 황학루는 그동안 10여 차례의 파손과 중건을 거듭한 끝에 1985년 우한시 정부가 현재의 모습으로 재건한 것이라고 한다. 옛날의 운치는 없어지고 콘크리트 건물로 된 황학루를 보면서 부여 백마강의 관광객을 실어 나르는 황포돛배가 오버랩 되었다. 운치도 낭만도 사라지고 상혼만 가득한 백마강의 황포돛배와 우한의 황학루는 많이 닮아있었다. 다만, 황학루에 올라보면 사방이 모두 시원하게 바라보이는 곳으로 그 옛날 손권의 군사적 안목이 뛰어났음을 실감할 수 있다.

황학루 관광을 마치고 우리 일행은 두 팀으로 나뉘어졌다. 조종국 이사장님과 백만기 대전시 문화예술 과장님, 김구회 충청데일리 사장님을 비롯한 10인은 우한시 인민대표대회 지도자 접견 및 회담을 위해 우한시 컨벤션센터 영빈관으로 이동하고, 이재호 교수님을 비롯한 28명의 작가들은 우한시 미술가협회 회원들과의 만찬장으로 향했다. 나는 10명에 끼어서 영빈관으로 갔다. 그곳에는 호수화(胡树华) 우한시 인민대표대회 상무위원회 부주석을 비롯하여 왕홍강(王弘岗) 외사주임, 안역병(颜亦兵) 교과위 부주임, 유봉(喻峰) 우한시 인민정부 외사 부주임, 왕개학(王开学) 문화예술계연합 부주석 등이 우리를 기다리고 있었다. 호수화(胡树华) 부주석은 인사말에서 "우한은 중국 중부의 교통, 문화, 교육, 과학의 중심지로서 대전과 닮은 점이 많이 있다. 대전은 교통, 과학, 교육이 발달하고 살기 좋은 도시로 우한과 대전은 2006년부터 교류를 시작하여 특히 첨단 과학 분야에서 많은 교류가 있었다. 2017년부터는 문화예술 교류를 시작하여 작년에 대전에서 교류전이 열렸고 이제 우한에서 교류전이 열리게 되었으니, 우한과 대전의 교류는 한층 더 튼튼한 다리를 놓게 되었으며 서로 간의 우의가 영원하기를 바란다."고 했다.

조종국 이사장은 "대전과 중국의 문화교류는 1995년 시작된 이래 23년간 한 번도 거르지 않고 이어졌으며 지난해에 사드갈등으로 양국 간에 어려움이 있어 모든 문화교류가 중단되었음에도 불구하고 우한시와 대전시가 문화교류의 협정을 맺게 된 데 대하여 다시 한 번 우한시 정부에 감사드리며, 이번 교류전을 계기로 대전과 우한의 문화예술교류가 튼튼한 반석 위에서 계속 이어지기를 바란다."고 했다. 회담이 끝나고 호(胡)부주석은 옛날의 정취가 담긴 황학루를 그린 그림을 조 이사장에게 선물하였고 우리는 영빈관의 식당에서 화기애애한 가운데 조촐한 만찬을 하면서 서로 간의 우의를 돈독히 했다.

30일은 아침 9시, 후베이성 박물관으로 출발했다. 박물관 1층 로비에서 가이

드가 말했다. "이곳은 와신상담의 고사로 유명한 〈부차의 칼과 구천의 검〉이 있고 여러 가지 청동기가 많이 있습니다. 2층과 3층에 볼거리가 집중적으로 있습니다." 나는 3층부터 올라갔다. 3층에는 토기, 청동기, 도자기, 죽간, 편종, 마차 등 여러 볼거리가 있었다. 그 중에서 나의 시선을 끈 것은 흠 없이 깨끗하게 보존되어 있는 많은 양의 큰 청동 솥들과 죽간이었다. 서예를 하는 나로서는 상 · 주대(商 · 周代)의 청동기에서 볼 수 있는 금문(金文)과 춘추전국시대의 죽간(竹簡)에 눈이 가는 것은 당연한 것이었는지도 모른다. 그런데 이 많은 양의 솥에는 문자(文字)가 주조되어 있지 않아서 아쉬움이 남았다. 청동 솥들을 지나 내 눈에 들어 온 것은 거대한 편종이었다. 전국시대의 악기인 이 증후을편종(曾候乙編鐘)은 동서고금의 최대, 최고의 타악기라고 하며 2400년 전 초(楚)나라 시대의 지배 권력의 문화수준을 증언하는 듯했다. 죽간은 1975년에 발굴된 것으로 지금까지 책자에서 보지 못했던 것이었다. 가로 1cm 정도의 폭에 내려쓴 글씨로 전국시대 말기의 것이라고 한다. 이 죽간은 네 종류로 분류되는데, 어서. 법률답간. 위리지도 진율 십팔 종(語書, 法律答問, 爲吏之道, 秦律十八種) 등이다. 주로 당시의 법률에 대한 규정을 적은 것이다. 서체는 단아하고 파책이 거의 없는 것이 특징이다.

박물관을 뒤로하고 도교 성지인 장춘관(長春觀)으로 향했다. 그곳에는 도교 성지답게 채식을 파는 식당도 겸하고 있었는데 '열렬환영 대전문화예술교류 방문단'이라고 적힌 현수막이 우리를 기다리고 있었다. 이곳 장춘관의 부주석이며 서예가인 왕군(王軍) 부주석이 대표로 환영인사를 했다. 우리는 식물로 만든 고기를 비롯해 식물로만 된 음식으로 점심식사를 하고 도교사찰을 차례차례 관람하였다. 건물이 뒤쪽으로 겹겹이 있고, 각 건물마다 모신 도교의 성인상(聖人像)들이 있었고 각 건물의 기둥에는 주련이 쓰여 있었다. 기둥에 쓰여 있는 글씨의 대부분을 王軍 부주석 자신이 썼다고 했다. 거의 관람이 끝나고 마지막 건물에 다다랐을 때 삼보관(三步館)이라는 현판이 보였다. 가이드가 설명했다. 이곳은 왕군(王軍) 부주석의 집무실인데 삼보관이라는 현판을 붙인 것은 왕군이 3보를 걷는 동안 대련(對聯)을 지을 수 있기 때문이라고 했다. 이것은 위나라의 조식이 칠보일시(七步一詩)라 해서 7보를 걷는 동안 시 한 수를 지었다는 데서 따온 것인데 실제로 왕군(王軍)은 다른 사람의 이름 석 자를 불러주면 바로 대련 시구를 짓는다는 것이다. 장춘관 건물들에 붙어있는 주련 중에도 그런 식으로 쓴 것이 많이 있다고 했다. 왕군(王軍)의 필치는 왕희지의 書에서 크게 벗어나지 않는 서체를 구사했다. 그는 후베이성과 우한의 서법가 협회 부주석을 맡고 있다.

장춘관을 나와 도착한 곳은 중국일야판화연구원(中國一冶版畵硏究院)이었다. 건물 외벽에는 우리를 환영하는 커다란 현수막이 걸려있었다. 건물 입구에서는 한 연주자가 전자기타를 간드러지게 연주하는 것으로 우리를 맞이했다, 건물 안에는 다과상이 준비되어 있었고 우리가 앉을 테이블과 의자가 마련되어 있었다. 그 곳의 원장인 판화가 전수청(傅树清) 선생은 우리에게 인사말 겸 이 판화연구원의 내력과 입상 경력에 대하여 설명해 주었다. “이곳은 중국 목판화의 중심지이며 많은 국제전에 참가하였으며 많은 판화가를 길러내었고, 지금도 계속해서 가르치며 함께 작업하고 있다.”는 것이었다. 전(傅)원장은 이번 교류전에 과일 망태를 짊어진 여인을 그린 작품을 출품했다. 우리는 이곳에서 뜻하지 않게 즉석 휘호와 그림을 그리게 되었으며, 또 이곳 초등학교 어린이들로부터 어린이들이 그린 화집 6권을 선물로 받고, 그에 대한 보답으로 조종국 이사장님은 수연(隨緣)이라는 두 글자를 멋진 전서체로 휘호를 해주셨다. 이것은 서화로 맺어진 아름다운 인연을 상징하는 문구라고 할 수 있다.

31일, 시 외곽도로와 고속도로를 2시간 가까이 달려 우리가 알 수 없는 곳에 도착했다 입구에는 우리를 환영하는 붉고 긴 프랑카드가 걸려있었다. 그곳의 이름은 우당만(藕塘灣)이었다. 연꽃이 많은 연못이라는 뜻의 그곳에는 우당만서화원(藕塘灣書畵院)이 있었다. 연꽃이 가득한 연못으로 둘러싸인 이곳 서화원에는 11명의 작가들이 서예와 산수화 작업을 하고 있었다. 여기에서 우리는 마지막 축제를 벌였다.

우리 38명과 이곳 11명, 그리고 우한시 대표작가들은 함께 어우러져 그들이 미리 준비해 놓은 종이와 먹으로 연합 大作을 만들었다. 그 문구는 중국무한한국대전예술지수장청(中國武漢韓國大田藝術之樹長青)으로 중국우한, 한국대전의 예술교류가 영원히 이어지기를 바라는 소망을 담았다. 우리는 이 휘호를 하고 참석인원 모두가 서명을 하여 우한과 대전의 서화교류를 기념했다. 휘호와 서명을 모두 마치고 캠프파이어 순서에 들어갔다. 장작더미에 불이 달아오르고 우리 모두는 손에 손을 잡고 노래를 부르며 서화로 하나됨을 느끼는 시간을 가졌다. '아리랑', '손에 손 잡고' 등을 부르며 저물어가는 하루를 아쉬워했다. 저녁 만찬은 그곳 식당에서 있었다. 만남과 아쉬움을 뒤로 한 채 우리는 4박 5일의 일정을 마치고 6월 1일 돌아왔다.

이번의 방문에서 나의 감회는 남달랐던 것 같다. 우선은 그들의 환대에 감격했다. 그들은 당의 관계자, 의회 관계자, 공무원, 문예협회 관계자들의 잘 짜인 공조를 통해서 일사불란하게 움직이며 우리를 안내하고 대접했다. 사전에 많은 준비를 했음을 느낄 수 있었다. 담당공무원과 내과의사, 사진기자가 언제나 동행하였고, 잘 짜인 시간표대로 정확하게 움직이면서 시간을 효율적으로 사용했다. 그런데 이러한 그들의 예우는 지난해 그들이 우리 대전을 방문했을 때 조종국 이사장님, 백남기 과장님을 비롯한 우리측 대표들이 잘 예우한 결과라는 평들이 여기저기서 들려왔다. 나는 처음 보는 광경이었지만 조 이사장님의 외교 능력은 대단해 보였다. 확고한 예술가적 신념과 여유 있는 제스처, 적절한 언어구사, 포용적 태도, 임기응변 능력 등이 단연 돋보였다. 그렇기 때문에 사드로 꽉 막힌 교류의 장벽을 뚫고 우한과 대전의 새로운 문화교류의 장을 열수 있었던 것이었구나 생각하게 되었다. 여기에 백만기 과장님(중문학박사)의 뛰어난 통역 능력과 순발력이 일조를 했다고 생각된다. 나는 이번 교류전을 계기로 '아! 문화예술의 교류라는 것이 이런 것이구나!' 하는 문화교류의 중요성과 역할에 대하여 새로운 느낌을 가질 수 있었다.

서예를 하는 나에게는 가슴 아픈 일도 있었는데 그것은 서예를 바라보는 중국과 한국의 현격한 시각차 때문이었다. 우한의 구충모(瞿忠謀) 서법가협회 비서장은 인사말에서 중국문화예술의 세계화 선봉은 '서예'라고 힘주어 말했다. 우리는 이미 베이징올림픽 개막식에서 붓을 전면에 내세운 퍼포먼스를 본 적이 있다. 우리나라는 교육과정에서 서예를 폐기한 지 이미 오래되었다. 아! 이 비참한 심경은 생각하지 아니함만 못한 것이다. 어쨌든 이번의 중국방문을 통해서 나는, 나 자신의 서예에 대한 애정을 다시 한 번 확인할 수 있는 계기가 되었다.

우리는 귀국 길에서 모두 이구동성으로 내년을 걱정하고 있었다. 우리가 우한에서 받은 환대에 어떻게 보답할 것인가. 우리도 시장님을 비롯한 시관계공무원, 시의회, 대전예총, 대전미협, 대전 서화인들이 한마음으로 준비해서 대전에서의 교류전을 잘 치루고, 대전을 방문하는 우한의 서화가들에게 우리의 문화적 역량을 보여줄 수 있기를 간절한 마음으로 기원해본다.

남계의 書法과 삶의 세계

– 그의 도서전에 즈음하여 –

南溪가 개인 陶書展을 갖는다.

이 글은 그와 교분이나 지분을 갖고 있는 많은 사람들이 그의 개인전을 축하하는 마음과 똑 같은 심정으로 그를 경하하려는 데 뜻이 있다. 따라서 여기서는 비록 필자의 직업이 評論家이긴 하나 서예를 다룬 경험이 없고 또 이 방면의 전문가가 아니기에 그의 서법을 비평하고자 하는 것이 아니라 다만 그의 서법을 칭송하려는 뜻을 적고자 할 뿐이다.

내가 南溪와 상면한 것은 1년 전, 그러니까 1987년10월, 대전에서 그가 주선하여 개최한 문화의 날 기념 충남예술인대회에서였다. 나는 이 대회에 초청강사로 그의 환영을 받는 자리에서 비로소 그의 생김과 인간성에 접하였다. 그 후 제주도에서 개최된 예총세미나와 여름의 美協 진주세미나에서 다시 만나 구면을 나눈 셈이 되었다.

이 짧은 인연 속에서 내가 그를 느낀 것은 書藝人으로서는 물론이지만 특히 지역문화예술의 정력적인 개척자 또는 행정가로서의 면모였다. 훤칠한 키와 준수한 용모가 단번에 이를 점지케 하더니 그 후 기회가 생겨 알게 된 그의 약력이 자세히 이 점을 확인해 주었다. 그는 이미 이 방면의 업적을 자그마치 10가지 이상을 기록하고 있었던 것이다. 예컨대 그 일부만을 든다면 충청남도미술대전 회장과 운영위원에다 예총 전국부회장이며, 예총 충청남도지회장일 뿐 아니라 충청남도 도정자문위원이며 문예 진흥위원이기도 하다. 거기에다 충청서단 이사장이며 중도서회 회장으로서 음악분야에도 손을 대 현재 대전 청소년교향악단장이다.

그는 여기에 그치지 않고 격월간인 〈충남예술〉을 창간하여 현재 발행인을 맡고 있는 등, 그야말로 다방면에 걸쳐 활동을 경주하고 있다. 이렇 듯 그의 왕성한 대(對)사회활동은 가히 정력적이며 눈부신 바 오늘의 충남예술을 조성하고 있는 장본인의 한 사람이 바로 南溪이다. 실로 그는 지역문예 진흥의 선봉장이랄 수 있다.

부여가 고향인 그는 15세에 선친을 여의고 후일 역경을 극복하면서 학창시절을 보내야했다. 성장하면서 그는 남달리 선천적인 낙관주의자의 품성을 지니고 원만한 대인관계로 해서 항상 사람들 앞에 돋보이었던 것으로 생각된다. 이점이 바로 오늘에 이르러 그가 지역문화의 발군의 일꾼으로서 입신하게 된 동기가 되었으리라.

書藝人으로서의 南溪가 성장하게 된 것은 아마 그의 고백과 같이 朝鮮朝의 開國功臣이엇던 忠靖公 趙仁沃의 18代孫이라는 자부심과 특히 靜庵 趙光祖 등 巨儒를 배출한 종문의 선비적 분위기에서 비롯된 것 같다.

書藝人으로 그의 品性은 일찍이 중국 상고시대인 殷·周의 金石文에 매력을 느껴 심취하였 고 淸·唐代의 吳昌碩, 楊沂孫 등 명가의 고전을 섭렵하면서 전서체를 새로운 감각으로 재창조하려는 데 열중하였다. 그의 筆劃은 溫厚 우아함을 바탕으로 淸雅한 律格을 드러내는데 특징을 보인다. 그래서 線條의 매끄러움이 청아한 조형성을 바탕으로 단정하게 드러나는 것이 南溪가 지닌 筆格의 뛰어난 매력이기도 하다.

그는 노자의 〈致虛極〉을 사랑하며 불경의 심무괘애(心無罣碍) 무애시무외(無碍是武畏)의 경지를 좋아하여 이러한 경계에 바탕을 둔 篆書文들과 한글서체를 즐겨 다루고 있다. 그이 서법정신의 배경을 이루는 이점은 다음과 같이 그가 청주의 無心川을 지나며 쓴 어느 칼럼의 일부에 잘 나타나 있다

무심은 매사에 아무 뜻이 없다는 무관심이나 남에게 매정하기까지 한 몰인정의 무심이 아니라 여기서는 매사에 쓸데없는 욕심을 갖지 말고 늘 마음을 비우면서 살아가는 편이 훨씬 지혜롭다는 허심(虛心)이나 무욕(無欲)을 가리

키는 뜻일 테니까 말이다. 이 흘러가는 냇물을 보거든 인생도 덧없이 흘러간다는 사실을 알고 부질없는 탐욕을 이 냇물에 씻은 듯이 버려 보아라 하는 목소리가 들리는 것 같아 무심천을 가진 청주시민들이 부럽기도 하다.

이러한 남계의 치허극(致虛極)의 정신은 곧 그의 서법정신(書法精神)의 진원지이자 그의 삶의 세계를 틀 지워 주는 근본이 되고 있다.

이제 남계의 나이가 40대 후반에 이르렀으니 그가 좀 더 많이 태허(太虛)의 비경을 그의 서법에 담아 익힌 지고한 서체에 이르기를 그의 개인 도서전에 즈음하여 경하하며 기대해 마지않는다.

1988년 12월 20일

美術評論家 哲學博士 金 福 榮

南溪의 藝術과 人間性

南溪와 나는 오랜 친구 사이다.

그는 서예에 정진하고 있고 나는 소설을 쓰고 있기 때문에 서로 전공분야는 다르지만 우리들의 우정에 금이 가지 않는 것은 아무래도 그의 폭넓은 人間性 때문인 것 같다.

南溪는 천성(天性)이 온후(溫厚)하고 매사에 유유낙낙(悠悠諾諾)하면서 누구에게나 관대하다. 그러면서 행동은 진취적(進取的)이고 기획적(企劃的)이어서 그가 하는 일에는 시행착오라는 것이 거의 없다. 그의 좌우명이 편의설리불쟁춘(扁宜雪裡不爭春)이라니 미루어 알 만한 일일 것이다.

南溪는 두주불사(斗酒不辭)의 주호(酒豪)이며 가창실력(歌唱實力)은 수준급이자 국궁(國弓)은 오중례(五中禮)를 끝낸 명궁(名弓)이다. 훤칠한 키에 가무잡잡한 용모, 언제나 방실방실 웃음을 띠우는 마음의 여유(余裕), 아무래도 그는 타고난 한량(閑良)이자 멋쟁이일 수밖에 없다. 경향간(京鄕間)에 교우가 두터운 연유(緣由)라 하겠다.

南溪는 충남부여 정동 금강변의 샘 고을에서 공무원이셨던 조동교(趙東教) 선생의 장남으로 태어났다. 이조 개국공신 충정공(忠靖公) 조인옥(趙仁沃)의 18세손이다.

그는 명문의 후예(後裔)답게 어려서부터 필재가 뛰어났다. 그의 조부 아소제(我蘇齊) 조희두(趙熙斗)선생과 당대의 명가 학남(鶴南) 정환섭(鄭桓燮)선생에 사사하여 필력을 얻었다.

동국대 대학원 한문교육과와 충남대경영대학원 최고경영자과정과 동 행정대학원 최고관리자과정을 이수하고 나서 그의 서예는 날로 빛을 더했다.

- 대한민국미술대전(국전) 입선 6회
- 대한민국미술대전(국전) 특선 2회

• 충남도미술대전 최우수상 수상
• 대한민국미술대전 초대작가
• 국립현대미술관 초대전
• 한국미술문화대상전 심사위원
• 개인전 13회
• 충청남도문화상(예술부문) 수상
• 충청서단 이사장 등 화려한 경력이다.

그의 대표작으로는 다음 다섯 점을 꼽는다.
• 사육신 박팽년(朴彭年) 선생 유허비(遺墟碑)
• 국보 제7호 봉선홍경사갈명(奉先弘慶寺碣銘)
• 독립투사 수당 이규남(李圭南)선생 순절비
• 숭의정(崇義亭) 창건기 등 그의 작품의 현주소이다.

무릇 서예가가 갖추어야 할 요건으로는 연원(淵源)과 경륜(經綸)이라는 두 명제가 있는 법이다. 연원이 없거나 희박한 서예가는 마치 뿌리가 빈약한 나무와 같아서 언제 넘어질지 모르는 초조를 안고 살아야 한다. 한때 반짝 빛났다가 불티처럼 사라지는 것이 상례(常例)이다.

그러나 연원(淵源)이 뚜렷하여 땅에 뿌리를 깊숙이 내린 예술가는 창작의 고뇌(苦惱)와 풍진(風塵)을 극복하는 생명력을 지니기 마련이다.

南溪의 서예가 그 생명력을 지니고 있는 까닭은 뛰어난 혈통과 그의 조부 아소제(我蘇齊) 조희두(趙熙斗)선생의 훈도와 학남 정환섭(鄭桓燮)선생으로부터의 탁마(琢磨)라는 연원(淵源)에 기인(起因)하고 있음은 물론이다.

또 예술가에게는 '절름발이'가 금물이다. 극세(極細)한 한 부분에 재질(才質)을 보였다 하여 그를 예술가랄 수 없는 것이다. 그건 재인(才人)인 것이다. 모름지기 서예가로서 일가견을 갖추려면 측, 늑, 노, 책, 략, 탁, 적, 책(側, 勒, 努, 策, 掠, 啄, 趯, 磔)의 굳건한 기초 위에 전, 예, 해, 행, 초(篆, 隷, 楷, 行,

草)의 오체(五體)를 두루 섭렵(涉獵)하여야 한다. 행서 도는 예서 하나 쯤 어줍잖이 익혀 가지고 서예가 행세를 할 수 없는 것이고 그걸 절름발이 서예가라 하는 것이다.

南溪는 이제 오체(五體)를 복수(復修)하였다. 거기에다 특히 고역의 전서에 정진하고 있으며 한글 전서체(篆書體)까지 독창(獨創)하고 있으니 그의 경륜(經綸)은 충분하다 하겠다.

예술은 선인의 업적을 답습(踏襲)하는데 그치는 것이 아님은 물론이다. 연원(淵源)과 경륜(經綸)을 고루 갖춘 南溪가 지금의 멋쟁이 인간성과 지금의 정진속도(精進速度)를 늦추지 않는다면 머잖아 남계체(南溪體)를 완성하여 추사체(秋史體) 창암류수체(蒼巖流水體)등과 같은 빛나는 금자탑을 세울 것을 믿어 의심치 않으면서 문외의 이 사람이 그의 개인 도서전(陶書展)에 즈음하여 천사(薦辭)를 쓴 것이다.

1988년 12월 20일

白坡 洪 性 裕 (小說家)

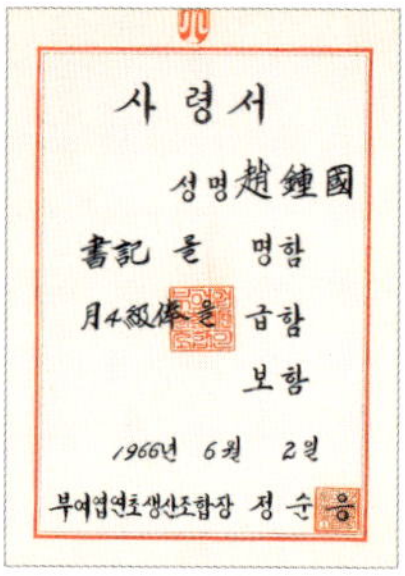
사령서

성명 趙鍾國

書記 를 명함

月4級俸을 급함

보함

1966년 6월 2일

부여엽연초생산조합장 정 순 응

1966.06 부여엽연초조합

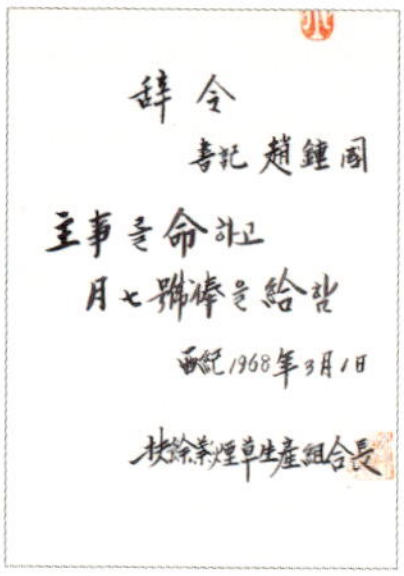
辭令

書記 趙鍾國

主事를 命하고

月七號俸을 給함

西紀1968年3月1日

扶餘葉煙草生産組合長

1968.03 부여엽연초조합

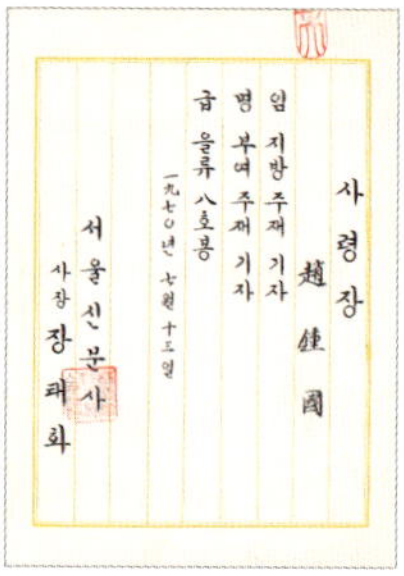
사령장

趙鍾國

임 지방주재기자

명 부여주재기자

급 을류 八호봉

一九七〇년 七월 十三일

서울신문사

사장 장태화

1970.07 서울신문사

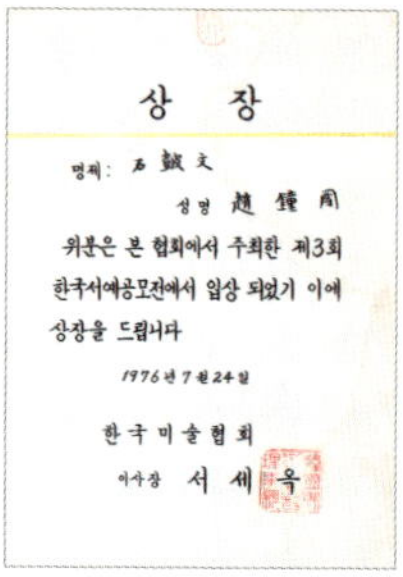
상 장

명제: 石鼓文

성명 趙鍾國

위분은 본 협회에서 주최한 제3회 한국서예공모전에서 입상 되었기 이에 상장을 드립니다

1976년 7월 24일

한국미술협회

이사장 서 세 옥

1976.07 한국미술협회

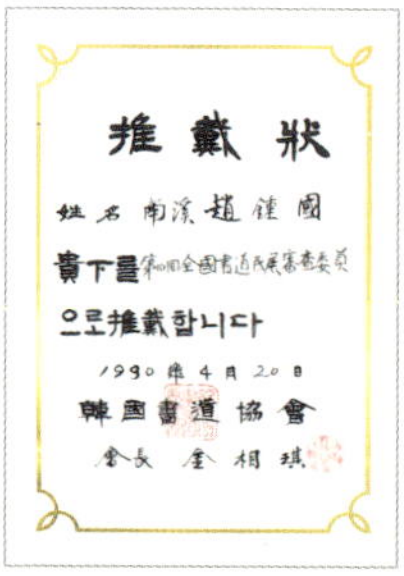
推戴狀

姓名 南溪 趙鍾國

貴下를 第四回全國書道民展審査委員

으로推戴합니다

1980年 4月 20日

韓國書道協會

會長 金相琪

1980.04 한국서도협회

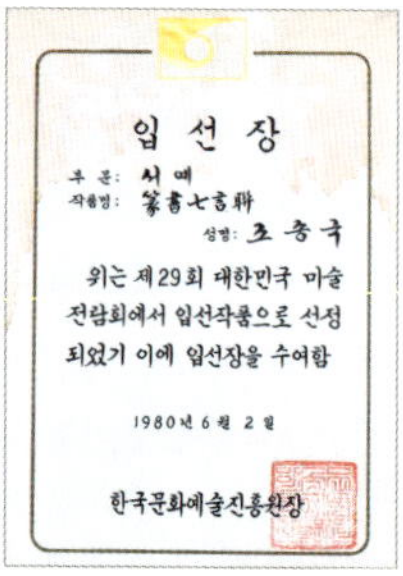
입 선 장

부문: 서예

작품명: 篆書七言聯

성명: 조 종 국

위는 제29회 대한민국 미술전람회에서 입선작품으로 선정되었기 이에 입선장을 수여함

1980년 6월 2일

한국문화예술진흥원장

1980.06 문예진흥원장

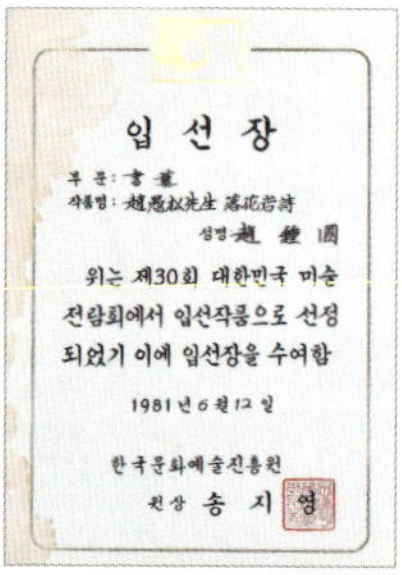
입 선 장

부문: 書藝

작품명: 趙恩松先生落花岩詩

성명 趙鍾國

위는 제30회 대한민국 미술전람회에서 입선작품으로 선정되었기 이에 입선장을 수여함

1981년 6월 12일

한국문화예술진흥원

원장 송 지 영

1981.06 문예진흥원장

委囑狀

姓名 趙鍾國

貴下를 第32回忠淸南道文化賞委員會 委員으로 委囑합니다

1981年 11月 4日

忠淸南道知事 沈大平

1981.11 충청남도지사

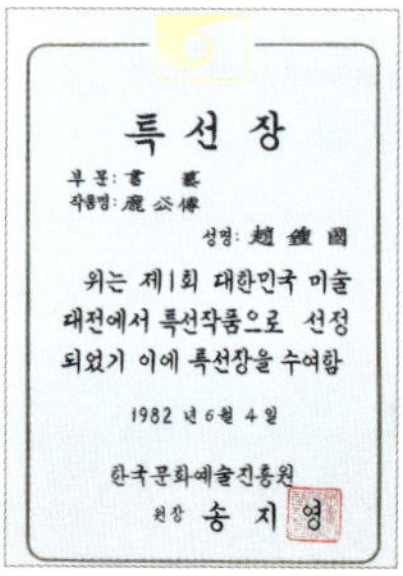
특 선 장

부문: 書藝

작품명: 鹿公傳

성명: 趙鍾國

위는 제1회 대한민국 미술대전에서 특선작품으로 선정되었기 이에 특선장을 수여함

1982년 6월 4일

한국문화예술진흥원

원장 송 지 영

1982.06 문예진흥원장

委囑狀

大田市 中區 蔡華洞

中都書藝學院長

南溪 趙鍾國

貴下를 大田市庁 洗心舘 書道修鍊部 指導講師로 委囑함

1982年 11月 12日

大田市長 沈大平

1982.11 대전시장

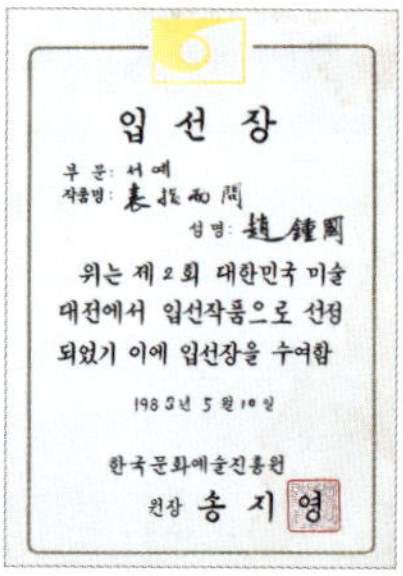
입 선 장

부문: 서예

작품명: 春採而開

성명: 趙鍾國

위는 제2회 대한민국 미술대전에서 입선작품으로 선정되었기 이에 입선장을 수여함

1983년 5월 10일

한국문화예술진흥원

원장 송 지 영

1983.05 문예진흥원장

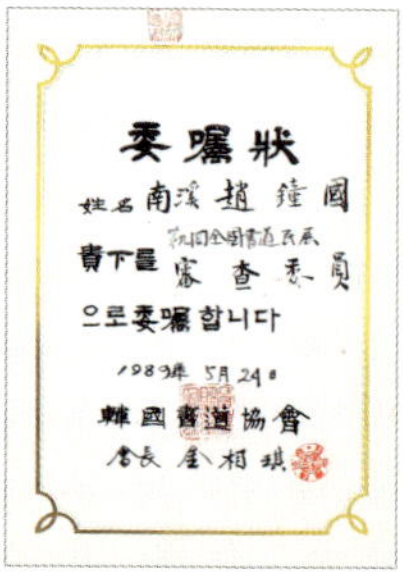
委囑狀

姓名 南溪 趙鍾國

貴下를 第五回全國書道民展 審查委員

으로委囑합니다

1983年 5月 24日

韓國書道協會

會長 金相琪

1983.05 한국서도협회

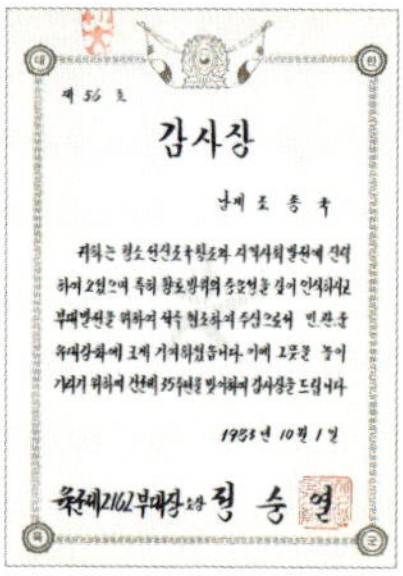
감사장

1983년 10월 1일

육군제2162부대장 정 승 열

1983.10 육군제2162부대장

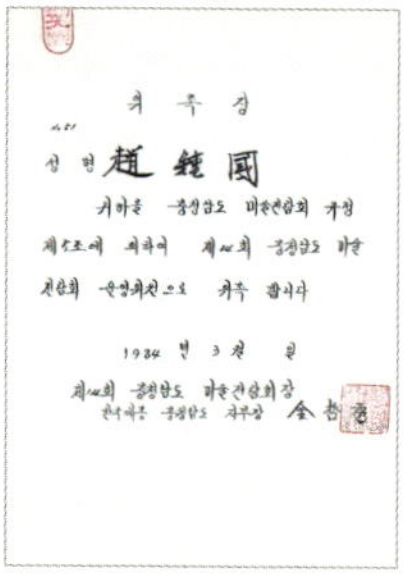
위촉장

성명 趙鍾國

1984년 3월

1984.03 충남예총

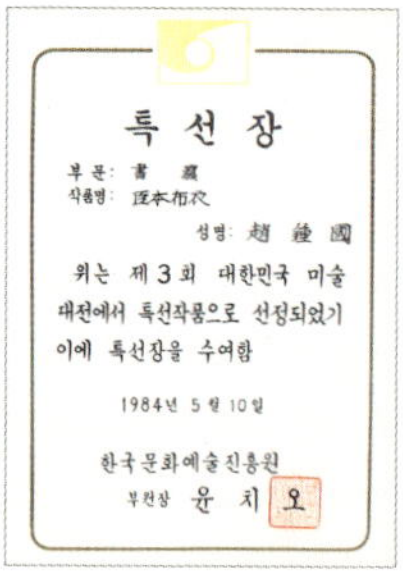
특 선 장

부문: 書藝

작품명: 陸游詩

성명: 趙鍾國

위는 제3회 대한민국 미술대전에서 특선작품으로 선정되었기 이에 특선장을 수여함

1984년 5월 10일

한국문화예술진흥원

부원장 윤 치 오

1984.05 문예진흥원장

委囑狀

조 종 국

貴下를 大田市 勤勞青少年 福祉會館 敎育講師로 委囑합니다

大田市長 權熙晉

1984.07 대전시장

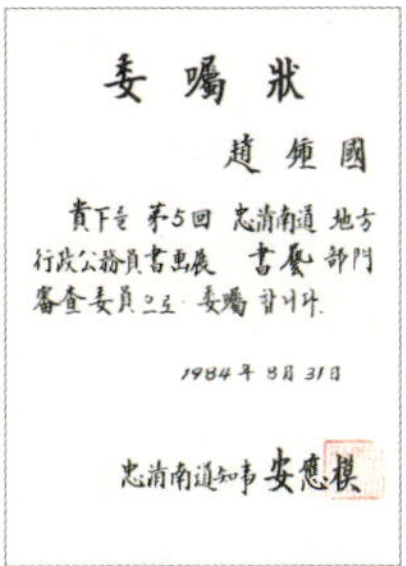
委嘱狀

趙鍾國

貴下를 第5回 忠淸南道 地方行政公務員書畵展 書藝部門 審査委員으로 委囑합니다.

1984年 8月 31日

忠淸南道知事 安應模

1984.08 충남도지사

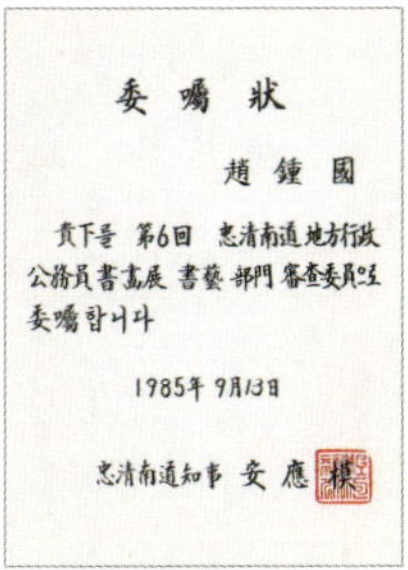
委嘱狀

趙鍾國

貴下를 第6回 忠淸南道地方行政公務員書畵展 書藝部門 審査委員으로 委囑합니다

1985年 9月13日

忠淸南道知事 安應模

1985.09 충남도지사

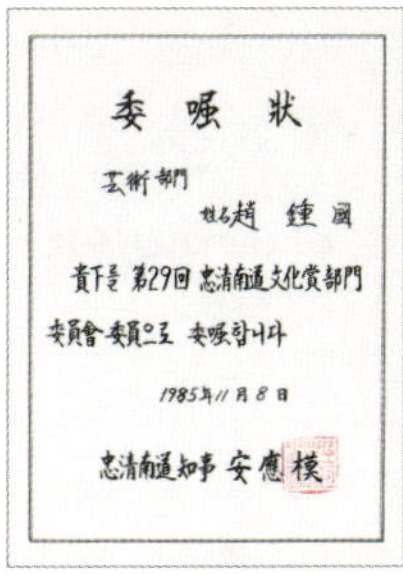
委嘱狀

書藝部門

성명 趙鍾國

貴下를 第29回 忠淸南道文化賞部門 委員會 委員으로 委囑합니다

1985年 11月 8日

忠淸南道知事 安應模

1985.11 충남도지사

推薦招待作家推載通知書

韓國美術文化大賞展運營委員會

1985.11 한국미술문화대상전

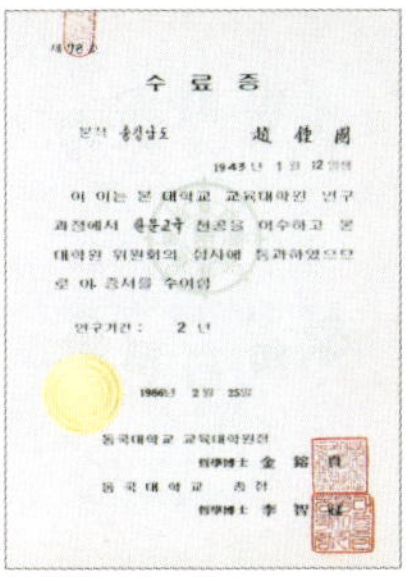
수료증

1986.02 동국대 교육대학원

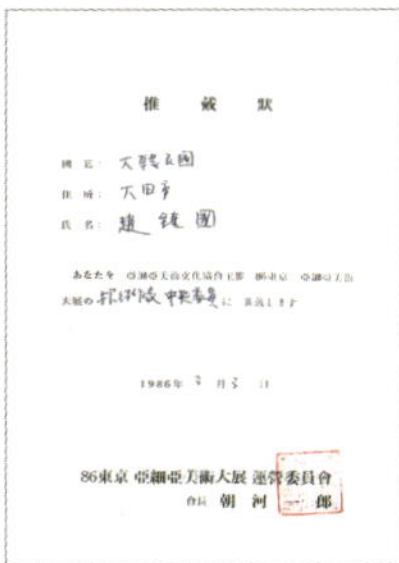
推薦狀

86東京·亞細亞美術大展 運營委員會

1986.03 아시아미술대전

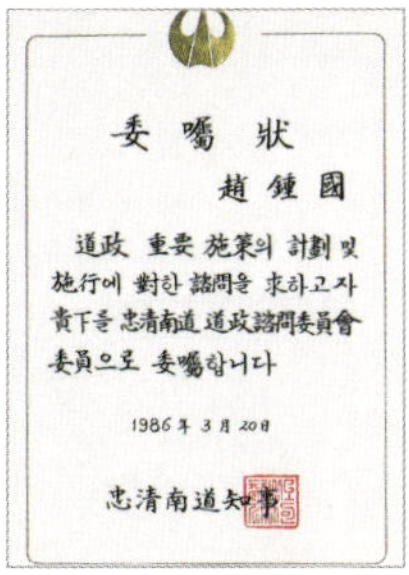
委嘱狀

趙鍾國

道政 重要 施策의 計劃 및 施行에 對한 諮問을 求하고자 貴下를 忠淸南道 道政諮問委員會 委員으로 委囑합니다

1986年 3月 20日

忠淸南道知事

1986.03 충남도지사

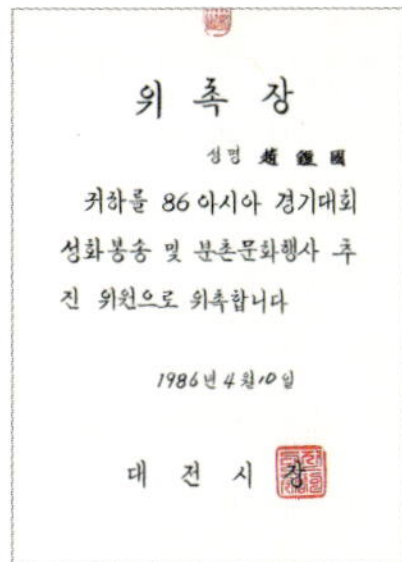
위촉장

성명 趙鍾國

귀하를 86 아시아 경기대회 성화봉송 및 분촌문화행사 추진 위원으로 위촉합니다

1986년 4월10일

대전시장

1986.04 대전시장

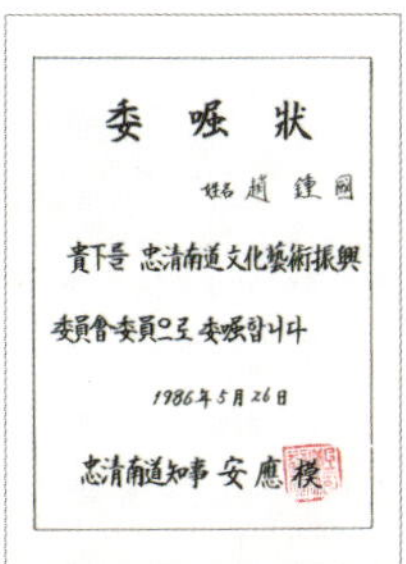
委嘱狀

성명 趙鍾國

貴下를 忠淸南道文化藝術振興委員會 委員으로 委囑합니다

1986年 5月 26日

忠淸南道知事 安應模

1986.05 충남도지사

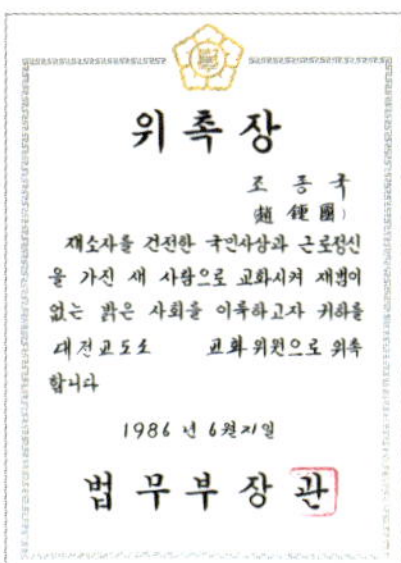
위촉장

조종국 (趙鍾國)

재소자를 건전한 국민사상과 근로정신을 가진 새 사람으로 교화시켜 재범이 없는 밝은 사회를 이룩하고자 귀하를 대전교도소 교화 위원으로 위촉합니다

1986년 6월21일

법무부장관

1986.06 범무부장관

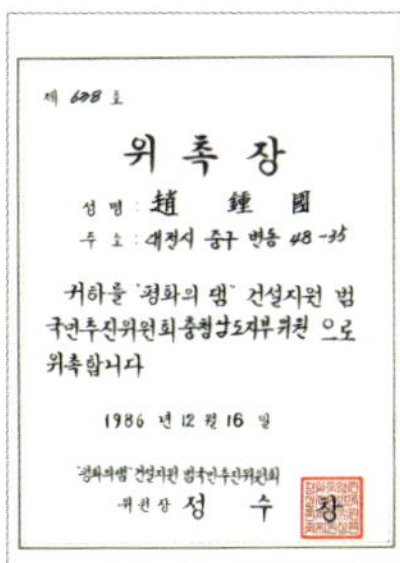
위촉장

성명 趙鍾國

귀하를 "평화의 댐" 건설지원 범국민추진위원회 충청남도지부 위원으로 위촉합니다

1986년 12월 16일

1986.12 평화의 댐 건설

KBS

委嘱狀

趙鍾國

貴下를 韓國放送公社 大田放送總局 放送諮問委員으로 委囑합니다

韓國放送公社 大田放送總局長 黃圭煥

1987.02 대전 KBS

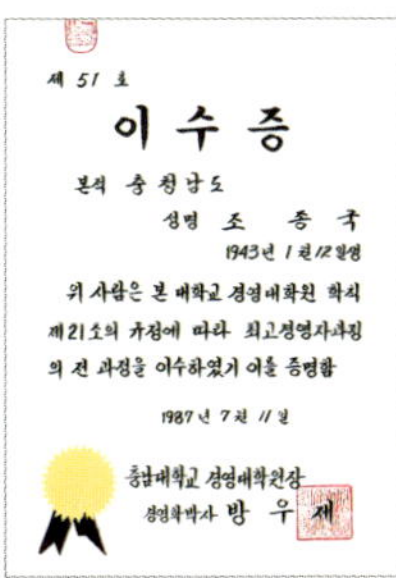
이수증

본적 충청남도

성명 조종국

위 사람은 본 대학교 경영대학원 학식 제21호의 과정에 따라 최고경영자과정의 전 과정을 이수하였기 이를 증명함

1987년 7월 11일

충남대학교 경영대학원장

1987.07 충남대

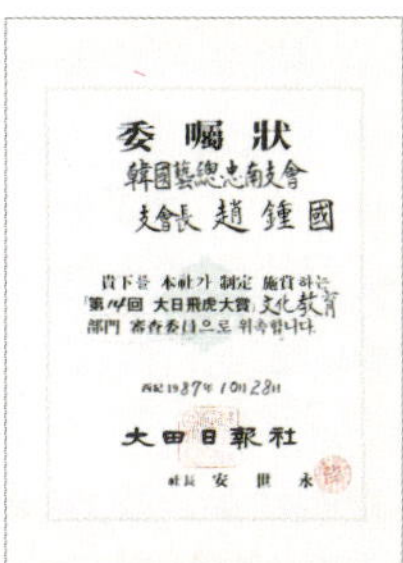
委嘱狀

韓國藝總忠南支會 支會長 趙鍾國

大田日報社

1987.10 대전일보

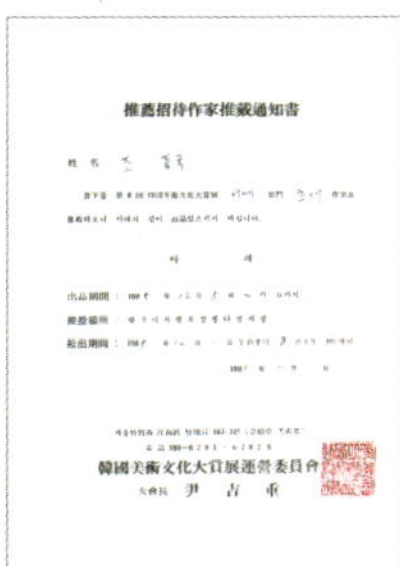
推薦招待作家推載通知書

韓國美術文化大賞展運營委員會

1987.11 한국미술문화대상전

委嘱狀

趙鍾國

漢陽趙氏 大田宗親會 會長 趙鍾完

1987.11 한양조씨종친회

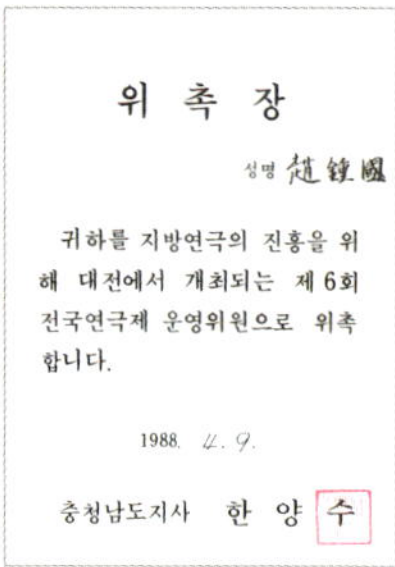
1988.04 충남도지사

1988.11 충남도지사

1988 전국종합예술제

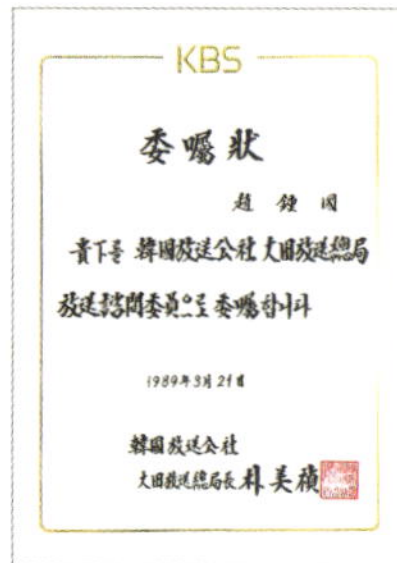
1989.03 대전 KBS

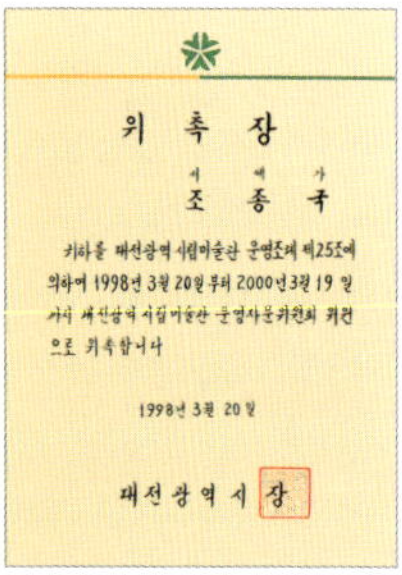
1989.03 대전시립미술관

1989.03 한국방송공사

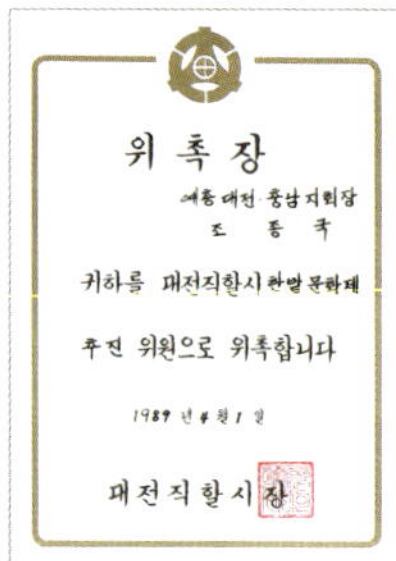
1989.04 대전시장

1989.04 대전시장

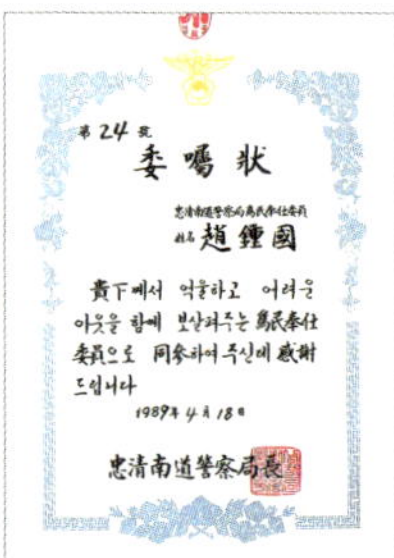
1989.04 위촉장 경찰청장

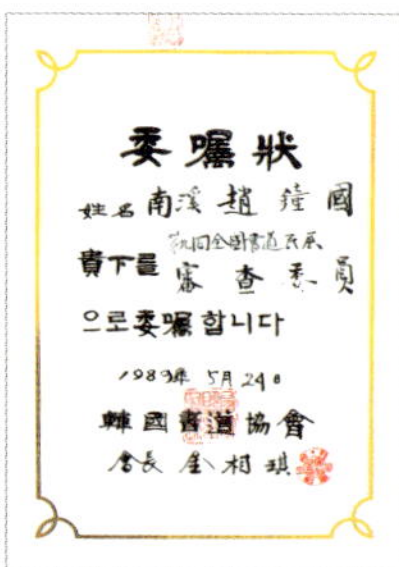
1989.05 전국서도협회

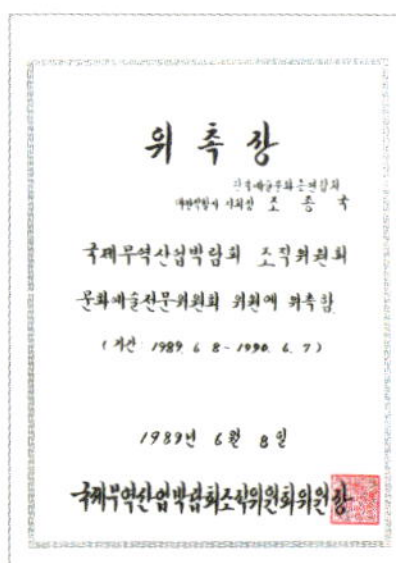
1989.06 국제무역박람회

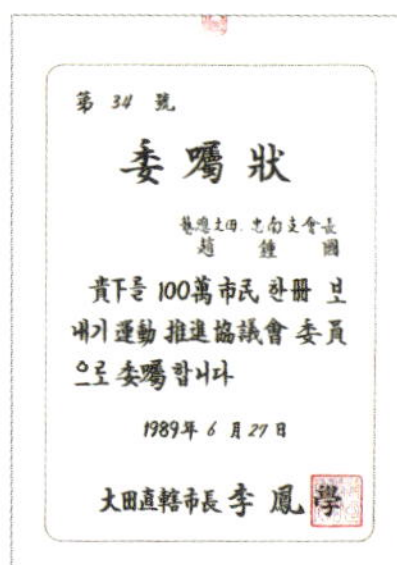
1989.06 대전시장

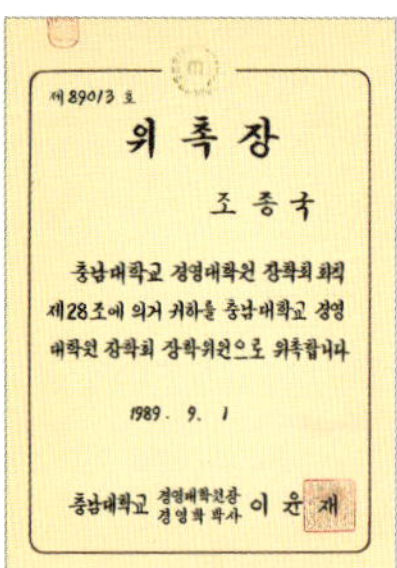
1989.09 충남대

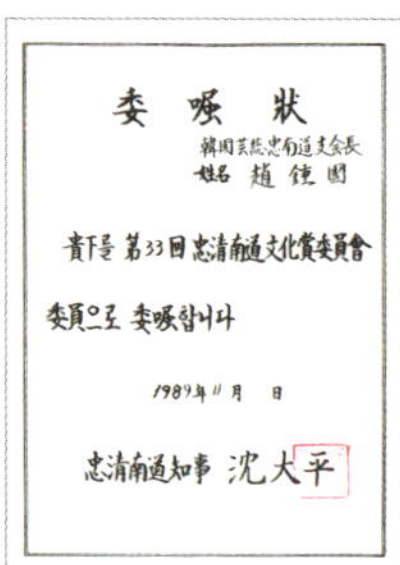
1989.11 충남도지사

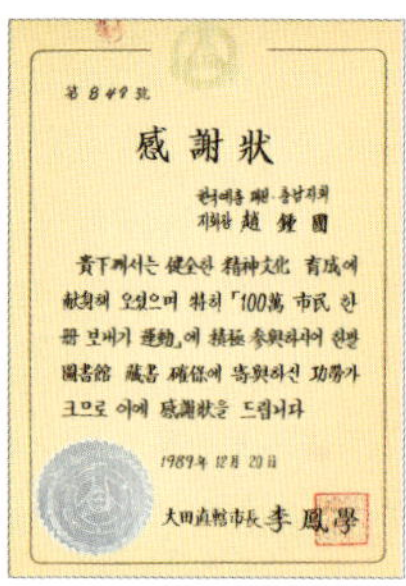
1989.12 대전시장

1990.02 충청남도지사

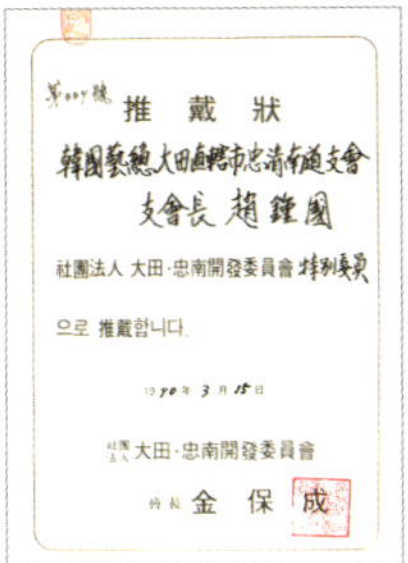
1990.03 대전충남개발위원회

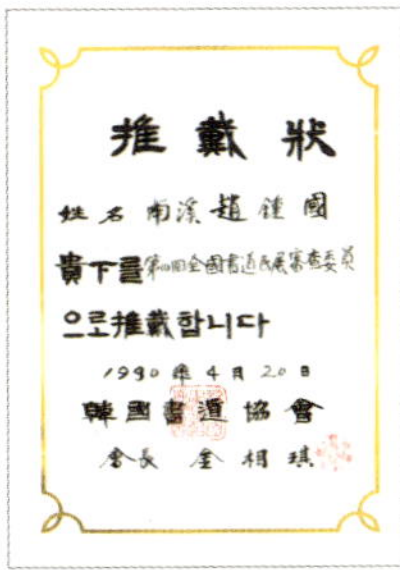
1990.04 한국서도협회

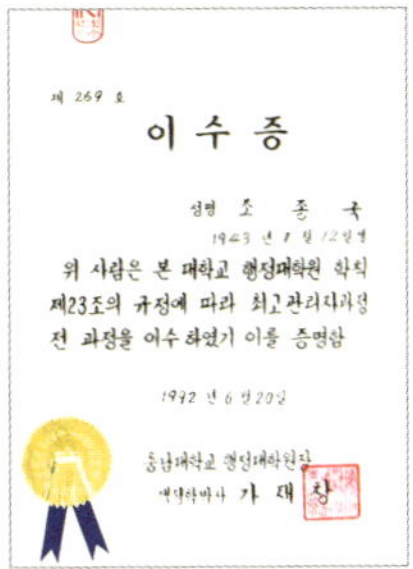
1990.06 충남대

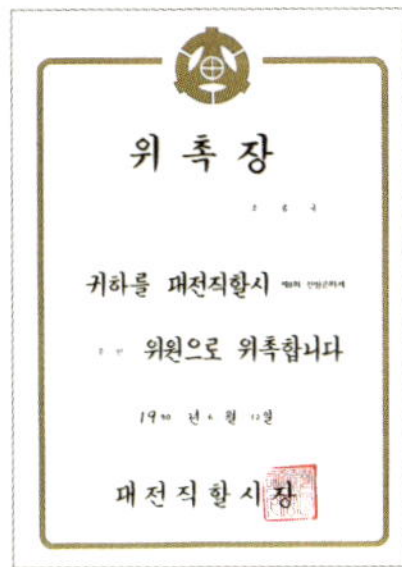
1990.06 대전시장

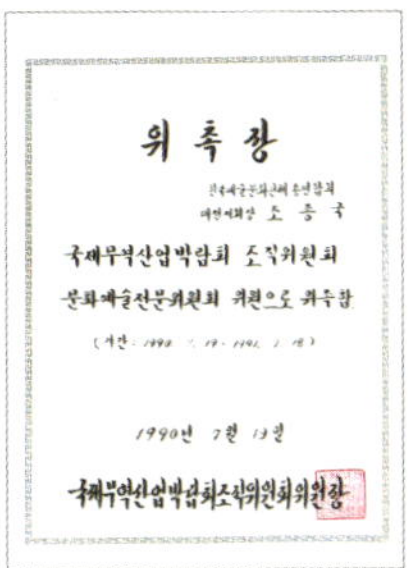
1990.07 국제무역박람회

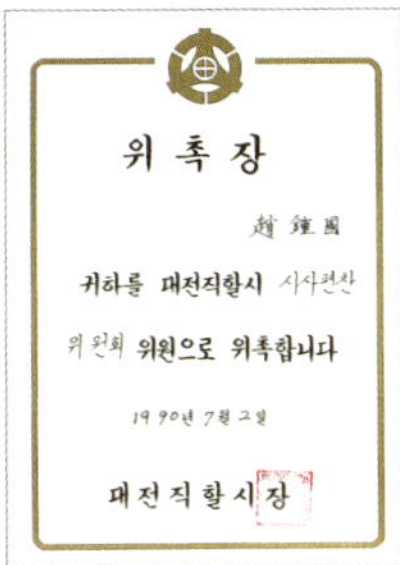
1990.07 대전시장

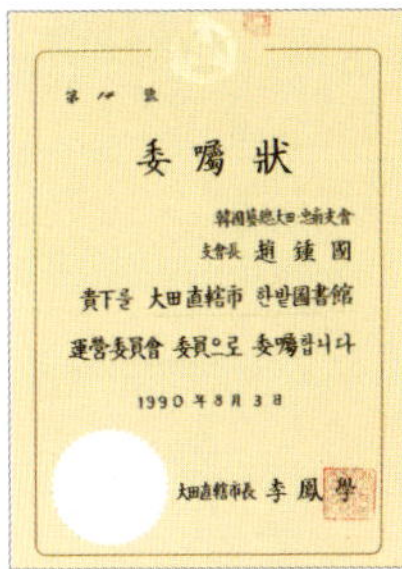
1990.08 대전시장

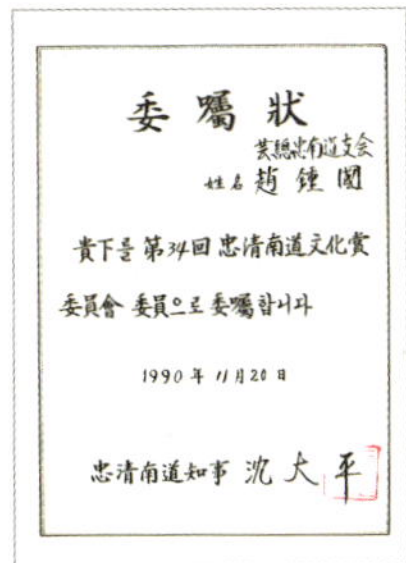
1990.11 충남도지사

1990.11 충남발전위원회

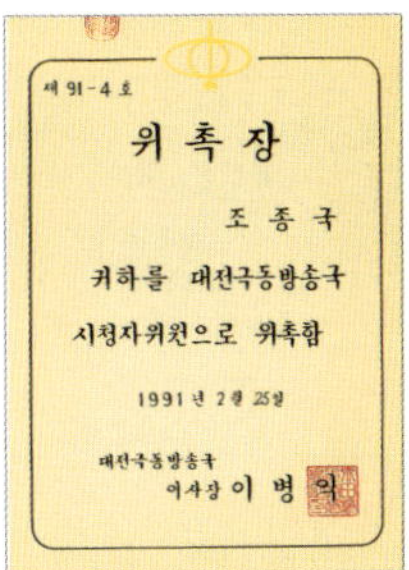
1991.02 대전극동방송국

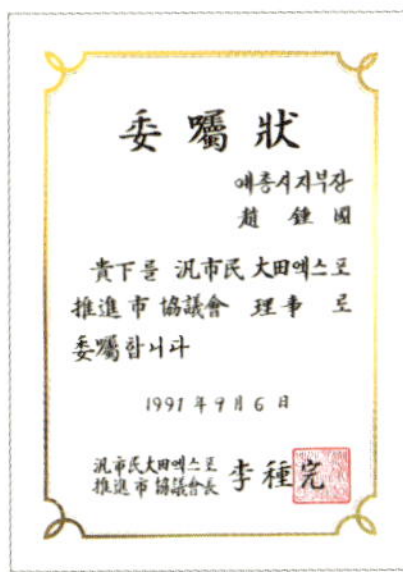
1991.09 범시민엑스포추진위

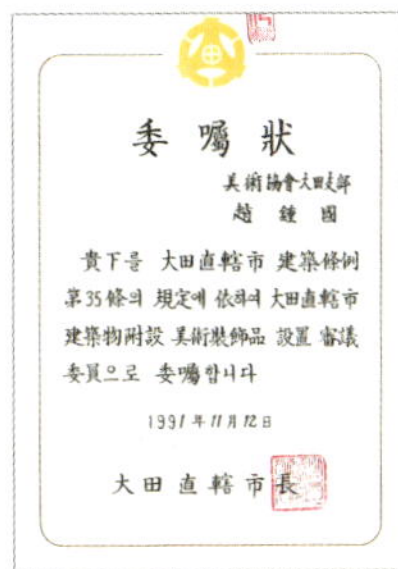
1991.10 대전시장

1991.10 대전시장

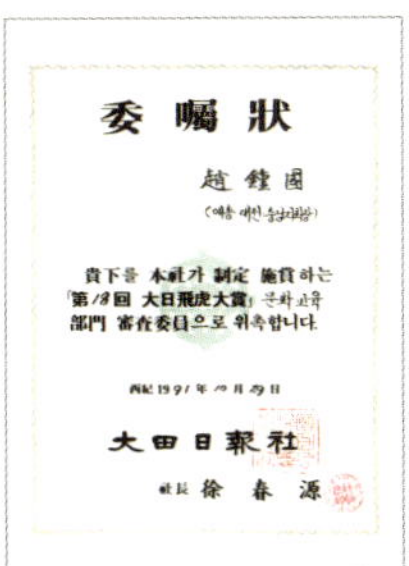
1991.10 대전일보

1991.10 대전일보사

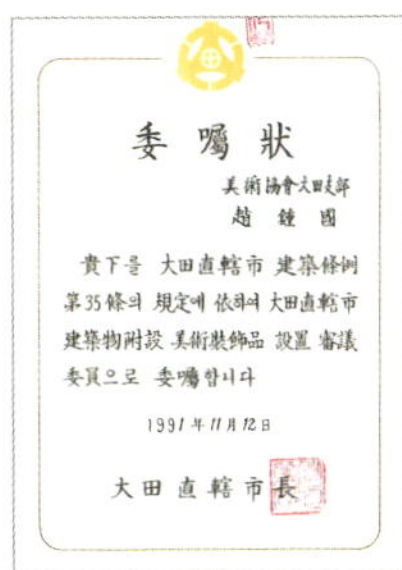
1991.11 대전시장

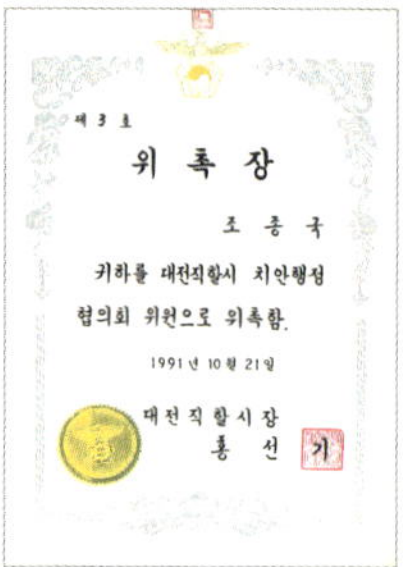
1991.11 대전시장

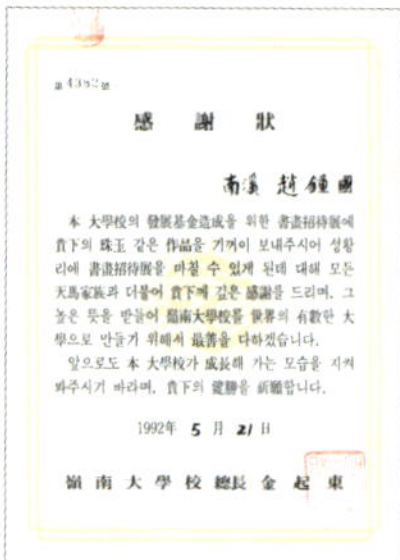
1992.05 영남대총장

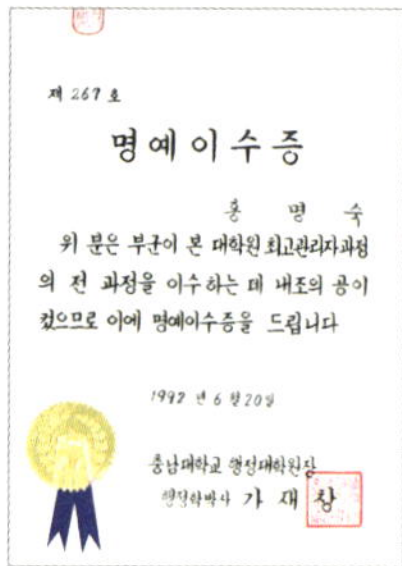
1992.06 충남대

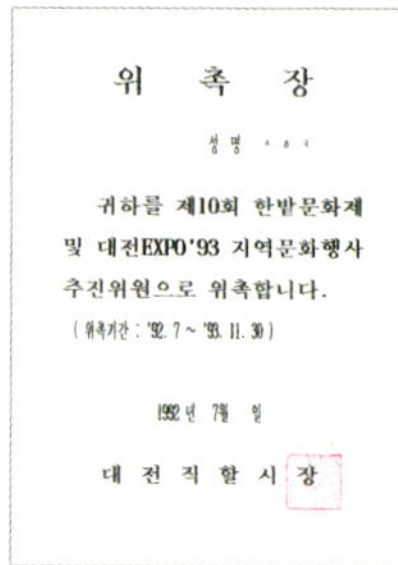
1992.07 대전시장

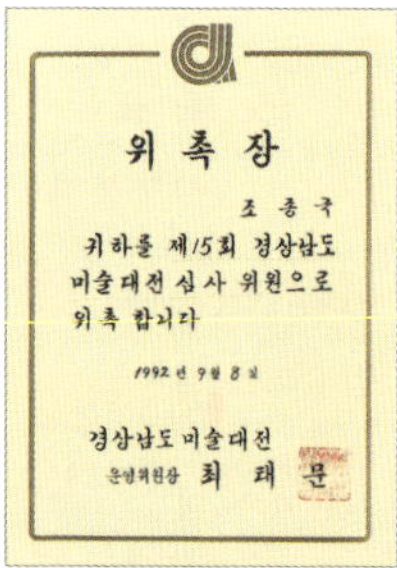
1992.09 경상남도 미술대전

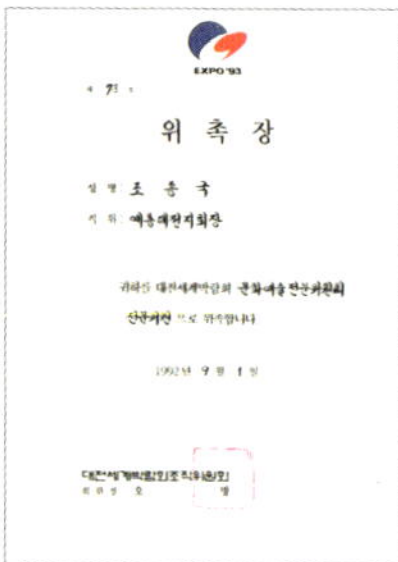
1992.09 대전세계박람회

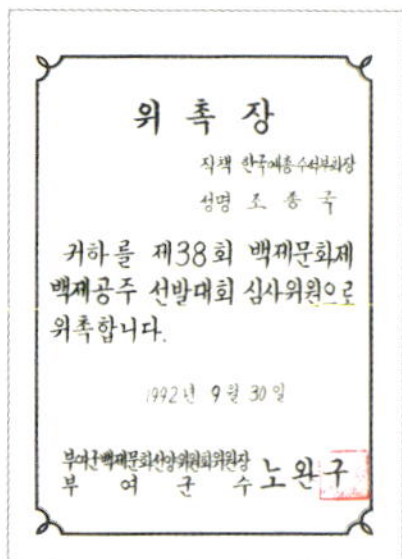
1992.09 부여군수

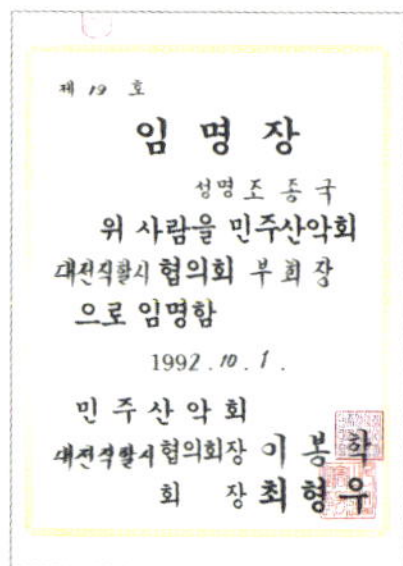
1992.10 민주산악회

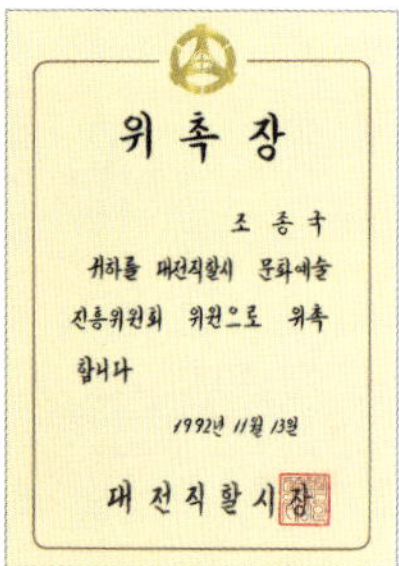
1992.11 대전시장

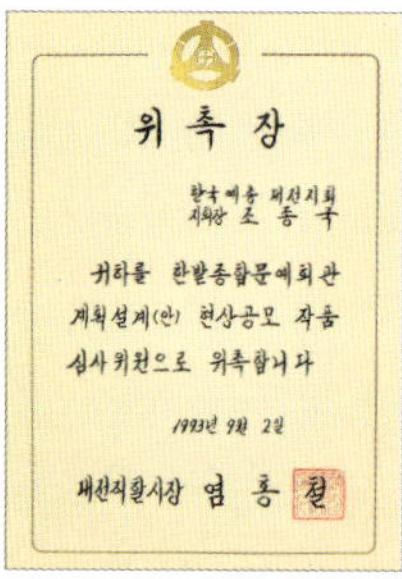
1993.09 대전시장

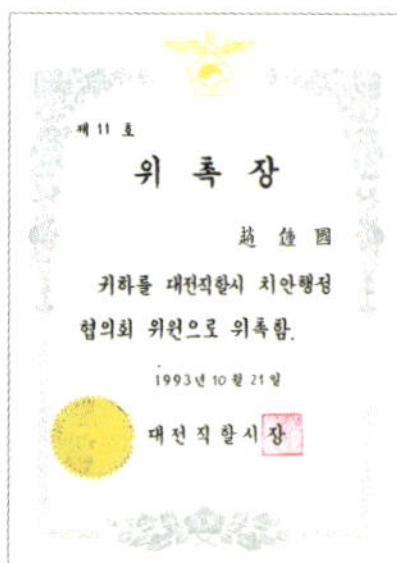
1993.10 대전시장

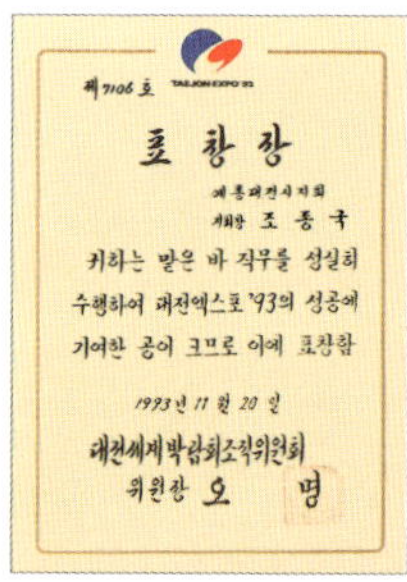
1993.11 대전세계박람회

1993.12 대전시장

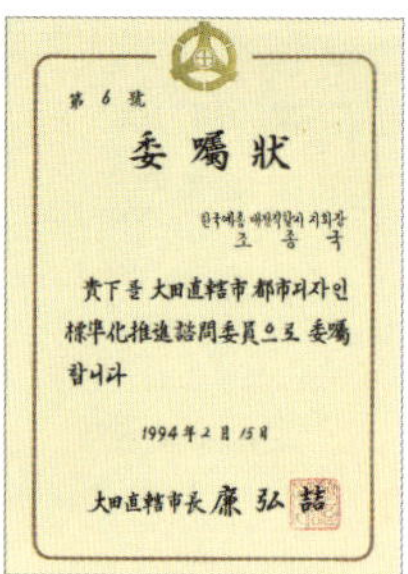
1994.02 대전시장

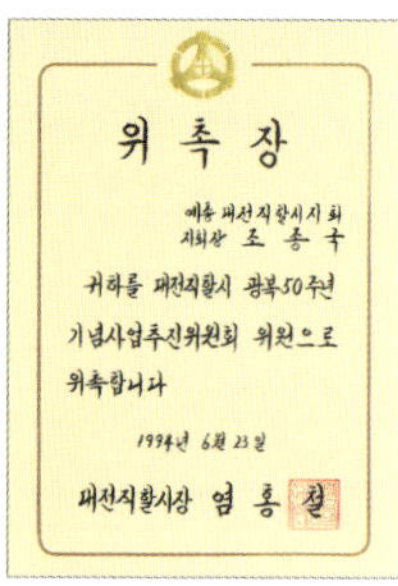
1994.06 대전시장

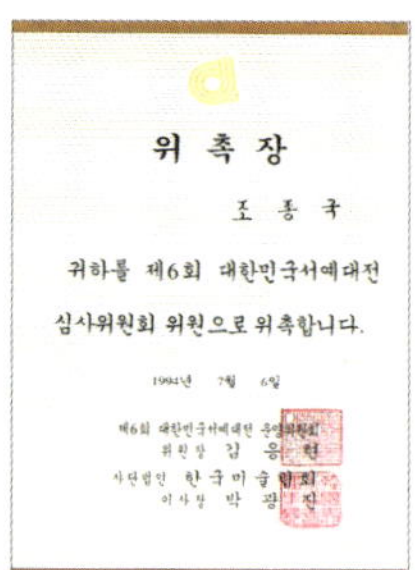
1994.07 한국미협

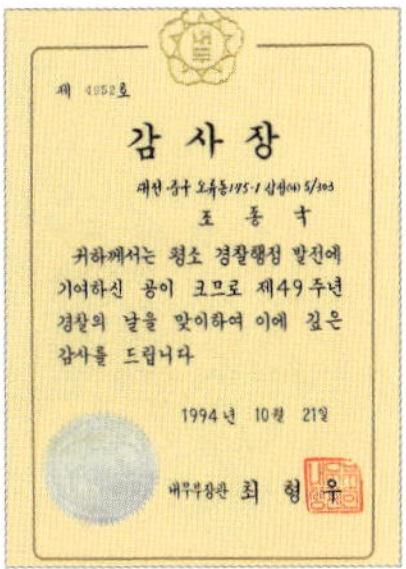
감 사 장

조 종 국

귀하께서는 평소 경찰행정 발전에 기여하신 공이 크므로 제49주년 경찰의 날을 맞이하여 이에 깊은 감사를 드립니다

1994년 10월 21일

내무부장관 최 형 우

1994.10 내무부장관

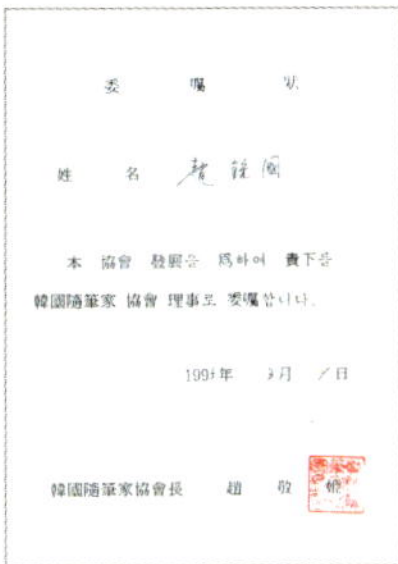
委 囑 狀

姓 名 趙 鍾 國

本 協會 趣旨에 依하여 貴下를 韓國隨筆家 協會 理事로 委囑합니다.

1995年 3月 1日

韓國隨筆家協會長

1995.03 한국수필가협회

委囑狀

조 종 국

위 사람을 대전 중구지구당 부위원장으로 委囑함.

1995年 5月 22日

自由民主聯合

總裁 金 鍾 泌

1995.05 김종필 총재

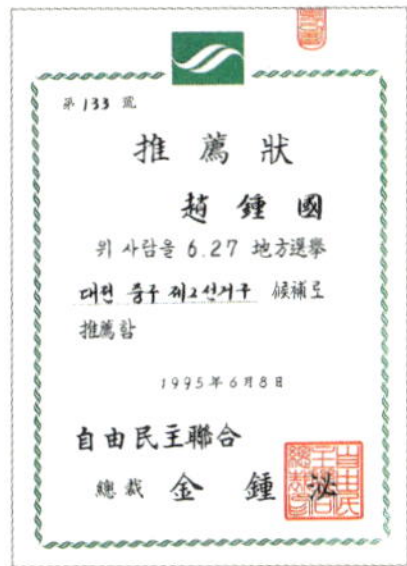
推 薦 狀

趙 鍾 國

위 사람을 6.27 地方選擧 대전 중구 제2선거구 候補로 推薦함

1995年 6月 8日

自由民主聯合

總裁 金 鍾 泌

1995.06 김종필

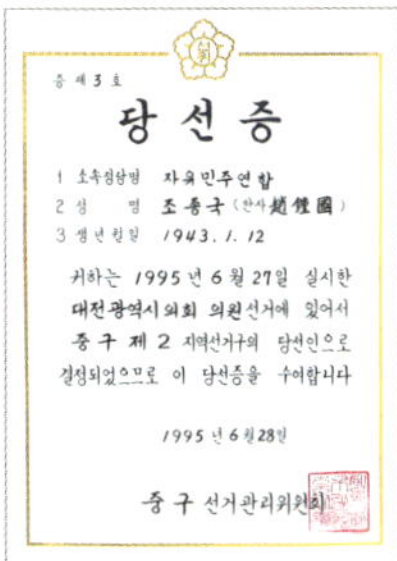
당 선 증

1 소속정당명 자유민주연합

2 성 명 조종국 (한자 趙鍾國)

3 생년월일 1943. 1. 12

귀하는 1995년 6월 27일 실시한 대전광역시의회 의원선거에 있어서 중구 제2 지역선거구의 당선인으로 결정되었으므로 이 당선증을 수여합니다

1995년 6월 28일

중구 선거관리위원회

1995.06 선거관리위원회

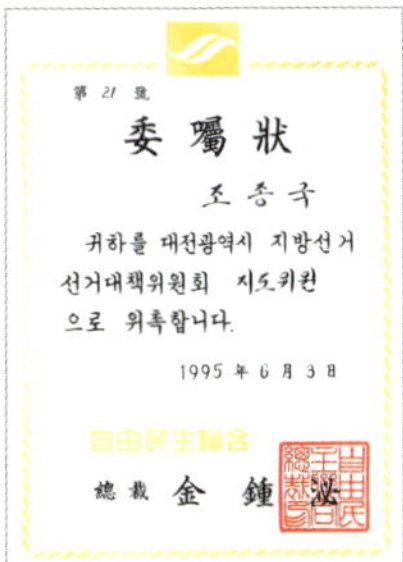
委 囑 狀

조 종 국

귀하를 대전광역시 지방선거 선거대책위원회 지도위원으로 위촉합니다.

1995年 6月 3日

自由民主聯合

總裁 金 鍾 泌

1995.06 자민련 김종필

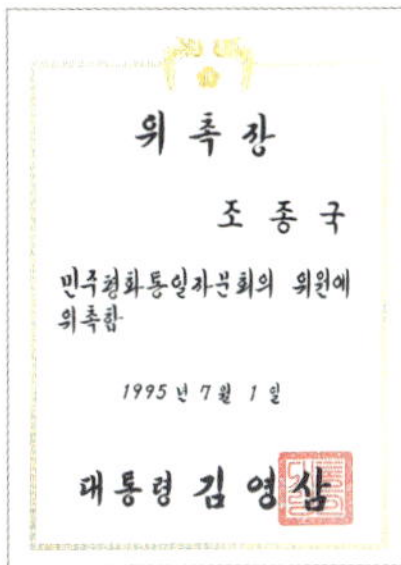
위 촉 장

조 종 국

민주평화통일자문회의 위원에 위촉함

1995년 7월 1일

대통령 김 영 삼

1995.07 대통령

위 촉 장

회장 조 종 국

귀하를 창간 55주년 기념 「제 32회 대일비호 대상」 문화부문 심사위원으로 위촉합니다.

2005년 10월 28일

大田日報社

社長 趙 俊

1995.10 대전일보

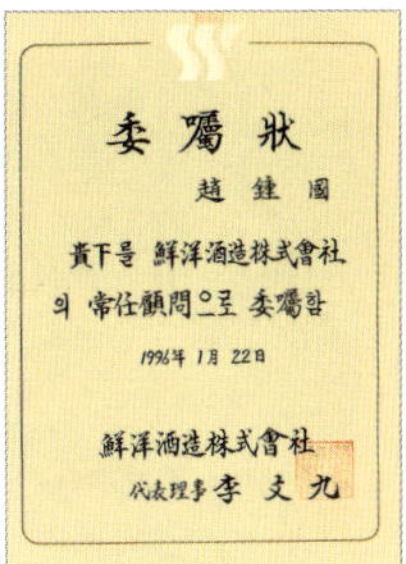
委 囑 狀

趙 鍾 國

貴下를 鮮洋酒造株式會社의 常任顧問으로 委囑함

1996年 1月 22日

鮮洋酒造株式會社

代表理事 李 丈 九

1996.01 선양주조

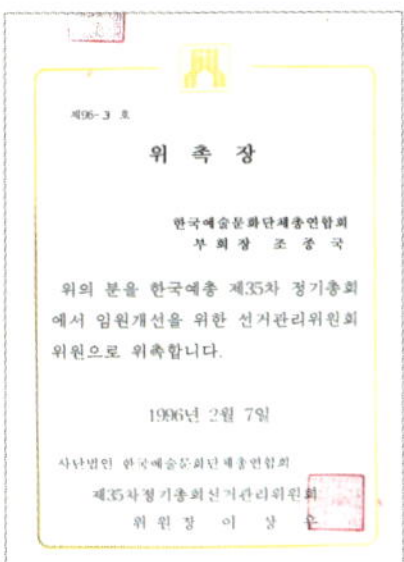
위 촉 장

한국예술문화단체총연합회 부회장 조 종 국

위의 분을 한국예총 제35차 정기총회에서 임원개선을 위한 선거관리위원회 위원으로 위촉합니다.

1996년 2월 7일

사단법인 한국예술문화단체총연합회

제35차 정기총회 선거관리위원회

위원장 이 상

1996.02 한국예총

委囑狀

성명 趙 鍾 國

귀하를 자유민주연합 대전광역시지부 제15대 국회의원 선거대책 위원회 위원으로 위촉합니다.

1996年 3月 8日

自由民主聯合

總裁 金 鍾 泌

1996.03 자민련 김종필

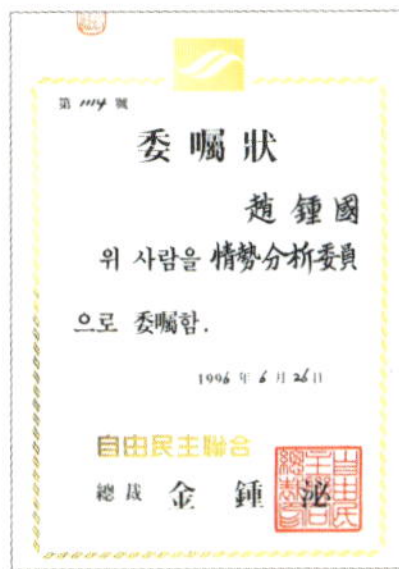
委 囑 狀

趙 鍾 國

위 사람을 情勢分析委員으로 委囑함.

1996年 6月 26日

自由民主聯合

總裁 金 鍾 泌

1996.06 자민련 김종필

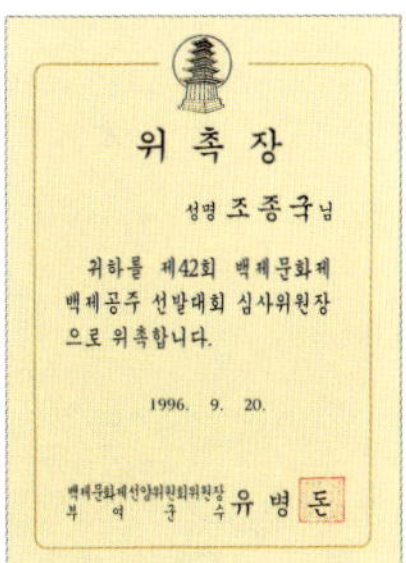
위 촉 장

성명 조종국님

귀하를 제42회 백제문화제 백제공주 선발대회 심사위원장으로 위촉합니다.

1996. 9. 20.

백제문화제선발위원회위원장 부여군수 유 병 돈

1996.09 부여군수

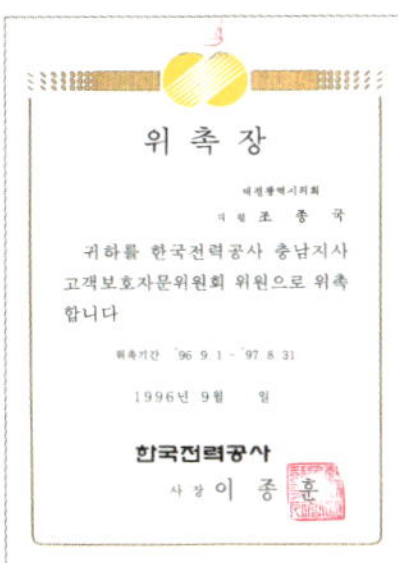
위 촉 장

대전광역시의회 의원 조 종 국

귀하를 한국전력공사 충남지사 고객보호자문위원회 위원으로 위촉합니다

1996년 9월 일

한국전력공사

사장 이 종 훈

1996.09 한국전력공사

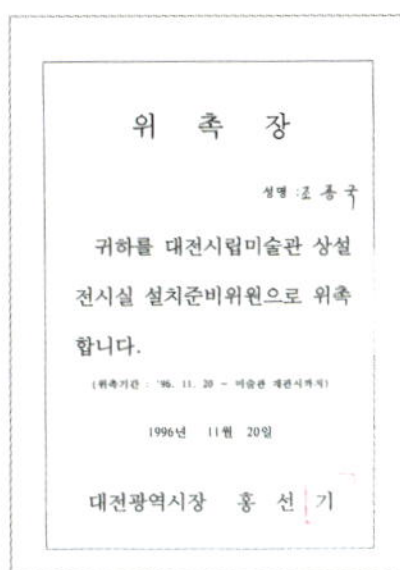
위 촉 장

성명 조 종 국

귀하를 대전시립미술관 상설전시실 설치준비위원으로 위촉합니다.

1996년 11월 20일

대전광역시장 홍 선 기

1996.11 시립미술관

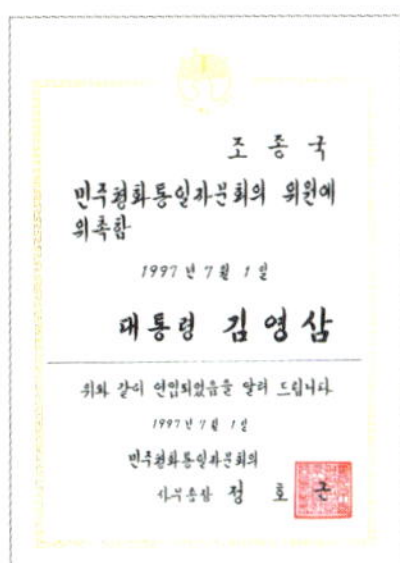
조 종 국

민주평화통일자문회의 위원에 위촉함

1997년 7월 1일

대통령 김 영 삼

위와 같이 연임되었음을 알려 드립니다

민주평화통일자문회의

사무총장 정 호

1997.07 대통령

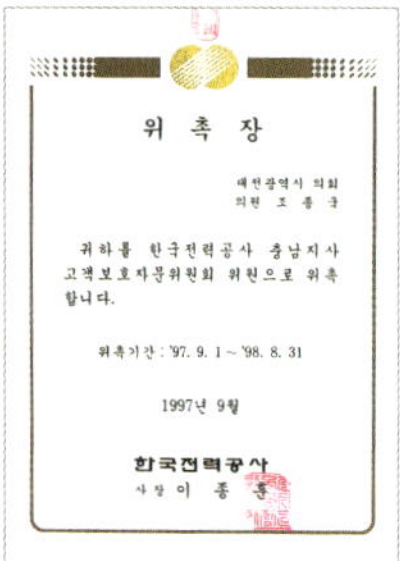
1997.09 한국전력공사

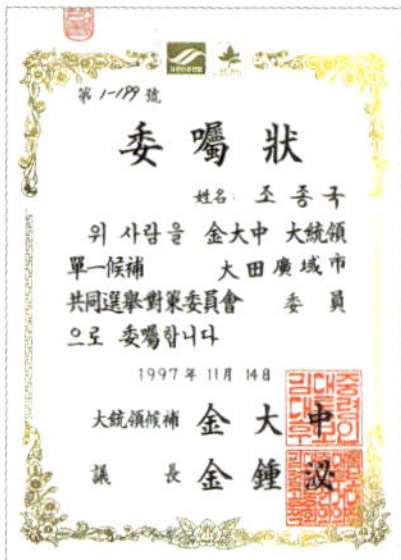
1997.11 대통령후보 김대중

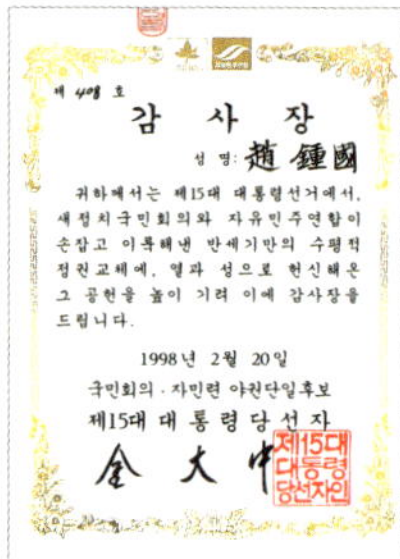
1998.02 김대중 대통령

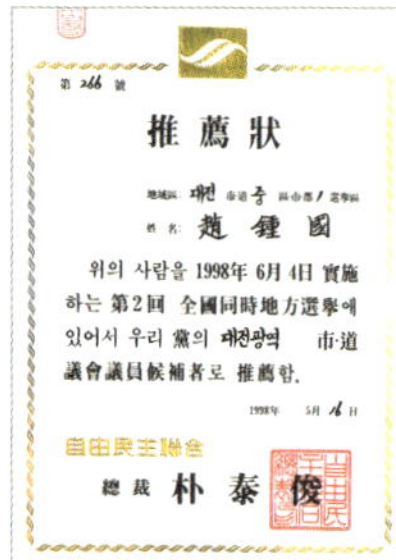
1998.05 자민련

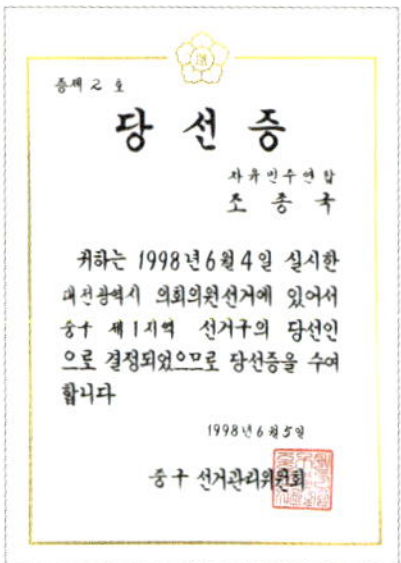
1998.06 선거관리위원회

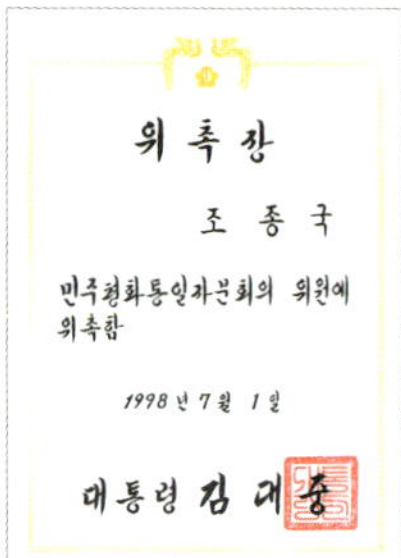
1998.07 대통령

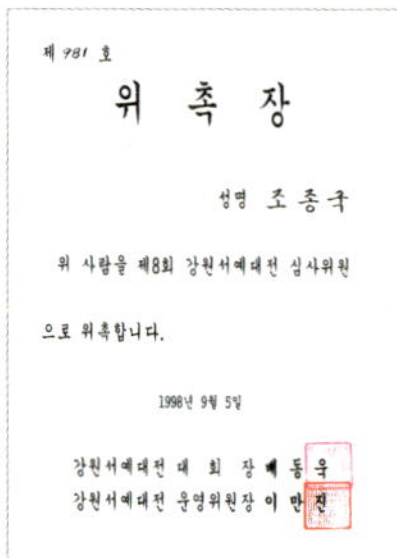
1998.09 강원도예

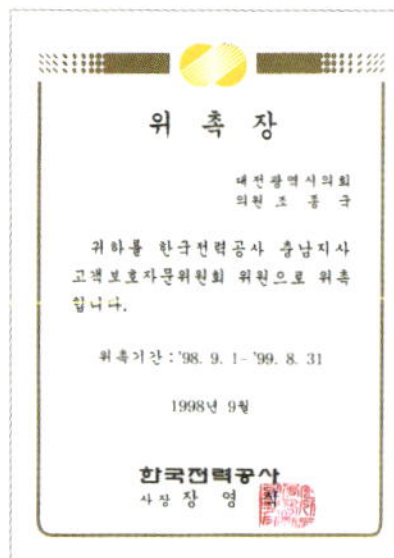
1998.09 한국전력공사

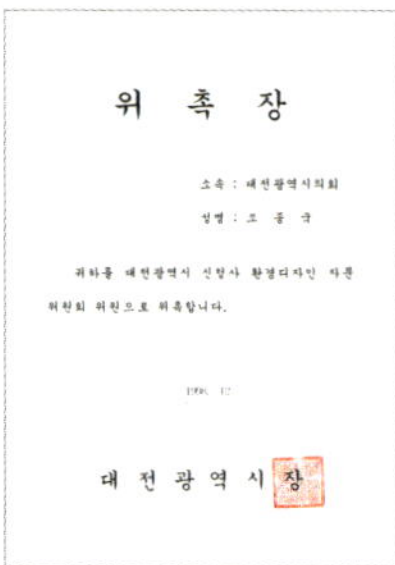
1998.12 대전시장

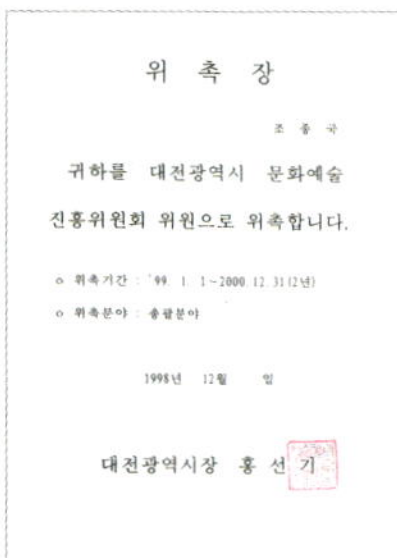
1998.12 대전시장

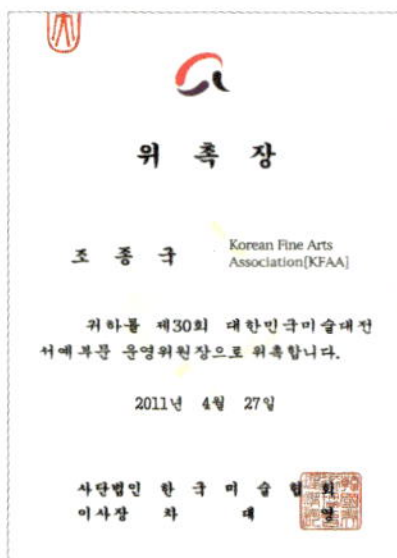
1999.04 한국미협

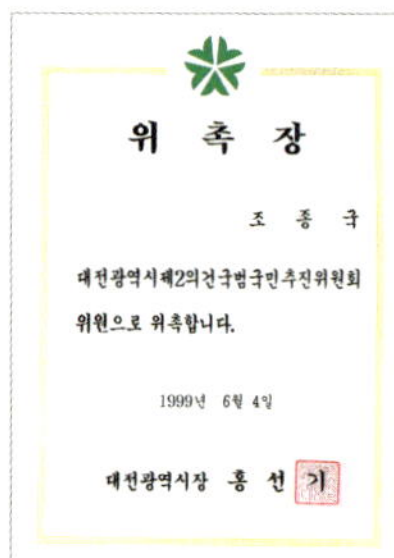
1999.06 대전시장

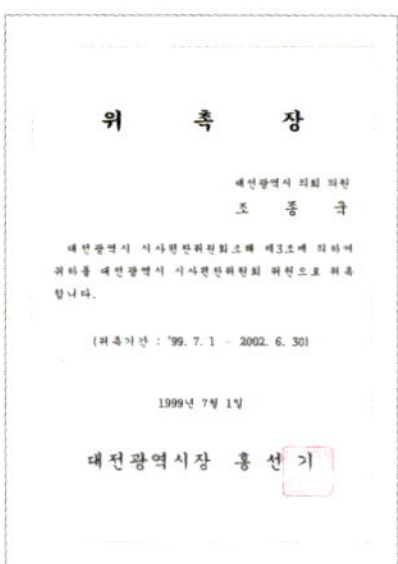
1999.07 대전시장

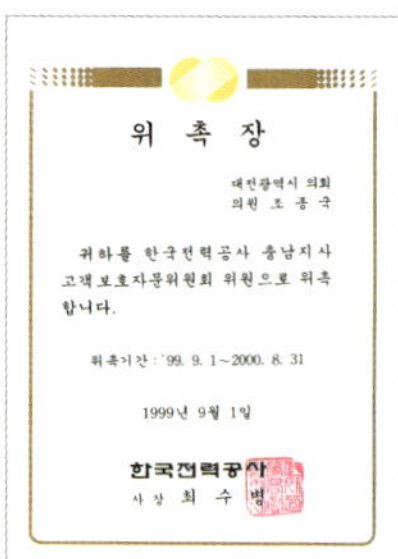
1999.09 한국전력

2000.03 자민련

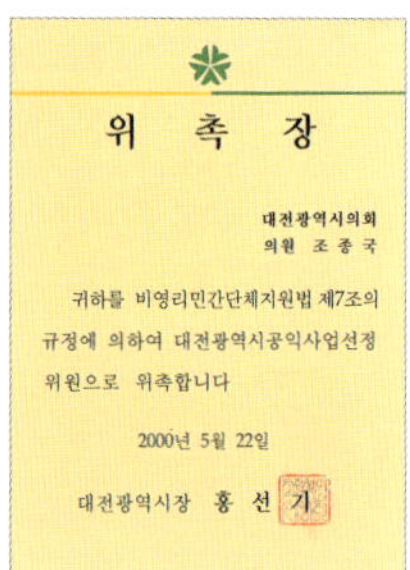
2000.05 대전시장

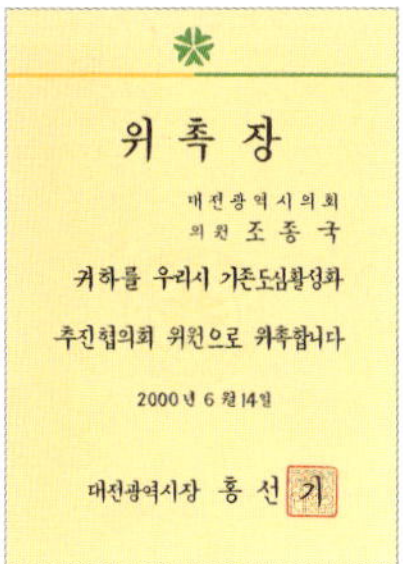
위 촉 장

대전광역시의회
의원 조종국

귀하를 우리시 기존도심활성화 추진협의회 위원으로 위촉합니다

2000년 6월 14일

대전광역시장 홍 선 기

2000.06 대전시장

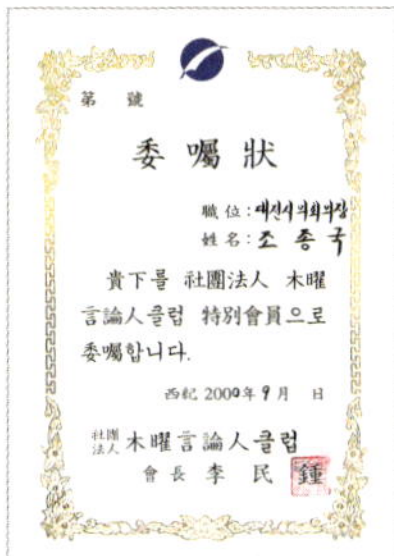
第 號

委囑狀

職位: 대전시의회의원
姓名: 조 종 국

貴下를 社團法人 木曜言論人클럽 特別會員으로 委囑합니다.

西紀 2000年 9月 日

社團法人 木曜言論人클럽
會長 李 民

2000.07 목요언론인

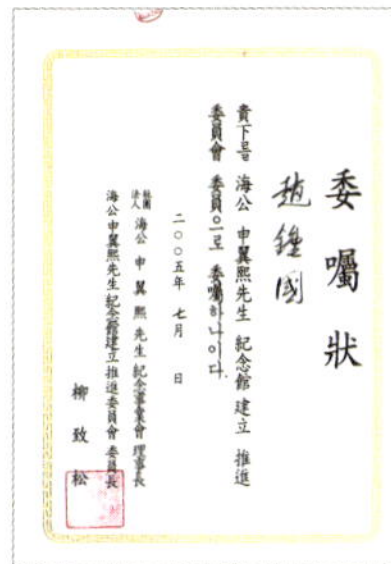
委囑狀

趙鍾國

貴下를 海公 申翼熙先生 紀念館 建立 推進委員會 委員으로 委囑하나이다.

二○○五年 七月 日

海公 申翼熙先生 紀念事業會 理事長 柳致松

2000.07 해공신익희선생 기념사업회

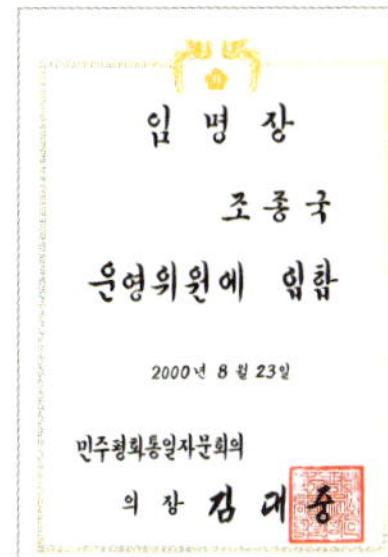
임 명 장

조종국

운영위원에 임함

2000년 8월 23일

민주평화통일자문회의
의 장 김 대 중

2000.08 대통령

第 01-195 號

招待作家證書

趙鍾國

貴下는 大韓民國美術大展 書藝部門 招待作家로 選定되었기에 이 證書를 드립니다.

2001年 5月 23日

社團法人 韓國美術協會
理事長 郭 錫

2001.05 한국미협이사장

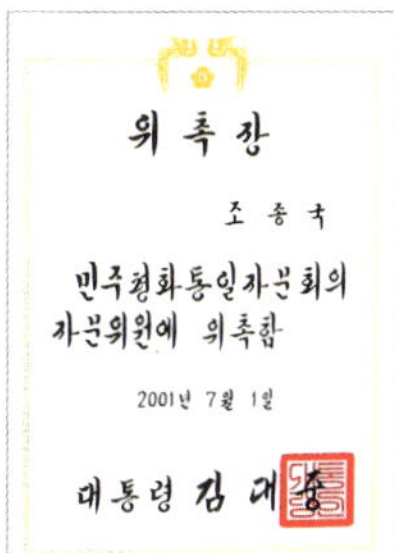
위 촉 장

조 종 국

민주평화통일자문회의 자문위원에 위촉함

2001년 7월 1일

대통령 김 대 중

2001.07 대통령

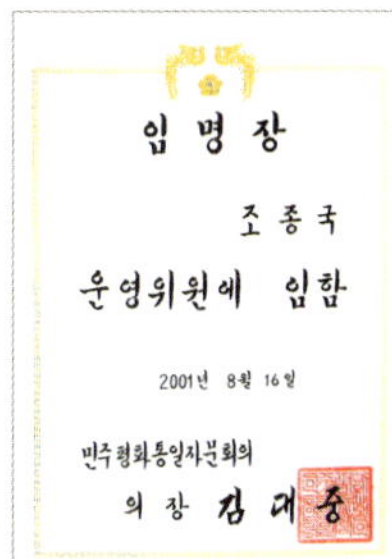
임 명 장

조 종 국

운영위원에 임함

2001년 8월 16일

민주평화통일자문회의
의 장 김 대 중

2001.08 대통령

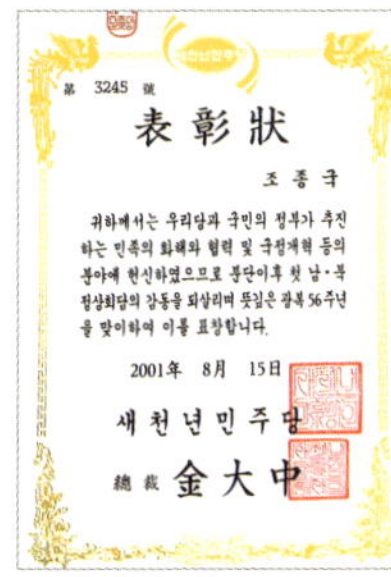
第 3245 號

表彰狀

조 종 국

귀하께서는 우리당과 국민의 정부가 추진하는 민족의 화해와 협력 및 국정개혁 등의 분야에 헌신하였으므로 총단이후 첫 남·북 정상회담의 감동을 되살리며 뜻깊은 광복 56주년을 맞이하여 이를 표창합니다.

2001年 8月 15日

새천년민주당
總裁 金大中

2001.08 새천년민주당김대중

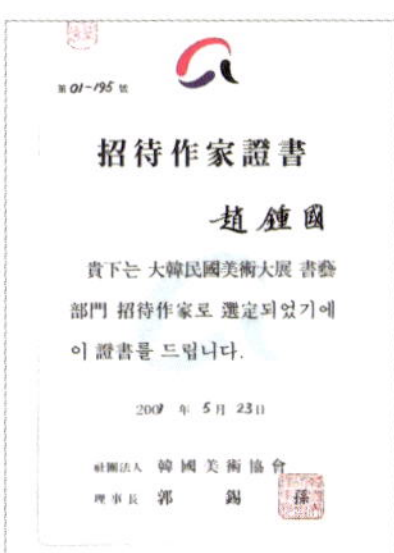
第 01-195 號

招待作家證書

趙鍾國

貴下는 大韓民國美術大展 書藝部門 招待作家로 選定되었기에 이 證書를 드립니다.

2001年 5月 23日

社團法人 韓國美術協會
理事長 郭 錫

2001.05 한국미협이사장

TJB

제02-15호

委囑狀

趙鍾國

貴下를 TJB 大田放送 視聽者委員會의 委員으로 委囑합니다.

2002年 1月 24日

株式會社 大田放送
代表理事 社長 李 申

2002.01 대전TJB

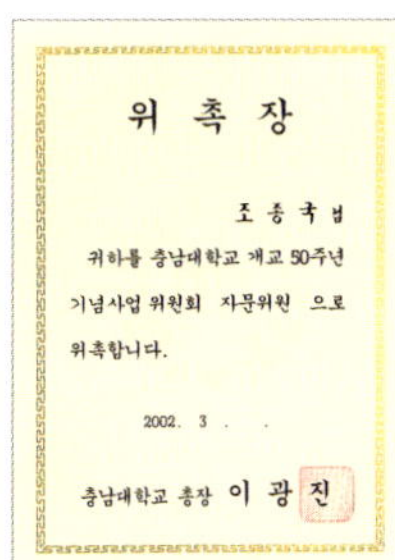
위 촉 장

조 종 국 님

귀하를 충남대학교 개교 50주년 기념사업 위원회 자문위원 으로 위촉합니다.

2002. 3 . .

충남대학교 총장 이 광 진

2002.03 충남대총장

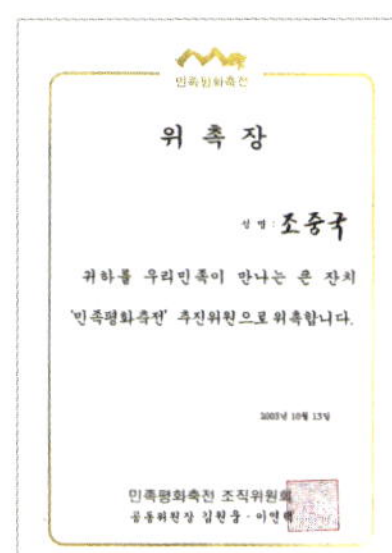
위 촉 장

성명: 조종국

귀하를 우리민족이 만나는 큰 잔치 '민족평화축전' 추진위원으로 위촉합니다.

민족평화축전 조직위원회

2003.10 민주평화축전 조직위원회

任命狀

趙鍾國

위 사람을 第17代總選對策特別委員會 組織委員會 委員(大田,忠南)으로 任命함.

2003年 11月 日

自由民主聯合
總裁 金 鍾 泌

2003.11 자민련

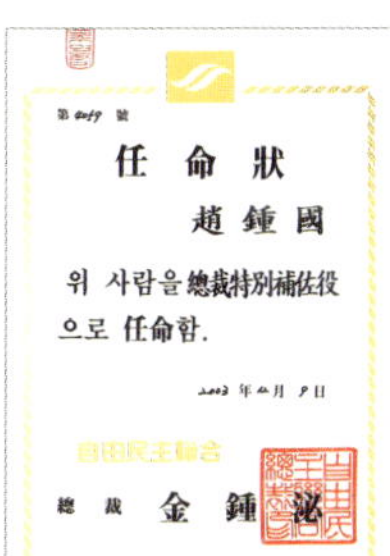
任命狀

趙鍾國

위 사람을 總裁特別補佐役으로 任命함.

2003年 12月 9日

自由民主聯合
總裁 金 鍾 泌

2003.12 자민련

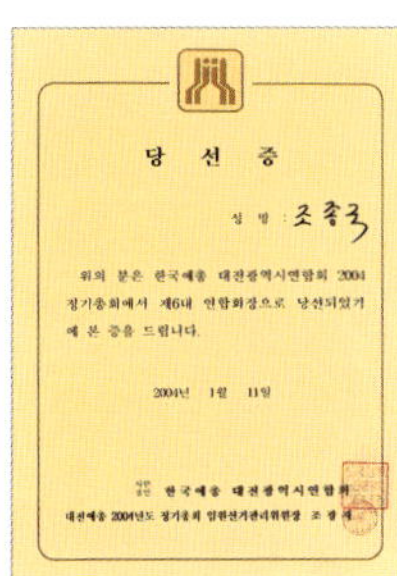
당 선 증

성명: 조종국

위의 분은 한국예총 대전광역시연합회 2004 정기총회에서 제6대 연합회장으로 당선되었기에 본 증을 드립니다.

2004년 1월 11일

한국예총 대전광역시연합회

2004.01 대전예총회장

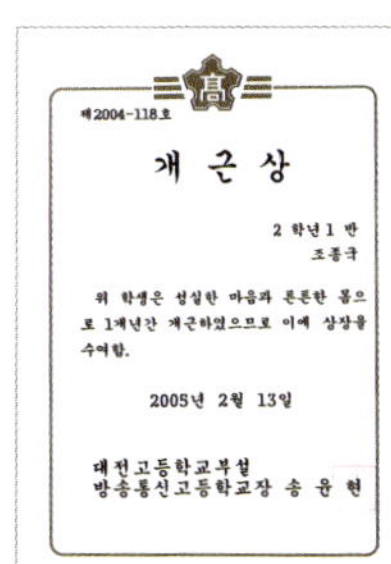
제2004-118호

개 근 상

2 학년 1 반
조종국

위 학생은 성실한 마음과 튼튼한 몸으로 1개년간 개근하였으므로 이에 상장을 수여함.

2005년 2월 13일

대전고등학교부설
방송통신고등학교장 송 운 현

2005.02 대전방통고

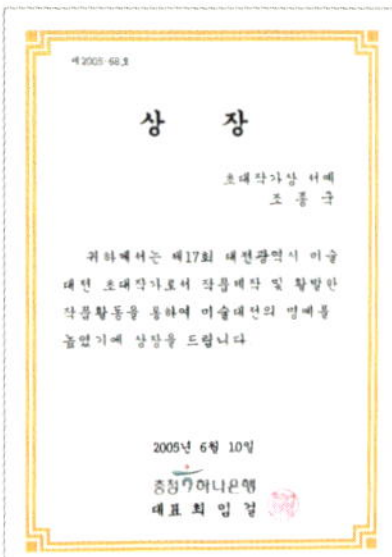
2005.06 하나은행

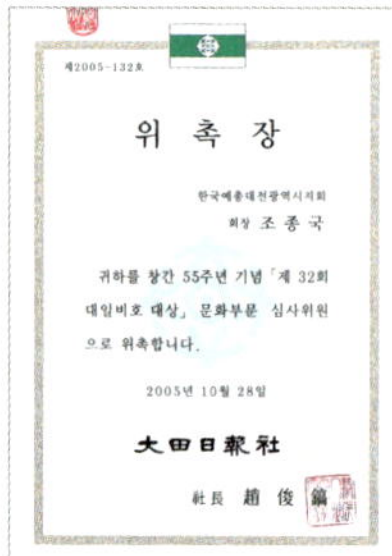
2005.10 대전일보

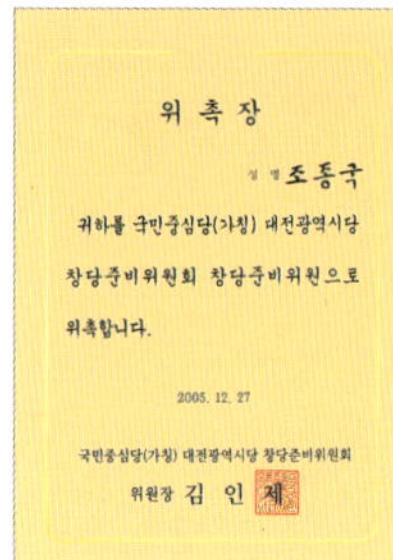
2005.12 국민중심당

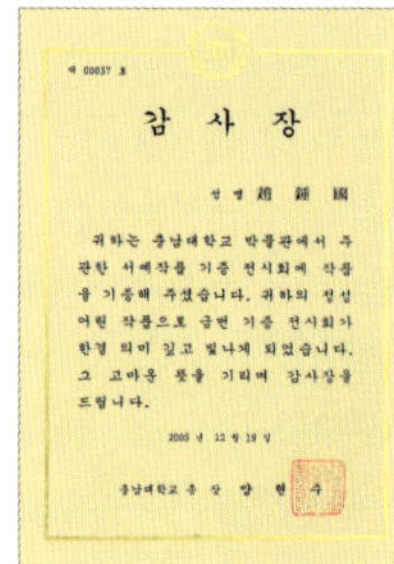
2005.12 충남대총장

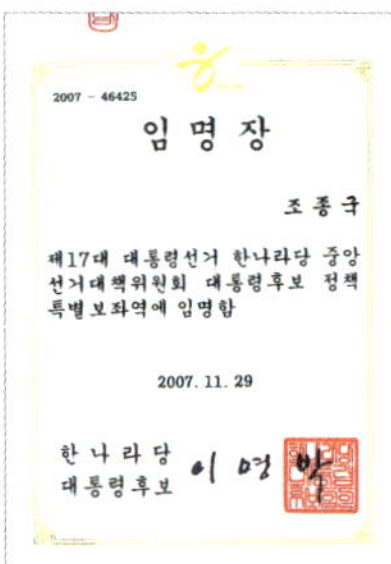
2007.11 이명박대통령후보특보

2009.06 대전서구문화원

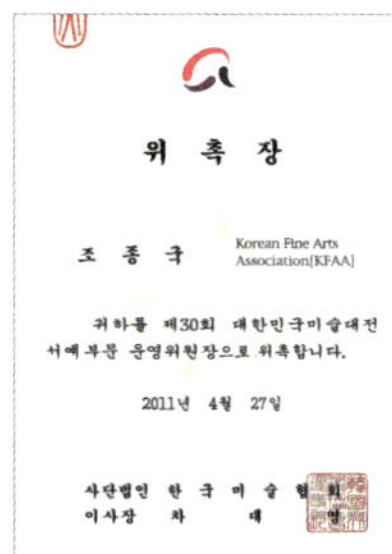
2011.04 한국미협이사장

2013.05 시사저널

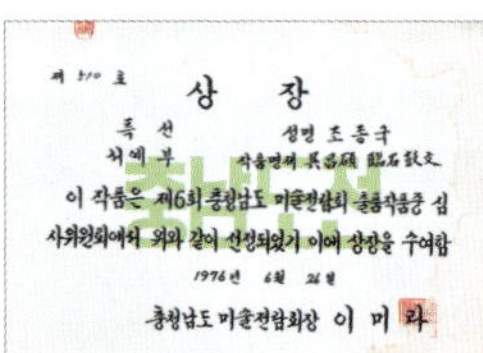
1976.06 충남 미술전람회

1977.06 문화홍보부장관

1977.06 숭전대 문리과대학장

1978.06 문화공보부장관

1978.07 충남 교육위원회 교육감

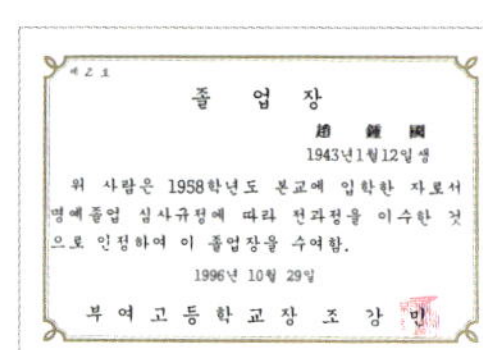
1996.10 부여고등학교

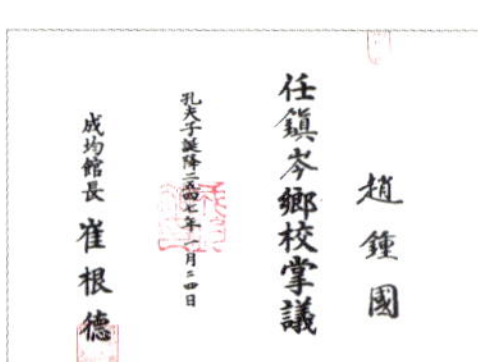
2003.01.24 성균관장

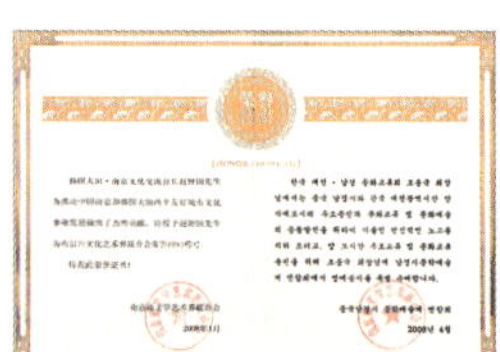
2008.04 중국남경시 문학예술계 연합회

1985.02 충청남도지사

1985.08 동국대학교

1987.04 대전시장

1987.08 충청일보

1988.02 대통령

1988.06 부여중 · 고동창회

1988.08 전국장애자예술제

1988.11 대전시장

1989.06 비룡라이온스클럽

1990.03 서울신문사

1990.06 한국수필가협회

1991.06 한국청년서예가협회

1991.11 문공부장관

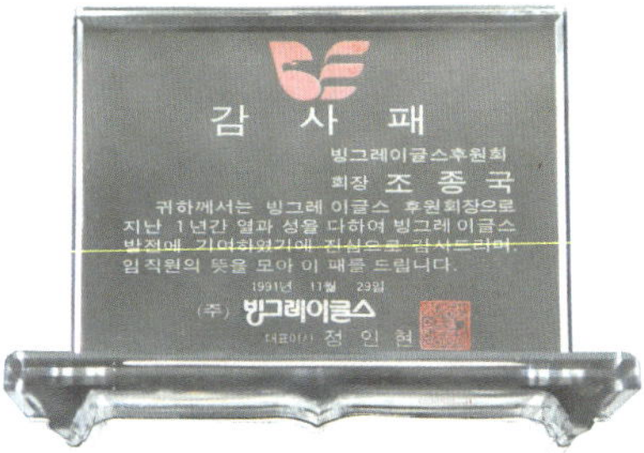

1991.11 한화이글스

1992.02 충남경찰청장

1992.04 예총회장

1992.06 대전현충원장

1994.12 대전시장

1995.02 예총회장

1995.07 충대총장

1995.11 한일은행장

1995.03 한국웅변인협회

1996.09 부여군수

1997.10 논산시장

1998.02 대전시장

1998.06 대전시의회

1999.02 대전시장

1999.06 비룡라이온스크럽

2000.08 한국전력

2000.10 부여군수

2001.06 배재대학교

2001.06 부여군수

2001.12 월드컵성공 국민운동

2002.05 하나은행장

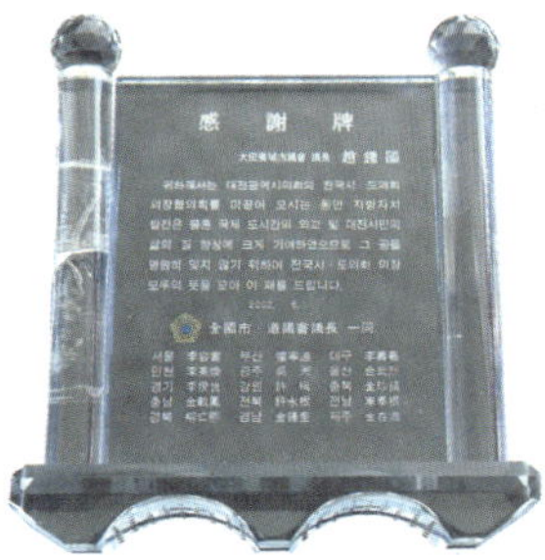

2002.06 시 · 도의회의장

2003.11 대전시장

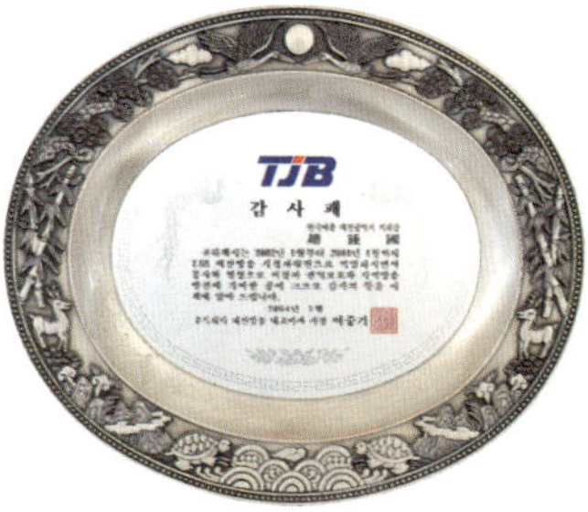

2004.01 TJB사장

2004.02 한국예총회장

2004.06 비룡라이온스클럽

2007.02 대전예총

2007.04 대전시장

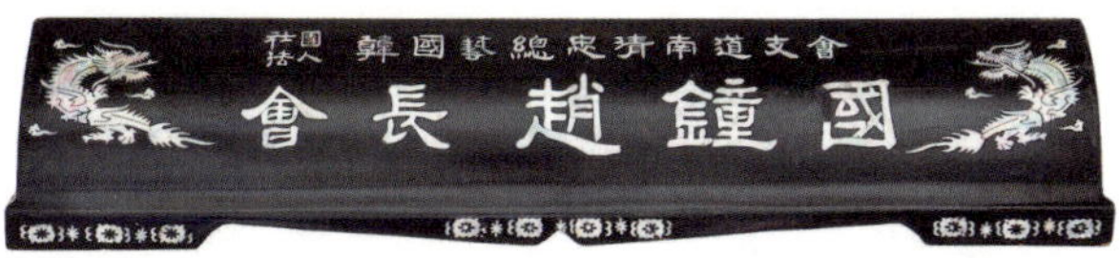

남계 조종국

예술혼(魂) 50년!

– 지역문예 진흥에 묻다 –

발 행 일　2018년 8월 8일
지 은 이　조종국
발 행 인　李憲錫
발 행 처　오늘의문학사
출판등록　제55호(1993년 6월 23일)
주　　소　대전광역시 동구 대전로867번길 52 (삼성동 한밭오피스텔 401호)
전화번호　(042)624-2980
팩시밀리　(042)628-2983
전자우편　hs2980@hanmail.net
카　　페　cafe.daum.net/gljang(문학사랑 글짱들)
cafe.daum.net/art-i-ma(아트매거진)

ISBN 978-89-5669-932-5 03810
값 20,000원

* 이 책은 (주)교보문고에서 eBook(전자책)으로 제작하여 판매합니다.
* 잘못 제작된 책은 바꾸어 드립니다.